SOUVENIRS

DE

SARDAIGNE

SOUVENIRS

DE

SARDAIGNE

PAR

FÉLIX DESPINE

GRENOBLE
IMPRIMERIE BARATIER ET DARDELET
Grand'rue, 4.

1881

GRENOBLE, IMPRIMERIE BARATIER ET DARDELET.

PRÉFACE

A L'AUTEUR

C'est toujours une heureuse et bienveillante pensée que celle d'ouvrir une page de sa vie à ses enfants, à ses parents, à ses amis et, comme des hôtes admis dans la simplicité du foyer domestique, de les faire généreusement participer à ce que l'on a vu, observé, senti, éprouvé, ne fût-ce que pendant quelques jours. Mais cette confidence du souvenir, douce à celui qui la fait, chère à celui qui la reçoit, présente un attrait tout particulier si les circonstances qui en sont l'objet sortaient un peu du cours ordinaire de la vie, sollicitant une vive attention, une réflexion méditative et curieuse. D'une part le lecteur recueille des faits que son expérience ne lui eût jamais appris, et, avec ces faits, toutes les suggestions qui s'y réfèrent ; et d'autre part, dans la conversation intime qu'il établit avec les siens sur des sujets intéressants et neufs, l'auteur se révèle en entier avec toute la sincérité de son cœur, toute l'originalité de son esprit.

En publiant sur la Sardaigne des souvenirs qui datent de vingt ans, ne croyez donc pas faire une œuvre tardive et vaine.

Dans cette étude, où tant d'aspects divers viennent tour à tour se présenter aux yeux : nature, travaux de l'homme, histoire, traditions, mœurs, caractères, usages et costumes, presque rien n'a vieilli.

Sans doute les données de la statistique ne sont plus les mêmes. Là comme ailleurs le progrès de la civilisation a fait son œuvre et la prospérité matérielle s'est notablement accrue. Un chemin de fer étend sa voie facile et rapide de Porto-Torrès à Cagliari : les correspondances extérieures sont régularisées ; les villes s'ouvrent davantage au commerce, reçoivent plus souvent les journaux de Rome et les modes de Paris ; et les campagnes elles-mêmes améliorent leur déplorable agriculture.

Mais, s'il faut en croire les voyageurs, tout ce mouvement reste encore à la surface, et, dans le fond des choses, rien n'est changé : les vieilles idées et les séculaires habitudes ont survécu ; les superstitions n'ont point péri ; sous un costume à demi-moderne le peuple de la Sardaigne conserve son antique caractère, indépendant, vindicatif et généreux ; et, quand on compare le Sarde et le Florentin par exemple, ces deux Italiens de même nation et de même époque, on croirait voir réunis en un même temps les rudes compagnons du roi d'Ithaque avec les élégants Athéniens du siècle de Périclès.

Au surplus qu'importe l'état précisément actuel de ce petit pays ?

La connaissance de ce qu'il a été ne nous offre-t-elle pas déjà un assez beau sujet d'étude ? Quoi de plus curieux qu'un peuple qui a vécu isolé au milieu des autres peuples, qui a subi des invasions sur tous les points environnants sans perdre sa physionomie profondément caractéristique; mais qui ne s'est développé qu'avec une extrême lenteur, à cause de son isolement même, et qui donne ainsi, au contact d'une civilisation plus avancée, le spectacle d'un état social ici longtemps oublié dans les annales de l'histoire ? En effet, la Sardaigne, telle que vous l'avez peinte, c'est le moyen âge, non pas entrevu à distance, à travers des théories politiques plus ou moins exactes, mais pris sur le fait, dans la saisissante réalité de sa vie : des hommes robustes, fiers, intelligents, ignorants toutefois, et ne cherchant guère à apprendre, enclins à toutes les passions violentes, bonnes ou mauvaises, portés, par la prééminence du sentiment sur la raison, à tout ce qui est manifestation extérieure, image, symbole, et cultivant, en dehors de toutes règles d'art, une poésie populaire et pratique qui idéalise les plus humbles existences, et dont l'expression pittoresque et naïve rappelle souvent les beautés primitives de la Bible ou d'Homère. Dans ce milieu, apparaît l'action civilisatrice de la Religion. On la voit se plier sans effort aux besoins de ces âmes impressionnables, les attirer par son culte, ses traditions, ses cérémonies, et, là où la philosophie et la théologie resteraient impuissantes, faisant sentir ce qui ne pourrait être compris, amener ces hommes grossiers à une élévation de pensée et à une pureté de mœurs qu'on chercherait en vain chez des nations plus policées. Et cependant, par une étrange antithèse, des superstitions absurdes et des haines cruelles subsistent encore, attestant des instincts naturels de ce peuple, qui réunit les vertus et les vices qui ont fait la grandeur et la misère du moyen âge.

Voilà, certes, de quoi penser, et l'heure actuelle n'y est pas moins bonne que celle où vous releviez toutes chaudes les impressions dont vous nous livrez aujourd'hui le vivant souvenir.

Que dirai-je du reste ?

Les beautés de la nature, qui vous ont plus d'une fois ému, n'ont pas perdu de leur fraîcheur ; et s'il ne nous est pas donné d'aller chercher sous toutes les régions du Ciel ce que le Créateur y a répandu de grâce ou d'immensité, le reflet qui nous en vient par vous, prête à l'imagination des perspectives nouvelles et lui ouvre des horizons où elle se plaît à promener ses rêves fantastiques.

Mais ce livre renferme bien autre chose encore. L'archéologue y trouve de précieux détails sur les constructions primitives ; l'historien, une vue d'ensemble sur les principaux événements du bassin de la Méditerranée ; l'économiste, des notions utiles sur un pays d'une production jadis célèbre, aujourd'hui singulièrement médiocre ; l'homme de lettres, un fonds de légendes, de superstitions, de mœurs, qui n'a pas été dédaigné par les grands maîtres (1) ; et l'artiste lui-même, des couleurs devenues rares de types et de costumes nationaux.

Chacun donc y butine à son aise, et chacun se plaît à retrouver, en l'auteur de ces pages, un amateur de ce qu'il aime, quelqu'un qui pourrait dire comme le poëte (2) (les défauts exceptés) :

« J'aime le jeu, l'amour, les livres, la musique,
» La ville et la campagne, enfin tout : il n'est rien
» Qui ne me soit souverain bien :
» Jusqu'au sombre plaisir d'un cœur mélancolique. »

C'est pourquoi, en collaborant d'une manière toute matérielle à l'édition de ces *Souvenirs*, je suis heureux de m'associer, si peu que ce puisse être, à cette œuvre vraiment intéressante ; et, au risque de ressembler à ce sonneur, qui se vantait du sermon qu'il avait sonné, je me réjouis d'inscrire mon nom à côté du vôtre, ne fût-ce que pour attester une précieuse communauté d'idées, de vues et de sentiments que cette lecture m'a particulièrement fait éprouver.

J. BOURGEOIS.

(1) P. Mérimée, dans son *Colomba*, dont les détails de mœurs s'appliquent aussi bien à la Sardaigne qu'à la Corse.
(2) La Fontaine.

SOUVENIRS DE SARDAIGNE

CHAPITRE PREMIER

Le Voyage. — Porto-Torrès. — Sassari. — Macomer; maison sarde. — Les Costumes. — Arrivés à Cuglieri.

L'homme aurait-il en naissant l'intuition de ce qui lui arrivera un jour, il me semble, quant à moi, que, tout enfant, j'ai entrevu dans mes songes les événements qui ont eu lieu plus tard ; et lorsque certaines phases de ma vie se sont déroulées, j'ai cru y trouver la réalisation des pressentiments de mon jeune âge.

La Sardaigne, ce pays où le pasteur est toujours nomade, où les mœurs apportées successivement par les envahisseurs, ont traversé presque intactes les siècles écoulés, avait frappé mon imagination. Une voix intérieure me disait : « Tu la verras cette ville étrange, où les troupeaux vivent à l'état sauvage, où la superstition, appuyée sur les traditions de famille, a conservé toute sa force ; où la vendetta règne encore, fière de ses reflets d'antique indépendance ; où le voyageur, nouveau Robinson errant au désert, n'a souvent d'autre nourriture et d'autre abri que ceux qu'il se procure lui-même. »

Or, le 1er avril 1858, une nomination d'intendant à Cuglieri vint me surprendre. J'étais marié seulement depuis quelques mois ; la surprise me fut désagréable. Il me paraissait dur de quitter la civilisation, de renoncer à cette bonne vie savoisienne, devenue pour moi plus douce que jamais ; de dire adieu à mon excellente mère, à tous mes amis, et pour une absence dont je n'entrevoyais pas le terme. La Sardaigne perdait à mes yeux tout le prestige dont mes rêves l'avaient entourée ; mais il fallait partir.

De Chambéry à Gênes ce fut un charmant voyage : visiter de grandes villes, y trouver de bons parents qui nous recevaient à bras ouverts, firent de ces premiers jours une véritable fête. Ils s'écoulèrent si rapidement que nous arrivâmes sans nous en douter au 26 avril, sombre journée qui était celle du départ. Le steamer, *Il Piemonte,* chauffait en toute hâte. Nous nous embarquions pour la première fois, par une mer houleuse, toute frémissante des souvenirs d'une tempête.

A neuf heures, la dernière ancre est levée ; Gênes commence à développer à nos yeux son magnifique panorama ; mais à peine le navire a-t-il quitté la rade que les angoisses prosaïques du mal de mer, angoisses accablantes, m'empêchent de rien voir. C'est tout au plus si j'ai la force de jeter un coup d'œil sur l'île d'Elbe, sur Bastia, sur Caprera, où nous recevons la visite de Garibaldi.

Le vaisseau reprend sa marche; peu de temps après, les bouches de Bonifacio nous sont annoncées par l'agitation des vagues. A quatre heures, nous apercevons des rochers bruns et bleuâtres : c'est l'île d'Asinarab qu'habitent seulement des bergers, puis bientôt, sur la gauche, se développent dans le lointain les plaines verdoyantes qui s'étendent vers Sassari.

Nous abordons à Porto-Torrès; la plage est aride et déserte. Personne ne reconnaîtrait, dans les quelques maisons de cette bourgade, la ville populeuse, qui, jadis, occupait le second rang parmi les municipes de l'île, et qui fut au nombre des cités romaines. Des ruines d'aqueducs attestent néanmoins sa grandeur passée, et témoignent des gigantesques travaux au moyen desquels le génie de Rome avait fixé la vie sur ces bords que Dieu fit inféconds.

Porto-Torrès a été le siége d'un évêché qui, probablement, fut le plus ancien de toute la Sardaigne; car, suivant les auteurs, Gavino, qui le premier y remplit les fonctions épiscopales, fut martyrisé sous Dioclétien. Toutefois, les documents de la Sardaigne catholique n'offrent de certitude qu'à partir de 304, année du martyre de l'évêque Simplicius.

Malgré son ancienne splendeur, Torrès n'a presque pas d'antiquités remarquables; l'église de San-Gavino seule y présente de l'intérêt par son style du XIIIe siècle, par ses colonnes de granit et sa chapelle souterraine, où l'on a conservé les tombeaux et les statues des juges souverains de la Turritanie. La cité romaine était placée derrière cette église; le fait est prouvé non-seulement par les ruines, mais par la quantité de monnaies, de cornalines gravées, de médailles, de scarabées qu'on a découverts en cet endroit, et que les habitants vendent aux rares amateurs qui viennent dans ces parages.

On peut visiter aussi la tour du roi Barbaro, vestige probable de la domination sarrasine.

A l'extrémité septentrionale du port s'élève un phare. Enfin une grosse tour à créneaux, située à l'angle de la jetée, donne quelque physionomie à cet ensemble assez insignifiant d'ailleurs.

De Porto-Torrès part une grande route qui traverse l'île entière et va finir à Cagliari. Jusqu'à Sassari elle se déroule sur un terrain ondulé, parmi des mamelons qui se succèdent avec la régularité des vagues. Ce terrain, suivant la coutume sarde, est labouré tous les quatre ans; il porte alors de riches moissons, puis on l'abandonne à lui-même, et pendant trois ans, on n'y voit plus que des broussailles, peuplées de daims et de sangliers.

A de longs intervalles se trouvent de petites maisons qu'habitent les cantonniers et qui servent de refuge au passant. Elles assurent de l'eau fraîche au voyageur et lui fournissent de l'orge pour les chevaux, mais ne lui offrent pas d'autres ressources. Dans la première de ces maisons, qu'on appelle cantonnières, nous rencontrâmes M. Reis, l'intendant général, dont les souhaits de bienvenue voulaient adoucir notre exil.

Un peu plus loin nous aperçûmes les ruines d'un *nuragh*, construction cyclopéenne que je décrirai plus tard.

Bientôt la route se borda de clôtures en pierre sèche et de haies de cactus. Ces dernières protégeaient des champs de tabac ou des bois d'oliviers aussi puissants que nos grands arbres de Savoie. Nulle part je n'ai vu l'olivier atteindre la dimension qu'il acquiert en Sardaigne ; il se développe ici avec une incroyable vigueur, s'épanouit au soleil et déploie au loin ses bras volumineux bizarrement contournés ; on sent que cette terre lui appartient. M. Delessert compare sa végétation luxuriante à celle des oliviers de Gethsémani. « Seulement, dit-il, à Jérusalem, ces vétérans, jadis témoins de si grandes choses, semblent avoir perdu la conscience de leur beauté, comme les gens, qui, parvenus à la vieillesse, ne se croient plus tenus au soin de leur personne. Près de Sassari, au contraire, l'olivier paraît plein d'amour-propre, et, bouffi de vanité, fait parade de ses branches énormes et de ses fruits abondants. »

Après une heure de marche entre des jardins où s'élèvent des maisons de plaisance, dont la blancheur contraste avec le sombre feuillage des oliviers, nous entrâmes dans une avenue de beaux arbres qui annonçait le voisinage de Sassari ; elle nous conduisit à une grande place au bout de laquelle se trouve la porte San-Antonio, qui s'ouvre dans une grosse tour carrée et crénelée. Construite par les Pisans ou par les Espagnols, cette tour est un reste assez important des fortifications qui, jadis, entouraient la ville.

Triste, sale, incommode, dépourvue de tout confort, l'*Albergo d'Italia* est cependant le moins mauvais des deux hôtels que renferme Sassari, et nous y descendîmes. L'hôtesse parlait français à peu près autant que je parlais italien, et nous pûmes nous comprendre sans le secours d'un interprète; mais il fallut que le brave Paolesu, trésorier de Cuglieri, suppléât à mon ignorance du dialecte sarde pour que je pusse faire les mille achats indispensables à notre installation.

Sassari ne compte pas moins de vingt mille âmes, bien qu'en 1855 il ait perdu cinq mille habitants par le fait du choléra. C'est presque une grande ville; toutefois une grande ville en construction. La Piazza et les quartiers neufs sont beaux; les rues y sont larges, bordées de maisons élégantes, ornées de balcons et de terrasses coquettes; mais les anciennes rues, souvent non pavées, étonnent par leur étroitesse et leur malpropreté.

On y trouve peu de monuments dignes d'intérêt. Je signalerai néanmoins la Cathédrale qui rappelle les églises de Séville et l'ornementation espagnole; le palais de l'archevêché; celui de Vallombrosa, dont le grand escalier à colonnes est imposant; la caserne, c'est-à-dire l'ancien château, grande masse carrée, laide et sans style, mais intéressante par les siéges nombreux qu'elle a soutenus contre les Pisans, les Génois et les Aragonais. Plus tard l'Inquisition y établit ses cachots; la maison de Savoie, tout en en faisant une caserne, y garda les prisons qui devinrent laïques. Je ne sais pas s'il en est encore ainsi, « mais il est certain, dit le comte de La Marmora, que c'étaient les plus horribles prisons du monde. »

N'oublions pas la fontaine de Rosello, qui a été construite sous Philippe V d'Espagne. La forme en est carrée, le style en est lourd; des statues, des plaques de marbre la décorent ; deux arceaux entre-croisés la surmontent et portent la statue de san Gavino ; huit têtes de lion, appliquées sur la maçonnerie, versent une eau limpide.

Malgré les défauts de son architecture, qui est d'un goût bizarre, cette fontaine, dont les lignes se détachent sur un fond d'arbres magnifiques, dominés d'un côté par des jardins et des rochers, de l'autre par la ville et sa large et belle avenue, offre un coup d'œil agréable. L'animation d'ailleurs dont elle est le centre, les nombreux âniers qu'elle attire et qui viennent y puiser toute la quantité d'eau qu'on emploie dans la ville, suffiraient à créer un spectacle intéressant. Rien de plus curieux que cette population d'ânes tout petits, mais singulièrement alertes, comme tous les êtres que produit la Sardaigne. Souvent moins gros qu'un dogue, ces baudets, au long poil ébouriffé, usé par le bâton et par la charge, ont la tête basse, l'oreille pendante, la physionomie débonnaire, et pourtant la plus intelligente que puisse avoir une figure d'âne. On évalue à une centaine le nombre de ces petits porteurs d'eau, auxquels les gens de la ville donnent le nom de Philomèle, ce qui est la traduction de Rossignol d'Arcadie.

Il y a encore à Sassari les tombeaux des Manca, famille qui a joué en Sardaigne un rôle important. Enfin on doit visiter les myrtes du jardin de San-Pietro, qui appartiennent au duc de Vallombrosa, et qui, peut-être, sont les plus beaux du globe. On ne saurait d'ailleurs trop vanter les jardins de Sassari. J'ignore si les quatre cents fontaines, dont parle Fara existent toujours ; mais ces jardins ont une végétation splendide ; et la beauté de leurs sites égale leur richesse. Placés presque tous sur la hauteur, ils offrent à ceux qui les parcourent d'admirables points de vue : le regard, qui s'y arrête d'abord, passe entre la pointe allongée de la Gallure et le territoire de l'ancien Logudaro, s'étend sur les Bouches de Boniface, et gagne la Corse qui bleuit à l'horizon.

Le surlendemain une affreuse patache nous enlevait de Sassari ; voiture, chevaux, harnais rivalisaient de vétusté et d'aspect sordide ; c'était pourtant ce que Paolesu avait pu trouver de mieux.

La route, en sortant de la ville, passe de nouveau entre des jardins et des bois d'oliviers, et garde cette bordure jusqu'au sommet de la *Scala di Ciocca.* De cet endroit, l'un des plus célèbres de l'île, la vue plonge dans une vallée richement boisée, qui a pour enceinte de longs rochers sans pics, sans arrêtes et formant comme le bord d'un plateau effondré. Au delà du val s'étendent d'immenses plaines verdoyantes, courant entre deux mamelons, et allant au loin se confondre avec le ciel.

On descend rapidement, ce qui néanmoins dure une demi-heure, à cause des nombreux zigzags que la route est forcée de décrire pour rejoindre un vaste *campidano*, c'est-à-dire une large plaine. Celle-ci est bordée de collines herbues. Quelques champs de blé, beaucoup de terrains incultes, une ligne de montagnes qui ferme l'horizon, tel est l'ensemble du paysage.

De temps à autre des sites pittoresques et gracieux. malgré leur sauvagerie, reposent la vue. Çà et là, un village suspendu au flanc d'une colline éloignée ; des troupeaux de bœufs, une caravane d'insulaires, ayant leurs femmes en croupe, et le fusil à la main, la crosse posée sur la cuisse gauche, viennent seuls répandre un peu de vie dans cette solitude.

Nous arrivons à Torralba, où la voiture s'arrête. Pas de taudis plus affreux qu'une *locanda*, ou auberge d'un village de Sardaigne : une saleté, un désordre indescriptibles ; on ne sait littéralement pas où s'asseoir.

Le costume des femmes, pareil à celui que nous avons vu jusqu'à présent, n'a pas encore perdu de son étrangeté à nos yeux : le corsage, extrêmement bas, ne gêne en rien le développement d'une gorge puissante, que retient à peine une chemise largement décolletée ; et ce déshabillé, auquel nous ne sommes pas habitués, choque nos regards.

De Torralba, dont la situation est fort élevée, la route se dirige vers Macomer, à travers un pays extrêmement pittoresque : partout de vastes plateaux couverts de forêts ou de grands plis de terrains incultes.

A la Campeda, frontière de ma province, les chevau-légers, qui remplacent ici les gendarmes, viennent saluer leur nouvel intendant. Puis une descente rapide, et nous approchons de Macomer, dont s'aperçoivent les célèbres nuraghs.

Un brusque changement de température se fait sentir ; le soleil disparaît, caché par le brouillard qui nous enveloppe, un vent humide et froid nous pénètre : on dirait un passage des Alpes vers la fin d'octobre. A cette tristesse de la nature s'ajoutent les tristes cantilènes d'une demi-douzaine de Sardes qui sont empilés dans l'un des compartiments de la patache. Ce chant nasillard et chevrotant, propre à la Sardaigne, chant monotone, d'une harmonie sauvage et *sui generis*, affecte péniblement l'oreille qui n'y est pas habituée.

Macomer, chef-lieu de canton, où nous arrivons peu de temps après, est un gros village que traverse la route nationale, et, qui, pour le pays, ne manque pas d'une certaine élégance. De riches propriétaires y ont leurs demeures ; c'est là que réside l'ingénieur de la province, et que la société Beltrami, fondée pour l'exploitation des forêts et des mines, pour les défrichements, la mise en culture des terres, l'élève du bétail et des chevaux, a sa principale maison.

L'hospitalité nous est offerte par Caddeo, le syndic de l'endroit, avec une bienveillance qui nous la fait accepter, et c'est chez lui que nous avons le premier échantillon du bien-être, tel qu'il est compris en Sardaigne. Le soir je demande certains renseignements dont notre pauvre humanité, alors même qu'elle est revêtue de la pourpre, ne saurait se passer. Mon hôte, en homme intelligent, ne me laisse pas achever la phrase : « *Si, Signore ; ho capito : là, nella sua camera troverà tutto.* » (Oui, Monsieur ; j'ai compris ; là, dans votre chambre, vous trouverez tout ce qu'il vous faut.) — Je cherche avec empressement une issue donnant dans un cabinet secret ; mais en vain. Nouvelles sollicitations ; nouvelle réponse non moins affirmative : « *Si, Signore ; tutto fù preparato.* » Nouvelles recherches aussi infructueuses. Enfin, sous mon lit, j'aperçois une urne à large bord, soigneusement recouverte d'un linge immaculé. Ce que j'ai vu en Provence, il y a quinze ans, me revient à la mémoire ; et j'apprends, comme Alexandre Dumas, que l'indispensable cabinet est peu apprécié dans le pays, ainsi que dans tous les lieux où l'on cultive l'olivier.

Tout voyageur prend à la cuisine un vif intérêt ; j'allai donc visiter celle du syndic : pas de chaises, pas de fenêtre ; et, chose plus grave, pas de cheminée. A peu près au centre de la pièce, un grand feu brûlait sur la pierre qui servait de carrelage. Des vases de terre grossiers entouraient ce foyer primitif ; et un cochon de lait, traversé par une tige de fer plantée dans le sol, était exposé à l'ardeur de la flamme. Remplaçant le tourne-broche, la fille du maître de la maison présentait de sa main blanche, à tour de rôle, chaque partie de la bête à l'action du feu. Quant à la fumée, elle s'échappait comme elle pouvait, soit par la porte, soit par les fentes que les tuiles de la toiture laissaient entre elles. Des harnais, accrochés à des bois de daim, tapissaient les murailles ; et des servantes, aux pieds nus, la tête couverte d'un voile, obéissaient en silence aux ordres presque muets de la signorina, voilée comme ses domestiques.

Le lendemain était un dimanche. A l'église, la tenue des femmes, accroupies sur leurs talons, roulant entre leurs doigts les grains de bois d'un rosaire, la tête voilée, mais toujours la gorge au vent, malgré la sainteté du lieu, me parut plus étrange encore.

Partis après l'office, nous quittâmes la route nationale pour prendre celle de Bosa. Cette voie, large et bien faite, est l'œuvre des anciens déportés des Etats sardes ; elle traverse une contrée qui serait fertile si elle était mise en culture, mais qui est des plus arides, bien qu'elle soit sillonnée d'eaux courantes.

Jusqu'à Sindia, le terrain, légèrement onduleux, et qui jadis était couvert de bois, est occupé maintenant par de maigres pâtis et par des marécages, où s'éparpillent quelques vieux chênes, derniers débris de la forêt.

Peu à peu, nous vîmes le sol devenir meilleur ; puis la terre se montra de mieux en mieux cultivée, à mesure que nous approchions de Suni. La vendetta régnait autrefois dans cette commune, et l'immense plaine, qui, de Sindia, va en s'inclinant vers la mer, fournissait une large part des bandits que redoutaient les villageois.

Nous trouvâmes à Suni une cavalcade arrivée de Cuglieri pour souhaiter la bienvenue au nouvel intendant. Le syndic vint également nous saluer et se présenta en costume national : large pantalon de toile blanche, guêtres de cuir brun, montant au-dessus du genou ; *jupone* en drap noir, plissé autour de la taille, et tombant à mi-cuisses ; ceinture de cuir garnie d'une cartouchière, d'une poire à poudre et de l'inévitable couteau de chasse ; gilet noir sans manches, chemise blanche à col rabattu, pas de cravate ; manches de chemise très larges et fermées au poignet par des boutons d'argent ; *cabarro* (petit caban) de drap noir avec capuchon ; enfin un long bonnet de laine noire, sous lequel se voyaient un long visage au teint cuivré, une barbe touffue et de longs cheveux bouclés d'un noir brillant. Je dus, suivant l'usage, presser sur mes lèvres celles du brave syndic, et, malgré la forte odeur de graisse rance qui me suffoquait, paraître heureux du contact amical de sa bonne et honnête figure.

Un repas splendide fut donné en notre honneur par le magnat de la commune, il signor Dore, capitaine des baracelli, ancien syndic, etc. ; mais, en dépit de la satisfaction évidente que ce dîner procurait aux autres convives, il n'était pour moi qu'une fâcheuse réminiscence de la cuisine à l'huile, à la graisse de porc, dont on nous avait régalés à Macomer. Les sauces grises ou noires, fortement épicées, les pâtes de toute espèce, les fritures, le fromage rance qu'on avait mis partout, le pain sans levain et mal cuit, ne pouvaient avoir d'attrait pour un continental. Je sus dès lors à quoi m'en tenir sur la gastronomie sarde, et je n'exceptai de ma réprobation que le pâté de daim et le rôti à *furia furia*, qui est excellent.

Enfin nous partons, suivis d'une escorte imposante ; les vingt-deux chevaux de la cavalcade s'avancent dans la Planargia par des sentiers pleins de ronces et obstrués par les branches. Il n'y a pas d'autre chemin pour se rendre à Cuglieri, que nous voyons en face de nous, s'élever à mi-côte.

A Sennariolo, où finit la plaine, et que nous gagnons après trois heures de marche, la cavalcade s'augmente de quelques personnes venues de la ville : les compliments s'échangent et nous commençons à gravir la montagne.

La nature n'a plus ici le même aspect : de magnifiques bois d'oliviers, des vignes, des champs bien cultivés, des sentiers ombreux, des sites agrestes, des vallons charmants nous réconcilient avec le pays, et nous font oublier la fatigue du voyage.

Un chemin rapide monte au *popolato*, et nous fait entrer dans Cuglieri, la *Gurulis Nova* de Ptolémée.

Ecco il palazzo del Intendente ! (voilà le palais de l'Intendant). Exposition admirable, maison à deux étages, balcon, terrasse, large vestibule, escalier à double rampe ; c'est presque grandiose. Mais, déception amère! partout des chambres nues, pas un meuble, pas un rideau ; le parquet du salon est en brique, les murs sont crevassés, les boiseries vermoulues, les pièces du second n'ont pas même de carrelage ; la seule décoration qu'elles aient jamais reçue est un lait de chaux, et leur plafond est composé de la toiture, qu'une simple natte fait remarquer plutôt qu'elle ne la dissimule. Nulle part de cheminée, pas même dans la cuisine, qui est absolument pareille à celle du syndic de Macomer. Un vent violent secoue les vitres mal jointes, et fait pénétrer l'humidité du soir dans toutes les chambres. Les bras me tombent; le découragement et la tristesse me gagnent, je dois cependant me montrer satisfait ; c'est réellement la plus belle maison de la ville : et, dans leur ignorance des habitudes continentales, les indigènes seraient étonnés si je ne partageais pas leur naïve admiration.

CHAPITRE II

Installation à Cuglieri. — Les Sardes. — La Saint-Jean : les *nenneri;* le compérage.

La mer nous séparait de ceux que nous aimions ; deux courriers au plus, souvent un seul par semaine, nous rattachaient au reste du monde. Cuglieri, malgré ses cinq mille âmes, n'était qu'un pauvre village ; combien de temps devions-nous y passer ? Dieu le savait.

Eh bien ! me dis-je, contre fortune bon cœur ; j'enseignerai aux Sardes à décorer sans frais leurs habitations, à comprendre, à mettre en pratique les règles les plus simples de l'hygiène et de la propreté. Ils verront quelles ressources leur offrent les belles fleurs, la riche végétation qui les entoure. Je m'efforcerai de faire le bien, d'améliorer l'état moral en même temps que la situation matérielle de la province. J'étudierai ces mœurs à demi-sauvages, ces coutumes qui se sont transmises à travers tant de siècles, et les jours s'écouleront rapidement.

Quarante-huit heures après, j'étais menuisier, maçon, serrurier, vannier, cartonnier, etc., et je ne désespérais plus, non-seulement d'embellir notre demeure, mais d'être heureux en Sardaigne. Le pays était si beau, si vert, si richement boisé, si gracieusement pittoresque; l'horizon était si vaste! En bas de la montagne s'étendait la planargia, aux aspects si variés; puis la mer, où la vue allait se perdre au loin : n'y avait-il pas là des tableaux qui se renouvelleraient sans cesse? Je commençais à craindre de n'avoir pas le temps d'admirer, pas le temps d'étudier ce pays si intéressant, et néanmoins si peu connu.

Je me mis à l'œuvre, et, quand au mois de juillet de l'année suivante, il fallut quitter ma province, j'eus le cœur plus serré que le jour où l'abattement succédait à mon entrée au palazzo.

Les Sardes ont d'excellentes qualités et pas de vices; j'ai appris à les connaître et je les aime. Leurs défauts, malheureusement nombreux, sont le résultat de leur ignorance, et la suite d'habitudes superstitieuses ou barbares, consacrées par les siècles. On a essayé de combattre ces habitudes; mieux aurait valu chercher à les modifier que de tenter de les détruire.

Comme tous les hommes dont les besoins sont limités, et qui vivent en dehors de la civilisation, le Sarde tient à ses anciens usages, à son costume, à ses mœurs; il aime la vie nomade et ne voit rien au-dessus de la liberté du pasteur. Pourquoi heurter brutalement ses croyances et ses souvenirs? Instruisez-le d'abord : puis avant de blâmer ce qu'il est habitué à considérer comme un bien ou comme un devoir, surtout avant d'y porter la main, faites-lui comprendre qu'il existe des choses préférables, et qu'il a mieux à faire que ce qu'il fait aujourd'hui. Ne le froissez pas. Au lieu de le rudoyer, soyez bon, patient et juste à son égard, il deviendra juste et bon pour les autres ; il acquerra le sentiment du beau, et ne conservera de ses anciennes mœurs que la part qu'il ne saurait perdre sans désavantage.

Quand, par notre industrie, le salon du palazzo fut pourvu de meubles rustiques, mais propres ; lorsque nos caisses d'emballage furent transformées en toilettes et en armoires ; que des fleurs, noyées dans la verdure, remplirent les jardinières et décorèrent les tables, qu'il y eut des rideaux aux fenêtres, que des étagères chargées de livres et de menus objets couvrirent les murailles, et que notre cuisine eut une cheminée, Cuglieri acheva de perdre à mes yeux son dénuement et sa tristesse. On y trouva d'ailleurs deux choses rares en Sardaigne : un air pur et de l'eau parfaite. Celle-ci, malheureusement, coûte cher ; pour en approvisionner la maison, chaque famille a sa *ragazza*, jeune servante dont presque toute la journée se passe à aller chercher de l'eau à l'une ou à l'autre des fontaines, toutes situées à une grande demi-heure de la ville.

Rien de gracieux comme ces processions de jeunes filles voilées, qui portent sur la tête, avec une rare élégance, de hautes amphores au galbe antique. Que de fois nous avons admiré leurs tailles sveltes et leurs charmants visages ! La nôtre, qui s'appelait Téréza, chantait du matin au soir, mais les chants du pays, composés de trilles en mineur, chevrotements nasillards et sans fin, allant crescendo pour retomber tout à coup, et semés de points d'orgue à profusion. Un chardonneret, que nous devions à l'obligeance du commandant des chevau-légers, mêlait ses accents plus vifs aux chants de la ragazza, et notre salon s'en égayait.

Nous avions eu tout de suite quelques amis ; d'abord des continentaux avec lesquels, au début, nous causions de notre exil; puis une charmante enfant, nommée Rita Sanna Seralutzu, vint tous les jours prendre une leçon de français et nous parler en italien ; cette langue nous devint plus familière et nos relations s'étendirent.

C'est ainsi que nous arrivâmes à la Saint-Jean, qui, dans le pays, est une grande solennité. Dès la veille, le tambourin et le flageolet parcoururent la ville, puis s'arrêtèrent devant l'église, où leurs tirelirelis! boum! boum! ne cessèrent plus de se faire entendre. La nuit n'était pas encore venue que les pétards et les fusées annonçaient l'ouverture de la fête. Toute la population, en habits des dimanches, les femmes voilées, ou pieusement encapuchonnées de leurs jupes; les hommes, les enfants, tous se rendirent à l'église; ce fut un va et vient continu d'une foule en pèlerinage. Le saint lieu, dédié à San-Gionni, était pavoisé de mouchoirs en guise de drapeaux ; des branches de lauriers en couvraient les murailles, des pervenches en jonchaient les dalles, et cent flambeaux illuminaient le maître-autel.

A huit heures, les boum! boum! les tirelirelis redoublèrent, et le feu de joie s'alluma, au milieu des pétards et des fusées. Bientôt les plus fervents se dirigèrent du côté de la fontaine de Timémère, afin de s'y purifier des souillures de l'âme et de celles du corps, par le mérite du saint Baptême qui, autrefois, eut lieu dans le Jourdain.

CHAPITRE II.

Suivant la croyance générale, l'eau des sources possède alors, depuis dix heures du soir jusqu'à deux heures du matin, des vertus souveraines et guérit tous les maux. Tandis que les fiévreux et les paralytiques vont leur demander la santé, la jeune fille va y chercher la foi en son *sposo*, qui la néglige.

C'est pendant cette nuit, qu'en interrogeant certaines plantes à un moment donné, on peut connaître l'avenir. L'une d'elles, à grandes feuilles, non moins belles que celles de l'acanthe, révèle la joie ou la douleur qui vous attend. Si la veille, elles ont été liées en faisceau par une jeune fille, et que s'ouvrant à minuit, ces feuilles renferment un insecte, l'heureuse enfant qui les consulte se mariera dans l'année.

L'insecte va même jusqu'à indiquer la profession de l'époux : la fourmi, par exemple, promet un artisan et le puceron un pasteur.

Si les feuilles ne contiennent rien, la jeune fille va en toute hâte jeter un peu de cendre dans une assiette plate, qu'elle a remplie d'eau, puisée à la fontaine. Dès qu'il fera jour, elle saura à quoi s'en tenir en voyant le dessin que formera la cendre : la hache annonce un agriculteur; le compas, un maçon, etc., etc. Enfin, elle apprendra comment il s'appelle; vous la verrez de grand matin se mettre sur la porte, et le prénom de l'individu qui, le premier, s'offrira à ses regards, sera celui du futur.

Le sposo est-il infidèle ? L'abandonnée attend cette nuit avec impatience; arrivée près de la fontaine, elle partage en quatre un beau fruit, le rapporte précieusement dans sa chambrette avec le ferme désir de rassembler sur elle-même les sentiments épars du volage, comme elle réunit les morceaux du fruit qu'elle presse sur son cœur ; et gardez-vous d'en douter, amour complet lui sera rendu.

La nuit est bruyante ; des groupes de chanteurs, réunis par nombre impair — de trois à neuf — parcourent les rues jusqu'à deux heures du matin, et plus d'une conquête est faite dans ces courses nocturnes.

Pendant ce temps-là, des gens affligés de hernie, maladie très commune en Sardaigne, se rendent chacun dans un endroit solitaire, y cherchent un jeune figuier, le fendent par le milieu et en écartent les parties de manière à se glisser entre elles. On reste plusieurs secondes dans cette espèce d'étau ; l'arbre est ensuite lié avec sa propre écorce, et l'année suivante, au printemps, si le figuier n'est pas mort, la guérison du malade est certaine.

La *San-Gionni e flore*, la Saint-Jean des fleurs, comme les Sardes l'appellent, donne encore lieu à beaucoup d'autres pratiques. Ainsi, un mois avant la fête, les femmes sèment de l'orge, du lin ou des pois dans un vase qu'elles placent à l'endroit obscur le plus caché de la maison. Fréquemment arrosé, le plant s'allonge en filets blanchâtres. La veille du grand jour, ces tigelles, qui portent le nom de *nenneri*, ainsi que le vase où elles se trouvent, sont coupées avec une faucille, liées en gerbettes et déposées aux pieds du saint, dont la statue est couverte de fleurs.

Le nenneri est le jardin d'Adonis que les Phéniciennes allaient briser aux pieds de leur dieu, le jour du solstice d'été, et que leur empruntèrent non-seulement les Grecs, mais les Israélites, au grand scandale du prophète : « Vous serez confondus par les idoles auxquelles vous avez sacrifié, dit saint Isaïe, et vous rougirez des *jardins* que vous avez choisis pour vos sacriléges. »

J'ignore pourquoi, dans certaines parties de la Sardaigne, le nenneri, qu'on appelle aussi *ermé*, est placé dans l'ombre, il est possible que ce soit en signe de deuil, et que son étiolement rappelle la langueur de la nature en l'absence du soleil que personnifiait Adonis. Mais en d'autres endroits, par exemple à Osiéri, l'ermé est d'un vert brillant, et l'on retrouve tous les détails de l'ancien culte. Le vase est fait d'un morceau de liége détaché de l'arbre pour la circonstance ; dans la soirée du 23 juin, ce vase rustique, enveloppé de soie, orné de banderolles et de rubans de diverses couleurs, est posé sur une fenêtre élégamment drapée, et le lendemain on va le briser à la porte de l'église. Or, la veille de leur rupture, les vases souvent en écorce, qui figuraient dans les Adonies, étaient parés de lanières éclatantes et posés sur la pourpre, dont un morceau les entourait.

N'oublions pas que, dans le calendrier Julien, la Saint-Jean tombait le jour du solstice.

Dans certaines communes, toujours à propos de San Gionni, les jeunes gens mettent à leurs chevaux des guirlandes de fleurs, et après avoir suivi la procession, vont se disputer le prix de la course.

Sur le bord de la mer, c'est dans une anse déserte que, pendant la nuit, on va se plonger en l'honneur du saint.

A Oristano, où San Gionni e flore est le patron des

agriculteurs, et où la fête est célébrée, hors des murs, dans une église particulière, deux miracles se produisent à minuit juste : dès qu'a sonné le dernier coup, le bassin qui est devant l'église se remplit et se vide trois fois de lui-même, et un bœuf entièrement noir (peut-être souvenir des croyances de l'Inde), prononce cette phrase : « *Oih ! oih! oih! Cantu tapu trabattare assumanaïs po essi crettin !* » Hélas ! hélas ! hélas ! quel travail j'ai dû faire pour que l'on croie en moi. Personne, il est vrai, n'entend plus ces paroles ; mais parce qu'on ne vient pas à l'heure précise, ou qu'on n'est pas assez pur pour comprendre la voix miraculeuse.

Le matin arrivé, tout le monde est en liesse et prend les habits de gala. Tandis que les hommes mettent leurs chemises blanches et leurs guêtres, nouvellement graissées, les femmes se parent de leurs plus beaux atours : petits corsages de drap, de velours ou de soie, ne gênant en rien une gorge bien faite, que retient simplement une chemise blanche, souvent brodée, et fermée au cou par une faveur bleue ou rose ; jupe de drap écarlate ou de couleur sombre, formant des plis nombreux qui dessinent la taille, dont une fleur coquettement placée au bas du corset, fait ressortir la beauté ; enfin un voile blanc et des pieds nus, blancs et soignés comme les mains, et d'un modèle irréprochable.

Ainsi parées, les jeunes filles sont charmantes ; malheureusement, les modes étrangères ont gagné ce coin perdu, commencent à détruire cet ensemble d'une harmonie parfaite : des fichus couvrent les épaules des élégantes ; des voiles de couleur font tache au milieu des voiles de mousseline ; le corsage à pointe remplace çà et là le corpetto ; et la robe de drap aux tons riches, aux plis superbes, est délaissée par quelques-unes pour des étoffes légères et mesquines, promptement fripées, qui n'ont rien de sculptural.

Quant aux familles d'une certaine aisance, la mode règne chez elles en souveraine. Tout en le déplorant, nous devons reconnaître que les frais visages, à l'expression fine et spirituelle qu'on y rencontre, n'en restent pas moins extrêmement piquants sous le chapeau français, orné de fleurs ou de plumes.

La toilette terminée, on se rend à l'office ; puis, revenu de l'église, tout le monde prend part à la fête.

Au milieu des plaisirs, il se contracte des engagements sérieux ; c'est ce jour-là que se forment les liens du compérage. A la fin de mars, ou dans les jours suivants, un homme s'est présenté chez une femme du voisinage et lui a demandé si elle voulait être sa commère. Elle a répondu affirmativement, a préparé le nenneri, et attendu le 24 juin. La fête est arrivé ; l'homme et la femme sont allés ensemble déposer l'herbette ou briser le vase qui la contenait. Une suite nombreuse les accompagne, on leur présente un mouchoir qu'ils saisissent chacun par un bout ; ils y font un nœud ; puis les nœuds s'échangent entre le compère et la commère, ou bien l'homme pose une main sur celle de la femme, et autant de couples formés ainsi, autant de liens qui ne se dénoueront que l'année suivante.

Où le vase se brise, on en fait suivre la rupture

d'une collation dans laquelle on mange une omelette qui représente les œufs et les herbes des anciens repas funèbres ; puis compère et commère se mettent de chaque côté d'un grand feu, prennent un bâton, dont ils tiennent chacun un bout, et l'attirent vers eux, l'un après l'autre, de manière à passer rapidement la main dans la flamme à trois reprises différentes. C'est la sanction dont se plaint l'Ecriture : « Ils consacrent leurs fils et leurs filles par le feu ! »

Purement fraternel et ne se faisant guère qu'entre personnes mariées, le compérage entraîne pour chacune des parties contractantes l'accomplissement de tous les devoirs qu'impose l'amitié la plus sincère, la plus profonde : secours dans le malheur, partage des joies et des peines, soutien dans les luttes, dévouement à toute épreuve.

On trouve chez beaucoup de peuplades cette fraternité spirituelle que les difficultés de la vie rendent nécessaires dans les sociétés primitives ; elle a existé partout ; elle s'est développée à toutes les époques où l'individu n'était pas suffisamment protégé par la loi ; mais n'a-t-elle jamais compté autre chose que des frères ? Associée à la pratique du nenneri, elle paraîtrait avoir eu plus d'extension chez les adorateurs d'Astarté ; mais aujourd'hui, nous ne voyons qu'en Sardaigne ce lien si fort s'établir entre les deux sexes, la femme recherchée par l'homme, à titre d'*ami*, et pouvant remplir toutes les obligations que ce titre comporte.

Hors de l'île, on peut sourire d'un pareil contrat; en face de ceux qui l'observent, il est impossible de ne pas être ému du respect dont les mœurs entourent la parole ainsi donnée. Ce lien de compérage est tellement sérieux, tellement fort, qu'on jure souvent par lui : *pesi su san Gionni*, dit-on (sous le poids de saint Jean); et ces mots, suprême appel à la conscience, sont toujours entendus.

CHAPITRE III

La campagne de Cuglieri : excursion au village de Scano. — La mort et les funérailles en Sardaigne : la poésie populaire ; le culte des défunts. — Climat, vents et tempêtes. — Relations locales.

Rien de plus pittoresque, de plus charmant que les environs de Cuglieri ; mais les chemins y sont inconnus. Un lambeau de route inachevée proteste seul contre la prescription, et descend vers la mer, à travers les Salti de Santa Catarina di Pitinnuri ; on l'appelle le *stradone*, ce qui veut dire la grande route.

Toutefois, grâce aux pieds agiles et sûrs des poneys sardes, les sentiers les plus rapides, les plus encombrés de pierres, les escaliers formés par les chèvres, au flanc des rochers, deviennent praticables, et les accidents n'y sont pas plus nombreux que sur les chemins de nos plaines : on en est quitte pour la peur (1).

(1) Depuis l'époque où ces lignes ont été écrites, une route, allant de Suni à Oristano, à travers la Planargia, est en voie de construction. Elle passe au bas de Cuglieri et doit aller rejoindre à Bosa la route centrale qui va de Porto-Torrès à Cagliari. Quant aux sentiers communaux, ils sont toujours dans le même

Tout le monde va donc à cheval; les dames comme les autres, et à califourchon, ni plus ni moins que les hommes. Cette circonstance avait restreint nos promenades à un cercle assez étroit; nous ne connaissions guère que le pourtour de la ville, lorsque le signor Cattaneo, ingénieur de la province, nous fit parvenir une selle de femme. Un projet d'excursion fut immédiatement formé, et il fut décidé que nous irions à Scano.

C'était le 26 juillet, par un temps magnifique. Le sentier que suivait notre cavalcade, assez nombreuse, serpente au flanc de la montagne, où il est coupé, çà et là, par des vallons creux et bien cultivés. Ses longs replis semblent se complaire à traverser le plus lentement possible des massifs d'oliviers, de chênes et de cactus épineux. Tantôt profondément encaissé, il se glisse sous les branches des lauriers, entrelacés de lianes, qui se rejoignent et forment berceau; tantôt l'horizon s'élargit tout-à-coup et le regard surpris rencontre la pleine mer.

Après deux heures de marche sur cette piste, dont l'état rappelle à chaque pas qu'on foule une terre non civilisée, mais d'où l'on découvre à chaque ins-

---

état. En Sardaigne, il faut des siècles pour qu'une innovation quelconque puisse se réaliser; et l'absence de voitures, de piétons et de commerce empêche les habitants de sentir le besoin de communications plus faciles. Les Sardes craignent, d'ailleurs, les routes brûlantes, où leurs montures soulèvent des nuages de poussière. Leurs chevaux eux-mêmes, habitués à la liberté des champs, aux ronces, aux rocailles, à tous les mauvais pas, préfèrent les ravins ombreux, ou les sentiers de montagne, aux grands chemins inondés du soleil.

tant d'admirables points de vue, nous atteignîmes le but de notre excursion.

Scano est un assez grand village, traversé par l'un des chemins qui conduisent à Macomer. Il s'éparpille à mi-côte dans un bassin accidenté, en forme d'entonnoir, où sa distribution produit un heureux effet. Les maisons, que des jardins séparent largement, en sont propres; le costume national y est bien conservé. Malgré leur teint basané, toutes les femmes que j'y ai vues étaient réellement belles; les unes travaillaient à l'aiguille, les autres nettoyaient le grain destiné à faire le pain de la semaine; toutes étaient assises par terre.

Le bruit de la cavalcade, l'étrangeté de la selle de l'amazone : bref, notre arrivée fit sensation.

Parmi ceux qui nous entourèrent, un homme à grande barbe insista pour me faire descendre chez lui; je refusai, et n'acceptai qu'un verre d'eau. L'hospitalité sarde a été comparée à celle des Ecossais; mais, quelque touchante que soit cette vertu poétique, il faut que l'intendant s'en défie; trop souvent, derrière les prévenances dont il est l'objet, se cache le service qu'on réclamera plus tard; et pendant trop longtemps des fonctionnaires ont laissé dans l'île, en échange d'un bon accueil, des espérances qu'ils ne devaient pas réaliser, des promesses qu'ils ne pouvaient pas tenir.

On trouve à Scano des ruines intéressantes, des fragments d'édifices antiques, des monnaies carthaginoises, surchargées pour la plupart du coin sarde ou sicilien. Le village actuel remonte lui-même à une époque ancienne et a eu plus d'importance qu'il n'en possède aujourd'hui. Avant le XIIIe siècle, on y voyait déjà un prieuré de l'ordre des Camaldules, celui de San-Pietro, qui fut l'un des principaux de l'île, et dont il ne reste aucune trace.

Scano a une belle église où la Toussaint amenait jadis une foule considérable; c'était, en même temps, fête patronale et foire. Il paraît encore ici tout naturel de placer les affaires et les plaisirs sous le patronage de la religion, et bien qu'elle attire beaucoup moins de monde, la double solennité existe toujours. Le 1er novembre, des baraques élevées autour de la place de l'église continuent à s'emplir de draps pour homme et pour femme, de corbeilles de toute espèce, de vases de toute dimension, de *confetti*, affreux bonbons dont l'amidon forme la base, où le sucre n'entre que pour mémoire, et dont le plâtre vient augmenter le poids. Au centre de la place s'établissent les chanteurs, et les danses s'organisent. Nous parlerons plus tard de ce plaisir qui, en Sardaigne, réunit tous les âges.

C'est à Scano que j'ai entendu, pour la première fois, les lamentations que les Sardes improvisent au chevet des agonisants, et qui, après la mort, s'entremêlent de cris et de sanglots. Il s'agissait d'une jeune jeune fille de dix-huit ans; la famille en pleurs était à genoux autour de la moribonde; avec l'agonie commença l'hymne funèbre :

« Voyez cette enfant, chanta l'une des parentes, elle était si fraîche, lorsqu'en avril, reverdissaient nos champs, c'était elle qui conduisait la danse. Ses compagnes l'aimaient, parce qu'elle était bonne. »

« Chère fille, reprit la mère, tu étais la plus belle

fleur de mon jardin. Le vent qui s'élève des bois parfumés de Milis m'était moins agréable que ton haleine, alors que, penchée sur ta natte, je recueillais les soupirs d'amour qui, dans un rêve, s'échappaient de tes lèvres roses. »

Puis ce fut le tour des sœurs : « Cara Zita, » dit la plus jeune, « ma bien chère! pouvais-je avoir une meilleure amie que toi ? Toi qui, seule dans mes premiers ans, savais m'endormir dans mon berceau de liége. »

Les hommes chantèrent également ses louanges. C'étaient les yeux noirs de la jeune fille qu'ils célébraient, sa taille svelte et ferme comme un vigoureux olivier ; ou son pied, ou sa main blanche, qu'ils avaient souvent pressée dans les fêtes. C'étaient l'éclat de son teint, sa beauté, ses lèvres gracieuses, où l'amour trouvait de si douces promesses ; et tous ensemble répétaient le refrain, qui résumait les éloges dus à la brune enfant. Chantées à demi-voix, ces paroles allaient au cœur.

Le médecin et le prêtre arrivèrent; la mort les avait précédés; la scène devint déchirante. La mère se frappa la poitrine, les sœurs gémirent; moi-même, bien qu'étranger, je fus profondément ému.

« Tout est fini, » dit le docteur. Alors, au moyen d'une étincelle prise au foyer, on alluma la lampe funéraire qu'on suspendit au pied du lit, et les derniers chants se firent entendre.

« Pauvre enfant, sanglotait la mère, pourquoi nous
» as-tu quittés? L'amour de ta mère ne te suffisait
» donc plus?... Pourquoi nous as-tu quittés ? n'avais-
» tu pas des sœurs et des amies, heureuses de t'en-

» tourer de soins et de caresses? Et Gavino, ton
» sposo, ne devait-il pas partager ta vie? Pourquoi
» nous as-tu quittés?... »

Les chants continuaient. Je me retirai, laissant à la famille toute liberté d'exhaler sa douleur.

Ces adieux, ces reproches si tendres, varient suivant l'âge et le caractère du moribond, suivant la nature de ceux qui les adressent ; car, je le répète, ils sont improvisés. J'ai entendu les paroles suivantes, près du lit d'un père de famille :

« Père chéri, père de mon cœur, pourquoi es-tu
» mort? N'avais-tu pas un cheval et de l'orge pour
» le nourrir? Bon père, n'avais-tu pas un fusil, ton
» couteau de chasse, de la poudre et des balles?
» Pourquoi es-tu mort? N'avais-tu pas de belles
» salades dans ton jardin, du froment dans ton gre-
» nier, des troupeaux dans ta tanca? Père chéri, ô
» mon père! pourquoi donc es-tu mort? »

Ce désespoir qui s'épanche en paroles affectueuses, qui oublie les vivants pour ne songer qu'au défunt, et qui lui rattache tout ce qui faisait son bonheur en ce monde, est touchant au delà de ce qu'on peut dire. Je me demande si, dans cette expression d'un chagrin sincère, dans ce cri de l'âme brisée, il n'y a pas quelque chose de plus naturel que dans l'isolement froid et morne, où les civilisés laissent la dépouille de celui qui a cessé de vivre.

Avant que la rigidité cadavérique se produise, on ferme la bouche et les yeux du mort ; on lui attache les jambes avec un cordon de soie, et on lui croise les mains sur la poitrine. Le visage est soigneusement lavé, soigneusement rasé, quand il s'agit d'un homme ; puis le défunt est revêtu de ses plus beaux habits, et recouvert entièrement d'un voile de gaze. Si c'est une jeune fille, on lui met la toilette qu'elle aurait eue le jour de ses noces, dans la main une branche de palmier, et sur la tête une couronne de fleurs.

Le corps est ensuite placé dans la salle d'entrée ; les pieds sont tournés vers la porte, la main tient un flambeau. On invite les parents et les amis à venir réciter quelques prières ; enfin le corps est déposé dans une bière découverte, et porté à sa dernière demeure aussitôt que possible.

Dans certaines localités, les parents se reprocheraient de ne pas rendre à leurs morts les derniers devoirs, et accomplissent eux-mêmes tous les apprêts que nous venons de décrire ; mais il y a presque partout des femmes que l'on appelle *accabadaras*, et qui, moyennant salaire, se chargent de ces soins douloureux.

Autrefois, le cercueil était suivi par des pleureuses, qui venaient également près du lit mortuaire chanter les louanges du défunt, et qui, pour un franc cinquante centimes, versaient des flots de larmes, et entremêlaient leurs chants de tous les signes du désespoir. Il y a peu d'années, c'était encore un usage général.

Tant que le mort est dans la maison, la nourriture de la famille se compose de *macheroni*, sorte de pâte que l'on met à portée du défunt, et dont on offre à tous les visiteurs. Considérés comme friandises, les *macheroni* paraissent devoir plaire au trépassé, qui, d'après la croyance populaire, continue à jouir des plaisirs de la table, on espère l'amadouer par cette attention, et de la sorte échapper à sa morsure.

Comme tous les peuples primitifs, les Sardes craignent les morts. Ils leur prêtent des intentions hostiles à l'égard des vivants, et ont une peur affreuse de la *morsu de mortu:* d'où l'empressement qu'ils mettent à se débarrasser du cadavre. Ils attendent souvent jusqu'au soir pour que les funérailles, se faisant à la lueur des torches, aient plus de solennité : mais passer la nuit avec un mort est une chose qu'ils redoutent au point d'en oublier toute prudence. Les règlements n'exigent qu'un intervalle de douze heures entre le décès et la sépulture ; il ne m'en a pas moins fallu les rappeler énergiquement aux autorités locales, qui les laissaient méconnaître. J'ai vu faire un enterrement cinq heures après la mort apparente. On frémit en pensant au nombre d'inhumations prématurées qui doit résulter de cette hâte, dans un pays où les cas de léthargies ne sont pas rares.

Le deuil consiste, pour les femmes, à se couvrir la tête d'un voile sombre, qui va s'attacher autour de la taille ; ou d'une jupe de couleur foncée, relevée en manière de capuchon. Tout le buste doit être enveloppé. Retenu par la main droite, qui ne se voit pas, le voile ne laisse d'abord qu'un œil à découvert ; ce n'est qu'au bout de plusieurs mois que le reste de la figure reparaît peu à peu.

Les hommes ont également la tête couverte du capuchon de leur cabarro.

La femme qui a perdu son mari garde le deuil jusqu'à la fin de son veuvage. Elle ne doit pas sortir de chez elle pendant toute la première année ; ni porter d'autre chemise que celle qu'elle avait le jour de ses noces; et qui a été réservée pour ce cas de malheur ; poétique usage qui confond dans la même pensée les joies et les regrets de l'amour.

En différents endroits, veufs et veuves entretiennent dans la chambre d'honneur une lampe constamment allumée ; souvenir vivant de l'être qui n'est plus.

Le soleil allait disparaître lorsque nous reprîmes le sentier que nous avions suivi le matin. Grossi par les vapeurs du soir tout embrasées de ses feux, le globe ardent, pareil à une coupole enflammée, se plongeait dans les flots. La nature, parée des plus vives couleurs, s'assombrit graduellement, et des senteurs vertigineuses nous pénétraient de toute part; je ne retrouve pas dans mes souvenirs, de soirée plus enivrante.

Bientôt il s'éleva du sud-est un vent violent, vent humide et chaud qui énerve et qui donne des nausées. Sous l'influence de ce vent pénible, il se fait dans la température des changements d'une brusquerie étrange ; après avoir été d'une chaleur excessive, l'air se glace tout à coup, et les éléments se déchaînent. Tandis que gronde l'orage, des masses de nuées épaisses flottent au-dessus de la Planargia, gravissent la montagne en rampant ; et, fouettées par la tempête, s'abattent sur la ville. Pluie ou sable, tout ce dont l'ouragan est chargé pénètre avec lui dans les maisons, dont les vitres, simplement glissées dans les rainures des fenêtres, ajoutent leur grincement aux éclats de la foudre.

Maître Campus, qui, à la fois négociant et ouvrier, achetait les chiffons et les bois de daim, vendait des harengs et des peaux de bique, des planches et de la ferraille, magnétisait son chien, était menuisier, peintre, etc.; l'homme universel, à qui, suivant l'expression des Cugliéritains, on n'avait qu'à parler pour avoir tout au monde, et, qui, à vos demandes, répondait en se frappant le front : *basta l'ingegno*, suffit d'avoir du génie, n'avait pas encore découvert le mastic. A défaut de cette matière précieuse, j'avais assujetti nos vitres avec du coton ; et, du moins dans notre chambre, nous étions à l'abri du vent.

Quelle jouissance, pendant que les éléments faisaient rage au dehors, de posséder une pièce interdite aux rafales, d'y être entourés de bons amis et de s'y délasser des travaux du jour dans une de ces causeries intimes, où les souvenirs et les idées s'échangent, où l'on parle de tout sans avoir à peser ses paroles! Notre esprit volait alors vers la terre ferme ; et nous étions heureux quand nous y retrouvions des amis communs.

Le comte Mondrone, commandant les trente bersaglieri de la garnison ; Rossano, lieutenant des chevau-légers; Maramalda della Minerva, commandant de place; Utz, réfugié hongrois, Paolesu et Caccia formaient notre cercle habituel. De temps à autre s'y joignaient dom Salvatore, que, par un de ces diminutifs propres au dialecte sarde, on appelait dom Rorrico ; puis la jolie Rita Sanna, puis Antoinetta Picardi, à la conversation attachante ; enfin, Chiara Fea, qui déplorait son triste sort, et dont le charmant visage s'assombrissait parce qu'elle n'avait pas le sposo, qu'en Sardaigne toute jeune fille doit avoir.

Nous gardons une profonde gratitude à ceux qui venaient ainsi, malgré la tempête, et qui, pour nous voir, bravaient les nuits obscures. A dix heures, quand il fallait regagner son gîte, c'était par des ruelles horriblement tortueuses, atrocement pavées ou défoncées, remplies de fange dès qu'il avait plu ; et où, dans tous les temps, il fallait avoir de la chance pour ne pas trouver quelque cheval attaché à une fenêtre et barrant tout le passage ; car, dans la ville, les écuries n'étaient pas plus connues que les cheminées.

Les indigènes ne se préoccupent pas de ces misères ; quand il fait noir ils suppléent au gaz par un tison flambant qu'ils portent à la main, et se plongent hardiment dans leurs abominables ruelles. Il est curieux de les voir courir, tenant leurs brandons au niveau du sol, autant pour en aviver la flamme que pour savoir où mettre le pied. Dites-leur qu'on peut supprimer ces fondrières, enlever ces obstacles, menaces permanentes de chutes et d'entorses, même en plein jour : « Bah ! répondent-ils, la Providence est grande. » Et le tison continue à remplacer le réverbère, la rue à être un cloaque semé de piéges.

CHAPITRE IV

L'agriculture. — Les travaux féminins : la fontaine de Timémère. — Les courses de chevaux.

En juillet, les blés sont mûrs ; on les récolte, opération dont le mode est resté primitif, comme celui de tous les travaux des Sardes. Les épis, coupés à trente centimètres de la pointe, sont répandus sur l'*aia*, terrain nivelé et battu où le dépicage se fait avec des bœufs lancés au pas de course, ou bien attelés à des rouleaux d'environ trois mètres de longueur.

Ces rouleaux de pierre ou de bois, simplement armés des rugosités ou des nœuds dont la nature les a pourvus, sont traînés au moyen de deux cordes ou de deux perches, qui se rejoignent, passent entre les bœufs et vont se fixer au joug. Le rouleau n'est quelquefois attaché que par l'un de ses bouts ; dès lors il n'y a qu'un seul trait, ce n'est pas même, comme on voit, l'appareil à plusieurs cylindres, armés de dents, que Varron appelait chariot phénicien, et dont les Israélites se servaient depuis longtemps à l'époque d'Isaïe.

Brisée par le piétinement des bœufs, ou par les

rouleaux qui la triturent, la paille est remuée et jetée en l'air afin que le vent la sépare du grain. Cette méthode de vannage, toujours fatigante, est parfois désastreuse : s'il ne fait pas de vent elle traîne en longueur ; qu'il vienne de la pluie et le grain germe sur l'*aia*, tandis que le fermier, roulé dans sa peau de chèvre, attend patiemment que le soleil reparaisse. « *Dio lo vole*, » dit notre homme, dont la confiance en la bonté divine est si entière qu'il ne fait absolument que ce que la Providence ne veut pas faire pour lui.

Après ce vannage primitif, le grain est passé dans un tamis de canne ou de jonc, et déposé au grenier dans de vastes corbeilles, sortes de cuves faites en cannes tressées, ayant de deux à trois mètres de haut, et quelquefois plus d'un mètre de large.

Les débris de paille sont ensuite recueillis et amoncelés dans les combles, ou portés à la *tanca* pour aider les bestiaux à vivre lorsqu'ils n'auront plus d'herbe. La prévoyance est tellement étrangère aux habitudes de la contrée que j'ai vu des Sardes, qui, paraissant oublier l'usage des portes et des fenêtres, pratiquaient une ouverture dans le toit de leur grenier pour introduire le fourrage. La pluie arrivait ; le toit n'en restait pas moins ouvert : pourquoi le bon Dieu faisait-il pleuvoir ?

Bien que cette partie des travaux prenne un temps considérable, les cultivateurs ne quittent pas l'*aia* depuis le commencement de la moisson jusqu'après la rentrée des grains. Couchés sur la terre nue, ils veillent à la garde du *muchio*. La campagne est alors d'une grande animation ; le repos du dimanche n'est pas même toujours observé ; c'est un va et vient continuel des champs au *popolato* (il n'est pas de cultivateur qui n'habite le village), et le soir, un peu avant le coucher du soleil, à l'heure où se terminent les travaux du jour, la scène devient charmante : ici les rustiques charrettes, traînées par quatre bœufs à l'œil farouche ; là-bas, les nombreuses cavalcades, égayées par des chants nationaux ; puis des essaims de femmes, qui, près du village, guettent l'arrivée du mari, du *sposo* ou du père.

La récolte rentrée, ce qui a lieu vers le 15 août, on s'occupe du terrain qui doit recevoir la nouvelle semence. En Sardaigne, les assolements réguliers sont inconnus ; depuis des siècles les mêmes terres y donnent les mêmes blés. Néanmoins les *vidazzoni* (endroits mis en culture) changent de place ; et, pendant trois ou quatre ans, parfois même davantage, le sol qui vient de produire est laissé à l'abandon, comme nous l'avons dit plus haut. Quant au fumier, son usage n'est pas moins ignoré que celui des étables. Chacun va déposer les ordures, les immondices de sa maison dans un endroit rapproché du village, qu'on appelle *letamai* ; et lorsque l'amas a pris des proportions gênantes on le livre aux flammes. Sur les cendres du précédent s'élève un nouveau tas ; il y a de ces accumulations, qui, datant de plusieurs siècles, forment de vrais monticules d'un guano précieux que l'industrie n'a pas encore exploités.

Le seul engrais que reçoivent les champs, du moins dans la Planargia, leur est donc fourni par la nature ; ce sont d'abord les détritus du chaume qui est resté sur pied, ceux des buissons qui ne tardent pas à envahir les jachères, enfin la cendre de ces broussailles auxquelles on met le feu quand vient l'époque du défrichement. L'incendie éclate, d'immenses foyers embrasent la plaine et remplissent les premières nuits de septembre de leur effet splendide. Les feux éteints, arrivent les bûcherons, qui, avec leurs croissants, abattent ce qui n'a pas été détruit. Les racines les plus apparentes sont arrachées, et l'agriculteur a du même coup donné une première façon, amendé le sol et fait provision de bois. En outre il a perdu beaucoup de temps, ce que les Sardes paraissent apprécier plus que tout au monde, si l'on en juge par leur manière de vivre.

La charrue qui est employée après ce travail préparatoire n'est autre chose que l'*aratrum* des Romains, l'araire à un seul manche, armé d'un soc pointu infiniment trop petit. Elle n'a pas de centre, et quelquefois pas d'oreilles. Si légère que, pour la rapporter du champ, on la met sur le joug de l'un des couples de l'attelage, cette charrue est tirée par quatre bœufs et traînée au pas de course. Dirigée d'une seule main par le bouvier, qui de l'autre tient l'aiguillon, elle ne pénètre pas à plus de huit ou dix centimètres de profondeur et se détourne à chaque obstacle qu'elle rencontre.

Un second labour, non moins superficiel, est donné au terrain ; la semence est alors jetée et laissée à la garde de Dieu. Aucun hersage ne viendra la recouvrir ; mais quelques feuilles de palmier bénites sont plantées dans le champ pour y attirer la bénédiction divine ; et le blé y croîtra aussi beau que le permettront les daims, les sangliers et les oiseaux du ciel :

« Ne faut-il pas que tout le monde vive ? » Il y a en outre les buissons qui repoussent, les vieilles souches, les quartiers de roche, les pierres vomies par les anciens volcans, et dont la Planargia est couverte ; le blé en souffrira ; mais puisque « *Dio lo vole!* »

Persuadé qu'il est de son propre mérite, le Sarde ne croit pas possible de cultiver les terres du pays avec avantage par d'autres procédés que les siens. Inutile de hasarder un conseil ; il vous répondra invariablement, en souriant d'un air incrédule : « *I continentali non sono pratici dei nostro terreni ;* » manière aimable de dire aux continentaux : « Mêlez-vous de vos affaires, vous n'y entendez rien. »

En 1854, un ecclésiastique de San-Lussurgiu fit de la culture par assolements ; il eut de fort beaux produits ; mais le résultat fut attribué à un art magique, dont lui seul avait le secret : « N'était-ce pas un prêtre ? » D'ailleurs « *a che buono ?* » demande le Sarde à qui vous parlez des méthodes nouvelles. Est-ce que sa terre féconde n'a pas toujours fourni du pain à ses pères et à lui-même ? Vivre sans effort, manger à peu près suivant son appétit, chanter le soir, danser les jours de fête, courir aux pèlerinages, honorer les saints, compter sur leur protection, il ne lui faut rien de plus pour être heureux ! Si la récolte manque, si la disette arrive, que voulez-vous y faire ? « *Dio lo vole.* » Et notre homme se résigne ; le sang oriental qui coule dans ses veines l'a rendu fataliste.

Les femmes ne s'occupent pas des travaux agricoles, mais en ont d'autres et qui durent toute l'année. Parmi les occupations dont elles sont chargées, il en est une dont l'importance est grande en tout pays, et plus en Sardaigne que partout ailleurs ; je veux parler de la lessive qui revient tous les huit jours, tant la garde-robe des indigènes est restreinte. Douze chemises sont là-bas un luxe très rare, même pour les femmes ; la plupart des jeunes filles n'en possèdent que deux. Néanmoins, cet élément essentiel du costume national est toujours d'une blancheur éclatante. Ce petit phénomène a une double cause : d'une part la chemise de femme a les deux côtés absolument semblables ; au milieu de la semaine, la partie qui couvrait le dos et mise sur la poitrine ; l'autre va s'abriter sous le corsage, et cette transposition ingénieuse sauve au moins les apparences.

Le second motif, — je demande pardon de ces détails intimes, — vient d'une coutume singulière ; hommes et femmes, garçons et filles, jeunes élégants ou vénérables prêtres, tous se privent de linge de corps pendant la nuit ; cette habitude est tellement passée chez les Sardes à l'état de seconde nature que son abandon rencontre d'incroyables résistances jusque dans les rares pensionnats de jeunes filles.

Il faut donc se livrer chaque semaine au grand œuvre de la lessive ; mais cette fréquence en a singulièrement diminué les embarras : trempage, coulage, lavage, tout est fini en quelques heures, et cela au bord même de la fontaine.

Le *cestino* et le *peru* servent à transporter le linge sale, ainsi que les cendres, et presque toujours à rapporter le linge propre. Le péru n'offre rien de particulier ; de fait et de nom, c'est le chaudron savoyard ; quant au cestino, c'est une corbeille en osier, d'un diamètre intérieur de soixante centimètres.

Pendant que le linge est essangé, et placé dans le cestino, l'eau alcaline se prépare dans le chaudron par la décoction des cendres ; puis on la répand toute bouillante sur le linge ; et lorsque le péru, dont la capacité égale à peu près celle du panier, est vide, la lessive est coulée.

Un succès constant est la meilleure justification de ce mode expéditif ; grâce à lui, les ennuis de ce jour de misères disparaissent, et la fontaine de Timémère, entourée d'un cercle de pérus, n'en devient que plus attrayante. Les cestini, posés sur quatre pierres, les foyers copieusement alimentés aux dépens des bois communaux, les panaches de fumée qui tourbillonnent sous le vent ; les groupes de femmes affairées qui, le voile rejeté sur l'épaule, attisent les feux ou s'occupent du linge ; cette animation tantôt préoccupée, tantôt joyeuse, contraste avec la nature sévère du paysage, et la scène est vraiment digne du pinceau d'un maître.

A lui seul, d'ailleurs, le site de Timémère fournirait au peintre un admirable tableau ; la fontaine, placée pittoresquement au fond d'une vallée verdoyante, est dominée par des rochers aux découpures bizarres, qui se dressent parmi les chênes, les oliviers, les buissons au feuillage permanent, les grandes bruyères, les arbousiers et les lianes, luttant de vigueur ou d'élégance. Un jardin rempli de figuiers, d'orangers et de grenadiers occupe la droite de la source ; et la civilisation, dont il rappelle le souvenir, rend plus saisissante la sévérité du paysage, couronné en cet endroit par les ruines du château de Monte-Verro.

C'est principalement au coucher du soleil qu'il faut contempler cette magnifique scénerie : le jour qui baisse étend les grandes ombres du Cane Gherbo, vallée autrefois remplie de chênes, couverte aujourd'hui d'oliviers, de châtaigniers, de cultures diverses, et dont les sangliers et les daims se sont réfugiés dans les montagnes qui la dominent. Les profondes vallées du Rios di Cristina deviennent plus profondes encore ; le vert des oliviers s'assombrit, l'église de San Gionni et le couvent des Capucins détachent sur le ciel leurs silhouettes de plus en plus brunes, tandis que la mer s'enflamme aux rayons du couchant, et que les hautes falaises, qui vont rejoindre les récifs de Bosa, s'illuminent des teintes chaudes que seul peut donner le soleil du Midi.

Au milieu de ce tableau, d'où la poésie déborde, des jeunes filles, à l'amphore élégamment posée sur la tête, aux pieds nus, au voile gracieusement ramené autour de la taille, passent légères et souriantes. Les bûcherons, dont la journée est faite, reviennent portant leurs serpes à long manche, poussant devant eux des ânes débonnaires, surchargés de ramée, dignes frères des ânes porteurs d'eau de Sassari. De temps à autre, un voyageur, venant de San-Lussurgiu, vous fait admirer son élégance et la finesse de son cheval de race ; un troupeau de chèvres est ramené pour la traite du soir; enfin les laboureurs qui reviennent des champs, lancent leurs chevaux et gagnent le village bride abattue, en dépit des accidents de terrain.

Jamais ces derniers ne sont pris en considération; rochers ou fondrières, descente rapide, montée abrupte, rien n'arrête le cheval indigène ; son adresse n'a de comparable que l'audace du cavalier. A Macomer, la fontaine où les jeunes filles vont emplir leurs amphores, sert en même temps d'abreuvoir ; on ne peut l'atteindre qu'en travers le fossé de décharge dont quelques dalles forment le pont ; l'accès en est peu facile ; chacun arrive pourtant au grand galop, tourne brusquement à angle droit, s'élance sur les pierres glissantes, et au moment précis où le cheval s'arrête des quatre fers devant l'auge, le cavalier doit toucher terre des deux pieds, sous peine d'être taxé de maladresse. « Il m'est arrivé plusieurs fois, dit M. Jules Amigues, qui logeait en face de cette fontaine, de voir un cheval glisser sur les dalles, et de fermer les yeux pour ne pas voir le cavalier tué raide : jamais la bête n'acheva la chute commencée.»

Malgré cela, je ne peux me rappeler sans frémir les courses auxquelles j'ai assisté. La première que j'ai vue se faisait à Tres-Nuraghes, chef-lieu de canton situé près du bassin de Bosa. Lorsque nous arrivâmes sur le plateau dont le village occupe l'extrémité, les chevaux piaffaient et trépignaient sous leurs *fantini*, vêtus de justaucorps blancs et parés de bonnets et de ceintures rouges. Le point de départ était le sommet du ravin, où coule le Fiume di Lobos ; deux nuraghs en ruines donnent à cette position un certain caractère. Il s'agissait, pour gagner le bas, de parcourir la voie impraticable qui, de ce point, mène au village. Je ne voulais pas croire que ce fût sérieux, tant les dangers semés sur la route devaient se multiplier et s'aggraver dans une course faite à fond de train, avec des chevaux non sellés. Rien cependant n'était plus vrai ; les juges du camp, ainsi que toute la population, entouraient le but assigné aux coureurs. Sur huit chevaux engagés, quatre l'atteignirent sans encombre ; trois se dérobèrent ; un autre désarçonna son fantino qui, pour échapper aux quolibets, s'esquiva par un chemin creux.

En Sardaigne, toutes les courses de chevaux présentent ce cachet d'audacieuse témérité. M. Delessert en a fait un tableau d'une extrême exactitude. J'emprunte à sa description les passages suivants ; ils donneront une idée de cet exercice, qui est le plaisir favori des Sardes :

« Les courses commencèrent. La première fut exécutée par des enfants de cinq ou six ans, qui la firent à pied. Le prix, un long bonnet de laine noir, coiffure habituelle des Sardes, était accroché au bout d'un bâton, et attendait le vainqueur à quelques vingt-cinq mètres du point de départ.

» Toute la population, pendant ce temps-là, s'était portée sur le flanc de la montagne, et avait couvert de ses mille costumes toutes les aspérités des roches ; pas de spectacle à la fois plus pittoresque et plus élégant. Resté assez froid pendant la course enfantine, le public s'anima dès qu'il vit qu'on préparait la course des chevaux.

» Au bout de quelques minutes, pendant lesquelles des conversations très vives annonçaient l'émotion des spectateurs, nous vîmes dans un cercle formé sur un espace uni, plusieurs bêtes que l'on tenait en main, et qui se défendaient vigoureusement : c'étaient les chevaux de course. Vinrent de jeunes garçons de quatorze à seize ans, qui sautèrent lestement sur ces chevaux, et les conduisirent sur la piste afin de leur montrer le chemin qu'ils devaient suivre.

» Ces jockeys étaient vêtus de blanc, sauf une espèce de gilet ou plutôt de veste en soie brodée ; leur coiffure se composait d'une calotte rouge, et ils portaient au-dessus de la cheville un long éperon, lié par une courroie qui leur serrait le pied.

» Les chevaux avaient la crinière tressée, et la queue nouée, pour l'empêcher de flotter au vent; enfin, détail essentiel que j'allais oublier, c'est qu'une simple couverture pliée en quatre, mais fort mince, tenait lieu de selle, et qu'une bride, en assez mauvais état, remplaçait le frein perfectionné dont se servent nos riders.

» Au nombre de huit, les coureurs passèrent devant nous en caracolant, et nous pûmes admirer la pose excellente de ces enfants, leur grâce, leur aisance, l'air de sécurité avec lequel ils se pliaient aux mouvements agités de leurs montures, surexcitées par le bruit, par la foule, et sans doute par un entraînement préalable.

» La cavalcade suivit ainsi le sentier de course jusqu'en haut de la montagne, et revint à son point de départ. Dans le nombre des chevaux, qui en général étaient petits, il s'en trouvait deux ou trois vraiment remarquables : le poitrail bien ouvert, de beaux membres, les reins courts et bien faits, la tête carrée. Mais chez tous, la croupe laissait beaucoup à dire : elle était ravalée, basse, et portait une queue mal attachée. Sans ce défaut, malheureusement très commun en Sardaigne, on y verrait souvent de fort belles bêtes. Cette croupe défectueuse n'altère du reste en rien la vigueur et la solidité des chevaux sardes; mais elle nuit beaucoup à leur apparence.

» Revenus au point de départ, ainsi que nous l'avons dit, les concurrents se mirent en ligne, au milieu du silence complet des spectateurs, dont la foule noircissait littéralement la montagne. Les chevaux, au comble de l'impatience, ruaient et se cabraient sans parvenir à désarçonner leurs cavaliers intrépides. Enfin le signal fut donné ; un hourra général éclata, et les chevaux, à l'exception de deux, qui refusèrent absolument de partir, s'élancèrent sur la piste.

» Je m'attendais à voir une course fort lente, sur ce terrain semé d'obstacles de toute nature; et je me préparais à admirer l'adresse avec laquelle cette passe serait franchie, si elle l'était sans accident, même à une allure raisonnable. Je ne me doutais pas de l'audace des Sardes en matière d'équitation, je dois dire qu'ils laissent bien loin derrière eux les Arabes, dont on vante si fort l'habileté. Ceux-ci, enchâssés dans leurs énormes selles, qui les maintiennent fortement, sont défendus au moins en grande partie contre les chutes provenant des écarts du cheval. D'ailleurs, leur fantasia est moins une course de fond qu'un exercice de haute-école; enfin ils choisissent pour courir, un terrain plat et sablonneux, et ne recherchent pas à dessein les pierrailles et les rochers les plus glissants. Le Sarde fait tout le contraire, et simplement à poil, ou avec une méchante selle.

» Quelle ne fut donc pas ma surprise en voyant partir les coureurs à fond de train, et se bousculer les uns les autres dans le sentier, trop étroit pour leur permettre de passer de front.

» Au milieu des étincelles qui jaillissaient par milliers sous leurs fers, les chevaux fuyaient à toute vitesse. L'un d'eux, rencontrant une plate-forme rocheuse, glissait de quatre jambes sur une longueur de sept ou huit pieds, glissade dont un violent coup d'éperons faisait justice ; un autre buttait par suite d'une pierre roulante, s'abattait presque et rebondissait sans avoir touché le sol ; un troisième, emporté par son élan, franchissait un rocher, d'un seul bond. Rien ne les arrêtait ; et pour témoigner de leur sécurité, les cavaliers enjolivaient cette course prodigieuse de nouveaux tours de force ; par exemple, ils se penchaient sur la crinière, de façon à être presque à plat ventre, puis se renversaient brusquement et touchaient de leur tête la naissance de la queue.

» En moins de vingt-cinq secondes, les coureurs arrivèrent à l'endroit où le sentier, côtoyant la montagne, commençait à tourner pour atteindre le sommet. A cet endroit, de longues plaques de pierre, à fleur de sol, étaient semées sur la piste. Celui, qui jusqu'alors avait été second, ne put obliger sa monture à prendre la courbe ; le cheval fit un écart, et se précipita du milieu des rochers à trois ou quatre mètres au-dessous du chemin.

» L'animal perdit la tête, ne sentit plus ni mors, ni éperon, et commença l'excursion la plus fantastique, la plus périlleuse qu'on puisse imaginer. Cramponné sur son dos, l'enfant lui résistait, sans penser à l'arrêter, et ne cherchait qu'à rentrer dans la piste.

Ce fut pendant quelques instants des sauts comme

jamais je n'en ai vu, des bonds extravagants, des efforts sans pareils, une lutte inouïe de part et d'autre, jusqu'au moment où manquant des quatre fers, le cheval fit une épouvantable culbute, et roula sur son cavalier.

» Je ne pus retenir un cri, persuadé que j'étais que le pauvre enfant avait la tête fracassée. Le cheval, relevé aussitôt, partit de plus belle, et cette fois rentra dans le chemin. L'enfant, resté par terre, fit deux ou trois efforts pour le suivre, et tomba sur le roc. A cinquante pas de là se trouvaient peut-être deux cents personnes, parmi lesquelles deux ou trois prêtres, dont le devoir, si je ne me trompe, est de porter secours à leur prochain ; mais personne ne bougea. Nous l'avons tous vu : on ne s'occupa du blessé que lorsque la fin de la course permit aux spectateurs de penser à autre chose.

» J'avoue que, pour ma part, je perdis de vue les chevaux, qui, pendant ce temps là, atteignaient, ruisselants d'écume, le sommet de la montagne. Un bravo prolongé m'avertit qu'il y avait un vainqueur. En effet la silhouette d'un cavalier se dessinant en haut de la côte, m'apprit la fin du spectacle. Je demandai si la blessure de l'enfant était grave : « Ce n'est rien, me répondit mon voisin, vieux bandit de mauvaise mine ; ça lui apprendra à faire attention. »

Ces paroles étaient vraies ; l'enragé petit jeune homme, ayant repris ses sens, avait noué son mouchoir autour de sa tête ensanglantée, et, maugréant contre son cheval, contre les rochers, contre sa maladresse, il demandait comme une grâce qu'on lui permît de recommencer immédiatement ; tandis que ses camarades et les anciens du village, qui l'accablaient de reproches, lui disaient que jamais il ne saurait monter à cheval.

CHAPITRE V

Fêtes et pèlerinages. — Bosa. — Geneviève de Brabant en Sardaigne. — Les courses de Bosa. — Les grottes : *la sepoltora de Nona*. — Solennités et traditions.

La passion des Sardes pour les fêtes des Saints et pour les réunions qu'elles font naitre est quelque chose d'incroyable. En été il n'est pas de semaine où le peuple ne soit convoqué à plusieurs solennités religieuses ; et le tambourin, les flûtes et les chanteurs sont en activité permanente. Encore, si les habitants de chaque village s'en tenaient à leurs fêtes particulières ! Mais à tout moment ils partent en caravanes pour les sanctuaires éloignés ; et ce départ, malgré sa fréquence, est toujours un événement. Les hommes sont à cheval, le fusil au poing, les femmes en croupe. Sœur, épouse ou *sposa*, assise sur un coussin, entoure le cavalier du bras droit ; et le cœur des amants peut seul comprendre les joies ineffables d'un tendre couple allant en pèlerinage.

Le 11 août il y avait fête à Bosa, l'une des plus fréquentées par les Cuglieritains, dont les courses dévotes s'étendent jusqu'à Porto-Torrès et jusqu'à l'église de Gonara, dans les environs de Nuoro. Ce fut pour notre colonie le but d'une nouvelle excursion.

CHAPITRE V.

La veille au soir, montés sur des chevaux aux jarrets vigoureux, nous prîmes la route que j'avais suivie trois mois auparavant, lors de mon arrivée. Nous retrouvâmes à Suni le capitaine Dore et le syndic Mocci, nos anciens hôtes, dont nous reçûmes au vol les salutations franches et gracieuses.

De Suni à Bosa la route, qui forme le prolongement de celle de Macomer, est large et belle. Conservant une inclinaison peu rapide, malgré la nature des lieux, elle serpente d'abord pendant une heure et demie au flanc d'une série de collines rocheuses où s'éparpillent de chétifs oliviers; puis, tournant à droite, elle débouche tout à coup au dessus de la vallée de Bosa, où elle arrive par de nombreux lacets taillés dans la croupe d'une roche dénudée.

L'heure avancée nous dérobait la vue du paysage; seul, le couvent des capucins, siége de la fête, et brillamment illuminé, se détachait de l'ombre que sillonnaient à chaque instant les fusées et les pétards, accompagnés des tiretireli et des boum! boum! de rigueur.

A cette heure indue, où les Sardes ne voyagent guère, notre cavalcade, composée de sept personnes, produisit une vive sensation. Bosa n'a pas d'auberge où l'on puisse mettre le pied, et ce fut M. de Muro, dont l'écusson porte une couronne de comte, qui voulut bien nous recevoir. Une table surchargée de viandes et de poissons apprêtés de mille manières, ainsi que d'un assemblage très rare de fruits superbes, nous attendait.

Après le souper, nous fûmes introduits dans une chambre, qui, par le confort dont elle était pourvue, semblait nous promettre un repas bien et dûment acheté par les fatigues de ce voyage, tout à fait en dehors de nos habitudes. Mais, hélas ! quatre choses détruisirent nos espérances : les nombreuses sérénades : l'usage veut qu'elles durent toute la nuit ; et jusqu'au matin le nasillement des voix se mêla aux sons criards des mandolines ; tout le monde chantait ! — Le matelas sarde, auquel la tradition peut seule conserver le nom qu'il porte ; — les *zinzare*, c'est-à-dire les moustiques ; — enfin les puces, « l'une des plaies de cette autre Egypte, » dit M. Amigues. Le nombre de ces dernières est vraiment effrayant ; elles envahissent le pays, pénètrent partout, et pullulent dans les maisons, quelle que soit la propreté des chambres. J'ai inscrit à mon compte personnel, dans le palazzo de Cuglieri, quatre mille cinq cents pucédiles par immersion, et cette noyade ne m'a pas délivré.

Bosa a été l'une des grandes cités de la Sardaigne ; Ptolémée et Pline en ont parlé ; l'itinéraire d'Antonin l'appelle *Celeberima*. Aujourd'hui, les ruines de l'ancienne cité dorment à deux kilomètres de la ville moderne ; San-Pietro, église qui fut bâtie en 1073, par Constantino de Castro, en est le seul monument que les siècles n'aient pas détruit.

La nouvelle Bosa (1), fondée par les marquis de Malaspina, demeura au pouvoir de cette famille jusqu'en 1308. Ses constructions, échelonnées sur la partie inférieure d'une colline couverte d'oliviers, et que

---

(1) Cette ville est aujourd'hui, à la place de Cuglieri, le chef-lieu de la province.

dominent les restes du château, lui donnent le cachet des villes africaines. Elle compte 6,500 habitants, possède un évêché, de nombreuses églises richement décorées de marbre et de mosaïques, un clergé trop nombreux pour les besoins du culte, de belles maisons à trois étages, ornées de balcons ; enfin de larges rues, où un commerce actif répand la vie. Elle est baignée par le Temo, qui lui sert d'égoût, et qui, obstrué à son entrée dans la mer, devient, lorsque les eaux sont basses, un cloaque immonde, vaste foyer de pestilence. « Ce qu'il y a de déplorable, dit le comte de La Marmora, c'est que la barre du Temo n'est pas naturelle ; les gens de Bosa l'ont fait exprès, en 1528, par crainte d'une flotte française, qui louvoyait dans ces parages. Pour éviter ce mal passager, on a rempli l'embouchure du fleuve avec de grosses pierres, du sable, de la terre ; et depuis lors, la passe est interdite aux navires. » Il serait facile, après tout, de déblayer le port, au grand bénéfice du commerce, et l'on y trouverait à la fois salubrité et richesse. Le gouvernement paraissait y songer, du moins on en parlait, et les habitants voyaient déjà leur cité reprendre la splendeur qu'elle avait eue jadis.

Les rapports de société sont pénibles chez eux ; le vieux dicton : *é la barca di Bosa* n'a pas cessé de leur être applicable. Tous commandent, personne ne veut obéir ; de là des rivalités ardentes, d'où résultent des partis vindicatifs qui entretiennent dans la commune un état de luttes perpétuelles.

Quant à nous, tout à fait en dehors des prétentions rivales, nous n'avons emporté de Bosa d'autre souvenir que celui de l'hospitalité qui nous était offerte,

Le lendemain de notre arrivée, après un repas splendide, comme les Sardes savent les donner quand ils veulent, une barque nous porta à la chapelle de San-Paolo, située près de l'embouchure de la rivière. Dans cette chapelle est une statue de la Vierge, qui, suivant la tradition, y fut apportée par les vagues, et d'une façon miraculeuse. D'où venait-elle ? Personne ne l'a jamais dit ; peut-être a-t-elle échappé aux noyades des iconoclastes, dont la foi en cet axiome — la mer ne rend pas ses victimes — aurait été trompée, fort heureusement pour les archéologues, et pour le prêtre qui dessert la chapelle.

Dans cette promenade, on me fit remarquer les ruines du château de Serravalle, autrefois Serratalis, qui fut construit par un Malaspina, et qui servit de refuge à Léonard d'Alagan, l'un des derniers héros de l'indépendance sarde. Souvent, dit-on, l'ombre d'une femme voilée, à demi-nue, les cheveux épars, vient errer parmi les décombres et descend au milieu des récifs, où elle mêle de longs gémissements au bruit des vents et des flots. C'est l'âme d'une châtelaine de Serravalle qui, d'après la chronique, avait été confiée par son époux à un ami, l'époux s'en allant combattre les Maures. Revenu de son expédition, le mari crut sa femme infidèle et la fit étrangler. Cependant, loin d'être coupable, la malheureuse avait résisté aux sollicitations criminelles de son gardien, qui lui avait fait expier sa résistance par la prison. Toujours l'histoire de Geneviève de Brabant !

En voyant se reproduire presque partout la douloureuse légende, on s'est demandé si les ombres plaintives que la tradition ramène près de chaque ruine féodale avaient une vie distincte, ou si plutôt elles ne provenaient pas d'un seul et même type. Je crois, quant à moi, à leur diversité, à leur nombre. Le drame sanglant dont elles évoquent le souvenir, a dû avoir lieu plus d'une fois ; il est trop en harmonie avec l'omnipotence seigneuriale, avec la dureté qu'une vie de meurtre et de bataille donnait aux hommes du castel, avec l'orgueil jaloux du maître pour qu'il ne se soit pas répété souvent au fond de ces châteaux, où la vie était partout la même.

Vers quatre heures du soir, après les vêpres, toute la population de Bosa, tous ceux que la fête y avait attirés, se rendirent sur les hauteurs de Sainte-Philomène, afin d'assister aux courses. Hommes, femmes et enfants, prêtres et gens du monde vinrent avec le même empressement jouir du spectacle et applaudir le vainqueur. L'immense amphithéâtre offrit alors toute l'animation que répandent ces courses fantastiques chaque fois qu'elles se reproduisent. Tous les rangs étaient confondus ; les toilettes élégantes des citadins se mêlaient aux frocs sévères des religieux et aux costumes du peuple. Gens de Sassari, de Nuoro, de Torralba, de la Planargia, d'Alghero, d'Osilo, d'Oristano et d'autres lieux, étaient là en costume national, tous avec les variantes qui les distinguent : jupes sombres, ornées d'une bande de soie de couleur vive, jupes rouges ou jaunes, voiles de mousseline, voiles de soie grège brodés et pailletés d'or ou d'argent ; cabans, hauts-de-chausses et guêtres de drap noir, parmi les tuniques de cuir tombant jusqu'au genou, les guêtres et le tablier du même, portés par les hommes de Bosa.

E

Comme si les difficultés de ce champ de course impossible n'avaient pas été assez grandes, on les avait aggravées en faisant décrire à la piste deux angles droits, fort rapprochés l'un de l'autre, obstacles sérieux pour des chevaux allant à toute vitesse. Quatre coureurs sur dix purent seulement en triompher. Cinq des concurrents manquèrent le premier coude; un autre l'ayant franchi, et rencontrant le second sans pouvoir se détourner, fut lancé sur une côte rapide, en décrivant une courbe immense. On le vit alors redescendre par bonds effrayants la pente qui le ramenait à la piste, franchir avec une rapidité vertigineuse buissons, ravins, rochers, — on eût dit que son cheval avait des ailes, — se précipiter au milieu des groupes épars sur la colline, et malgré ce prodigieux détour, arriver second au but.

Une soirée dansante chez don Raphael Prunas compléta pour nous la journée, et pendant quelques heures nous reporta sur le continent. Toutefois la couleur locale n'en était pas entièrement bannie : le piano était tenu par un prêtre; des abbés causaient avec les dames, et le chanoine Pugioni, ex-député de la gauche, se livrait en frac, manchettes et col droit, à la discussion des hautes questions du jour.

Trop riche et trop nombreux, le clergé de Bosa est loin d'être exemplaire; les réformes, tentées à plusieurs reprises par la cour de Rome et par ses légats, n'ont jamais abouti. Malheureusement, ce n'est pas une exception, ni même une nouveauté : « Les » Sardes vivraient mieux s'ils avaient de bons, de » savants et saints prédicateurs; mais leurs prêtres » et leurs moines sont ignorantissimes, » écrivait

Alberti Bolognese en 1580. Aujourd'hui encore, maint village de Sardaigne compte plusieurs bénéficiers, dont l'existence n'est pas seulement la plaie des habitants, mais celle du culte. Ces prêtres sans charge d'âmes, attachés à la terre dont ils vivent et n'ayant pour occupation que de jouir de leurs bénéfices, laissent se produire sous leurs yeux de graves abus, de criants scandales, auxquels trop souvent ils prennent une part active.

Nous revînmes à Cuglieri par les riches vignobles de Modolo et de Tres-Nuraghes qui tapissent le vaste bassin d'*Alba-Mala* (eau méchante), et, qui, entremêlés de bouquets d'oliviers, s'élèvent jusqu'à l'extrême limite de la Planargia.

C'est de ce bassin de Modolo, gracieusement émaillé d'un nombre infini de celliers aux blanches murailles, et où l'on voyait autrefois l'abbaye de Geraneta, depuis longtemps détruite, que viennent les vins muscat et de Malvoisie qui font la richesse de Bosa.

A peine étions-nous rentrés à Cuglieri qu'arrivait la fête du 15 août, et que toute la ville suivait en procession le lit doré où la *Vergine assunta* reposait sur des coussins entourés de cierges et de fleurs.

Ordinairement très beau, le mois d'août ne fut qu'une alternative de chaleurs suffoquantes, de vents brûlants et de journées froides et humides qui auraient empêché les excursions, alors même que j'aurais été libre. Nous allâmes cependant visiter une caverne des plus remarquables, située à peu de distance de la ville, et qui porte le nom de *Sepoltura de Nonna* (sépulcre de l'aïeule). Cette grotte, à laquelle on arrive par un vestibule découvert de huit mètres de longueur, tranché dans le roc et ombragé de cactus et de figuiers, se compose d'une première chambre en hémicycle, d'une profondeur de six mètres et demi, et dont le plafond, élevé de trois mètres, est orné de rayons en éventail qui aboutissent à une ouverture vers laquelle le plafond s'incline. Par cette porte, on entre dans une salle carrée de six mètres de long sur un peu moins de trois mètres de large, et dans laquelle se trouvent des cavités circulaires, espèce de puits, au nombre de quatre, plus ou moins remplis de terre et de décombres. Cette pièce communique à son tour avec de petites cellules et avec des chambres de formes diverses, qui, elles-mêmes, conduisent à d'autres salles par des ouvertures carrées de deux à trois pieds de haut. Les pièces du fond sont elliptiques et très basses ; la dernière a huit mètres cinquante de longueur.

Il y a en Sardaigne beaucoup de grottes de ce genre ; mais celle de la Nonna est l'une des plus vastes et des mieux conservées. Ces grottes sont généralement situées dans des endroits solitaires et à proximité des cours d'eau. Quelle a été leur destination primitive, à quelle époque ont-elles été creusées! On n'en sait rien ; les archéologues pourront discuter à ce sujet longtemps encore. Dans ces derniers siècles, elles ont servi de magasins, du moins celle de la Nonna ; et le comte de La Marmora suppose que les puits de la salle carrée ont pu être ouverts à une époque relativement récente « pour y déposer du blé et pour en faire des espèces de silos. » D'après la tradition, ces grottes auraient servi de refuges aux premiers chrétiens ; mais leur origine est beaucoup plus reculée. Les historiens de l'ancienne Rome, ainsi qu'Aristote parlent de ces cavernes où se retiraient les indigènes pour cacher leurs rapines, et pour s'abriter contre la vengeance des colons.

La fièvre continue à sévir en septembre ; elle ne disparaît que lorsque des pluies abondantes sont venues rafraîchir l'atmosphère et balayer du sol les débris dont l'air est empesté. Ce n'est pas le moment des voyages; il me fallut cependant me rendre à Suni pour ramener la paix au sein du conseil municipal. J'arrivai le dimanche et j'assistai à l'office. Tout à coup, pendant la messe, une femme voilée et pieds nus, partit du bas de la nef, et, se traînant sur les genoux, dans l'attitude de la plus humble supplication, gagna l'entrée du chœur, en baisa le seuil et recommença trois fois son douloureux pèlerinage. C'était une pécheresse qui accomplissait une pénitence publique, et me reportait aux premiers siècles du christianisme.

Il paraît que cet usage a été commun dans certaines parties de la Sardaigne ; ainsi, dans le Gocéano, la jeune fille qui s'était donnée au sposo avant le mariage, venait de la sorte expier sa faute, pieds nus et cheveux épars. Mais trop souvent la pécheresse était belle ; des regards trop avides suivaient la Madeleine échevelée et profanaient le repentir. Peut-être aussi les pénitentes devenaient-elles trop nombreuses, toujours est-il que ce mode expiatoire dut être relégué parmi les souvenirs d'un autre âge.

Je revins à Cuglieri par Tres-Nuraghes ; le village était en fête ; on célébrait la San-Stefano ; et la chapelle où le saint est honoré se trouvant au bord de la mer, on y était allé en procession. J'arrivais au moment de la rentrée du cortége. En tête, marchait débonnairement l'âne porteur du vin et du tabac, que sept fois pendant le trajet, suivant la volonté du fondateur de l'œuvre, on avait distribué par verres et par prises, aux prêtres, aux notables et aux pieux confrères qui portaient la statue vénérée. Après l'âne, venaient les *Baracelli*, tous à cheval, le fusil au poing; derrière eux, des confréries de couleurs diverses, puis l'image du saint, portée sur un brancard; enfin la châsse, dont la foule se disputait les abords.

En Sardaigne tout a sa raison d'être. Si donc, à la procession dont il s'agit, on se bouscule pour suivre de plus près la sainte relique, c'est parce que san Stéfano répand ses faveurs par émanation, et que, naturellement, les gens les plus rapprochés du point d'où elles émanent, reçoivent des grâces plus efficaces et plus abondantes. Chaque femme, pourvue d'un chapelet, aux grains volumineux, récitait son rosaire; et de nombreux coups de fusil annonçaient le passage du cortége.

Arrivé à la gorge profonde où coule le Rio Lobos, je restai en admiration devant ce site remarquable et j'y restai longtemps. Tout y est pittoresque, depuis le rocher d'où l'œil plonge dans l'abîme, jusqu'aux deux moulins situés au fond du gouffre, et dont la verte pelouse et les arbres fruitiers forment un contraste frappant avec les rochers nus qui les dominent, semblables à deux piles ruinées d'un pont gigantesque.

Rien d'imposant comme ces masses énormes, découpant sur le ciel leur étrange profil, et se penchant au-dessus du précipice, dont la paroi est trouée de gueules béantes, ouvertures de grottes cellulaires que l'on rencontre par étages aux flancs de certaines montagnes du pays. L'un de ces rochers a été bizarrement fouillé par le temps; l'autre se termine en colimaçon, et cache dans l'une des rides de son sommet un monument cyclopéen qui se trouve porté sur l'abîme par une plate-forme de quelques mètres de surface.

Au delà du ravin, deux *nuraghs* commandent l'entrée de la gorge et dominent la plaine, où apparaissent à l'horizon les édifices de *Tres-Nuraghes*.

Ce paysage, à la fois sévère et charmant, tout imprégné des souvenirs de l'antique civilisation, et qui mêle aux constructions primitives les traits de la vie moderne, n'est pas assez connu. Ruisseau, moulins, rochers arides, ruines mystérieuses, village scintillant à l'extrémité de la plaine féconde, tout cela inondé de lumière, ou opposant ses ombres vigoureuses aux derniers feux du couchant est d'un effet magique.

CHAPITRE VI.

Les improvisateurs : un concours de poésie. — Les femmes et les mœurs. — Les capucins de Cuglieri. — Tempérament et caractère des Sardes. — Superstitions et pratiques : la *gettature* et ses remèdes.

Le 8 septembre, jour de la Notre-Dame-des-Grâces, on fait, dans chaque famille, un pain particulier de la plus pure farine de froment ; c'est un usage général. Ces pains, modelés en forme de fruits, d'oiseaux, etc., et couverts de protubérances cornues (ceci est le point essentiel) sont un grand régal pour la basse classe. Nous aussi nous eûmes notre pain de la fête que nous fit manger le lieutenant Mondrone, mais sous l'espèce civilisée d'un grissin turinais.

Dès la veille, à midi, sur la place de l'ancien couvent des *Frati Serviti*, flageolets, tambourins, pétards et fusées avaient annoncé sans interruption la solennité du lendemain.

Le grand jour était venu ; chacun se trouvait sur la place pour y manger des *confetti*, pour rire avec la foule, jouir de l'animation générale, et honorer la Vierge, dont le sanctuaire, brillamment illuminé, était paré de draperies, de fleurs et de branchages, mis uniquement pour la circonstance.

CHAPITRE VI.

Il en est de même pour tous les saints. En temps ordinaire, leur chapelle est sans décor ; on les délaisse toute l'année, puis on leur fait une ovation dont on réclame le bénéfice, et *passata la festa, pagato il santo*.

Je fis comme tout le monde, et me rendis sur la place où l'on était reçu par Bibi de Torré, chef de la confrérie. En Sardaigne, la classe aisée se glorifie encore de porter l'habit de confrère, et fait danser en l'honneur du saint patron.

La course de chevaux manqua, je ne sais pourquoi, malgré les trois mètres de damas satiné pour corsets de femme, et les quatre mètres de draps qui étaient suspendus dans l'église à l'intention du vainqueur. Le soir, il y eut feu de joie et redoublement de fusées dont quelques-unes, lancées à travers la foule, sous forme de serpenteaux, allèrent y soulever des cris et des rires au risque de blesser les spectateurs ; mais le Sarde se moque du danger qui l'amuse.

A part la course, dont on oublia l'absence, rien ne manqua à la fête, pas même la lutte poétique. Des pâtres improvisateurs s'étaient donné rendez-vous ; il y eut nombreux concours. Le premier qui entra dans la lice fut un beau jeune homme de Scano, Saba Porcu Sebastiano, poëte de renom, à la barbe frisée, aux longs cheveux graissés avec soin. Il se trouva immédiatement entouré d'un large cercle, et faisant appel à ses rivaux en une série de trilles chevrotants, il leur jeta son défi d'une voix sonore :

« Qui veut chanter ? dit-il. Je suis le poëte de Scano ; je ne crains personne.

» Tous les sujets me sont faciles ; je chante la mer et le coucher du soleil.

» Je soutiens qu'il n'est pas de vierge dont la beauté surpasse celle de ma Tatanéa, ma sposa.

» Je dis que sa peau fine, si douce au contact de ma main, est plus blanche que la laine de mes moutons baignés aux flots qui viennent mourir sur la grève, au salti des Pitinnuri.

» Je dis que son œil brille, étincelant et doux, comme l'éclat du soir après un jour d'orage.

» J'affirme que les chênes de Scano sont plus beaux que les pâles oliviers des riches vallons de Cuglieri.

» Que le vin de nos vignes n'est pas inférieur au Malvoisie de Bosa, pas plus qu'à la Vernacia d'Oristano et au Moscatello d'Alghéro.

» Je prouverai que les pasteurs, libres comme les vents que nous envoie la mer, vivent plus heureux, avec la terre pour lit, le firmament pour toit, le laitage pour nourriture, que les brillants habitants des villes, qui ne connaissent pas la liberté, et sont rongés de désirs.

» Y a-t-il, parmi ceux qui m'entendent, quelqu'un qui me contredise ? »

Cette large invitation, faite sur un ton dont je regrette de ne pouvoir donner la note, reçut immédiatement sa réponse :

« Nous prétendons te valoir, » s'écrièrent en chœur des voix parties de différents points. « Commence donc. »

— Quel est le premier qui ose accepter la lutte ? reprit Saba Porcu.

« Moi, dit un petit vieillard de Sagama ; car tu es bien jeune pour parler de poésie. Le lait de ta nourrice te sort par les narines ; va, tu n'es qu'un enfant;

ma barbe blanche t'apprendra le respect que tu lui dois. »

« Moi encore, dit un jeune gars de dix-sept ans, pasteur imberbe de San-Lussurgiu. Je suis plus jeune que toi, mais mon cœur est plus ardent que le tien.

» C'est la vue de nos forêts, plus belles que celles de Scano, qui forme le poëte.

» Puis, j'ai à chanter les belles Lussurguèses, qui vont puiser l'eau à San-Pedra-Lada des châtaigniers.

» Elles sont plus blanches et plus fraîches que les femmes de Scano. Tatanéa, ta sposa, ne vaut pas la Rita de mon cœur. »

La lutte s'animait et changeait de caractère, suivant la nature des rivaux qui se présentaient ; je me croyais revenu au temps des Tityre et des Mélibée.

Ces improvisations durèrent une partie de la nuit. Elles sont curieuses ; mais surtout par la manière dont on les exécute.

Ainsi que je l'ai dit plus haut, les improvisateurs se tiennent au milieu d'un large cercle formé et respecté par la foule, qui devient tout oreilles pour ne pas perdre un seul mot de la phrase, un seul temps du rhythme. Le chant commence ; c'est un récitatif sur une échelle de cinq ou six notes. Presque toujours monotone, il a quelque chose de la préface des messes solennelles ; mais il est varié d'une foule de trilles et de nombreux points d'orgue.

A côté du poëte, dans le même cercle, est un groupe de chanteurs qui l'accompagnent. Après chaque phrase, cet orchestre vocal répète le dernier mot, qui est toujours ronflant ; puis il exécute un point d'orgue, espèce de grognement prolongé, à trois voix, nasillard ou guttural, suivant le mode du récitatif, mais toujours parfaitement juste.

De temps à autre, quand le sujet est épuisé, l'orchestre, soit pour donner un peu de répit à ceux qui improvisent, soit pour reposer l'attention de l'auditoire, se transforme en chœur et chante quelques phrases de remerciement aux poëtes ou de félicitations à celui que le public honore de ses suffrages. Le tout avec un sérieux inimaginable.

Les fêtes pastorales ne sont pas les seules occasions de ces luttes poétiques, l'auditoire n'est pas même nécessaire. Il arrive souvent aux pasteurs de se réunir sous un vieux chêne, en face de quelque beau paysage qui excite leur verve; et il n'est pas rare que l'un de ces poëtes aille chanter seul dans un endroit qui l'inspire.

La Notre-Dame-des-Grâces avait donc été dignement célébrée à Cuglieri; on y était venu de toute part, et la foule y avait offert ce tableau pittoresque dont nos regards ne se lassaient pas. J'ai parlé au début du costume féminin; tout d'abord il nous avait choqués: mais on s'y fait bien vite. Ce déshabillé est porté avec tant de décence qu'il n'a rien d'inconvenant. « La question de rapport entre la lon-
» gueur de la jupe et la modestie réelle n'est pas
» facile à résoudre ; il n'est nullement prouvé, a dit
» un célèbre voyageur, que celle-ci diminue en
» raison de l'exiguité de la première. » On peut affirmer en voyant les femmes sardes que la dimension du corsage n'y fait rien. Malgré l'abandon avec lequel elles laissent à découvert le sein où le fruit de

l'amour vient puiser la vie, elles sont d'une grande sévérité de mœurs. Dante a chanté leur pudeur, le temps ne l'a pas altérée. Il est bien rare, là-bas, que l'épouse trahisse ses devoirs; elle a dans sa tenue quelque chose qui inspire le respect, et qui tiendrait à distance celui qui songerait à la séduire. Les maîtres italiens qui ont peint si souvent le bambino au sein de la Vierge-Mère, n'auraient pas eu à faire pour cela de grands frais d'imagination s'ils étaient venus en Sardaigne. Que de fois j'y ai vu des tableaux vivants aussi purs, aussi parfaits que leurs plus belles toiles!

Si, par hasard, la femme est infidèle, l'usage veut que le mari l'ignore; on le lui cache; mais si l'époux vient à l'apprendre, ce même usage ne lui permet pas de vivre avec la coupable; il la chasse de sa maison, et laisse aux parents de celle qui l'a trompé le soin de punir le séducteur.

Quant aux jeunes filles, chacune a son sposo, un amant platonique, dont la pensée est au fond de tous les rêves, de tous les riants souvenirs; un être qu'on adore ouvertement, et qui, plus tard, lorsque le besoin d'un intérieur se fera sentir, trouvera dans le mariage la récompense attendue. S'il abuse de la confiance qui lui est accordée, la faute se répare immédiatement; s'il trahit sa promesse, une balle en fait justice. Il n'est pas de frère qui ne remplisse religieusement le devoir de venger une sœur outragée : la vendetta vient là au secours de l'innocence. Aussi voit-on peu d'enfants naturels. A Bosa, qui a plus de six mille âmes et qui passe pour une ville dissolue, c'est à peine si l'on compte annuellement deux ou trois naissances illégitimes.

Même pour les gens qui n'y vont pas, les fêtes sont encore un événement. Le 18 septembre, c'était à Bonarcado, je ne sais plus à propos de quel saint, mais il y avait grande solennité. De nombreuses caravanes étaient parties de Cuglieri, et le soir tous ceux qui n'avaient pu en être se pressaient sur le chemin de Timémère pour y attendre les voyageurs.

Rien de plus joyeux que ce retour. On s'était amusé; il y avait eu beaucoup de monde, et la gaieté des pèlerins se trahissait par des chants et par des hourras auxquels répondait un accueil des plus vifs. Tous les yeux brillaient, tous les visages étaient enluminés; les capucins eux-mêmes paraissaient être en liesse. « *Che vuole!* me dit en riant Fra Cristoforo que je félicitais de son heureux pèlerinage, « *fu bellissima la festa ; e alle feste si beve un bicchier* » *di vino in più, e lo spirito più allegro stá.* » (Que voulez-vous! La fête a été très belle; aux fêtes on boit un verre de vin de plus qu'à l'ordinaire, et l'esprit en est plus joyeux.)

Il avait besoin de s'épancher et nous causâmes longtemps. Une loi récente avait supprimé le chômage de beaucoup de fêtes. Je demandai si cette mesure atteignait le jeûne dont toutes ces fêtes étaient précédées. « Mais oui, dit Fra Cristoforo qui était prieur du couvent; puisque la fête est défendue, pourquoi ferait-on sa vigile? Je crois même qu'une circulaire nous a été envoyée à ce sujet. » Et le bon prieur trouvait la mesure excellente. « Les capucins ont tant d'autres obligations, » ajouta-t-il avec un soupir. « Il est vrai qu'on peut quelquefois s'en dispenser. Quelle figure, par exemple, feraient cinq ou six pauvres religieux, chantant seuls à minuit les louanges du Seigneur? Nous avons donc supprimé le lever nocturne, — vous comprenez, à titre d'exception. »

Cependant les capucins de Cuglieri passaient pour exemplaires. Ils avaient l'air honnête et béat, et j'aimais à rencontrer sous les oliviers Fra Barnabeo, qui, avec sa barbe blanche, son front vénérable et ses quatre-vingt-douze ans, me faisait l'effet de saint Antoine revenant visiter ses frères. Un seul, le frère quêteur, m'exaspérait lorsque, monté sur son cheval gris, il allait faire la collecte du vin, de l'huile et du blé : on l'aurait pris pour un bandit en quête d'aventures.

Croyants sincères, très attachés à leur foi religieuse, mais d'une ignorance profonde, les Sardes sont très superstitieux. Excessivement impressionnables, ils sont sujets aux maladies nerveuses ; une émotion trop vive, une frayeur, un saisissement quelconque a chez eux, surtout parmi les femmes, de graves conséquences, et dans leur esprit, ce résultat fâcheux est toujours l'effet d'un sortilége. De là mille moyens pour combattre l'influence maligne. Qu'un enfant tombe en jouant avec ses camarades et s'évanouisse, on peut craindre qu'il ne devienne épileptique, chose fréquente en Sardaigne. Pour empêcher ces malheurs la mère prend un clou et va, la nuit suivante, le planter à l'endroit que l'enfant a frappé dans sa chute.

Au début d'un coup de soleil, accident journalier,

pendant les grandes chaleurs, un poulet fendu vif et appliqué sur le crâne, en guise de calotte, prévient l'inflammation du cerveau. Il paraît que l'expérience a confirmé le fait ; toutefois on vous dira que pour conjurer le mal, il faut que le poulet soit noir.

La dernière bouteille que l'on tire au tonneau du ménage, le jour de la Saint-André, se change en un remède souverain contre les maux de tête et les douleurs d'entrailles. Si le mal résiste c'est par une raison tout à fait indépendante du précieux élixir, et qui n'altère en rien la confiance que l'on a dans ce remède infaillible.

Mais de toutes les pratiques destinées à combattre les maléfices, les plus singulières sont celles que l'on oppose à la *jettature*, dont les Sardes ont une peur affreuse, et à laquelle ils attribuent les effets les plus graves. Heureusement que le remède est facile.

Pour neutraliser ces effets redoutables il suffit que la personne qui a produit l'émotion touche l'émotionné avec les vêtements qu'elle portait lorsqu'elle a causé la frayeur, ou qu'elle fasse avaler au malade la cendre de quelques-uns de ses cheveux, ou de ses poils de barbe, pétrie avec de la salive.

Cecita, la fille de notre boulangère, étant dans un moulin, fut saisie par la vue d'un homme qui entra subitement ; le lendemain, elle avait la fièvre et le délire. Depuis huit jours la famille était en pleurs, lorsqu'enfin elle retrouva l'individu au mauvais œil, et la cendre de poil de barbe, vint confirmer sa vertu par une prompte guérison.

Un autre moyen plus expéditif, mais qui doit être employé sur-le-champ, consiste à lancer un superbe crachat aux yeux de la personne terrifiée. Je n'aurais jamais pu le croire si je ne l'avais pas vu. Un jour la femme d'un voyageur traverse la rue au bras de son mari ; des bœufs échappés se présentent tout à coup devant elle. Elle jette un cri et se précipite dans une maison dont la porte était entr'ouverte. Le conducteur des bœufs, épouvanté des suites de cette frayeur, se hâte d'aller cracher à la figure de la pauvre dame. On juge de la colère du mari; mais on ne se figure pas l'air stupéfait du bouvier, qui s'attendait à des remerciements et qui voyait sa bonne action si mal récompensée.

Mondrone, passant à Bonarva à la tête de ses bersaglieri, eut le malheur de jeter les yeux sur une jeune fille que son regard impressionna. Un instant après la famille venait le supplier de guérir la belle enfant. Refus de l'officier, prières d'autant plus vives : bref le jeune lieutenant fut contraint de cracher sur ce visage... où il eût si bien posé ses lèvres !

S'il y a des êtres dont l'influence est mauvaise, il en est d'autres, malheureusement beaucoup plus rares, qui, pour les Sardes, jouissent de facultés bienfaisantes. Par exemple le septième enfant mâle d'un même lit reçoit de la Providence le don de faire disparaître les loupes de toute espèce en les mordant neuf jours de suite à la même heure. Il guérit également, par des moyens que lui seul peut employer, une foule de maladies ; entre autres les coliques des chevaux en donnant à ceux-ci un coup de pied dans le ventre. Notons en passant qu'on retrouve ce moyen curatif chez les tribus de la Haute-Nubie ; il y est seulement administré par tout le monde. Quant à la

F

croyance au mauvais œil on sait combien elle est répandue non-seulement en Orient, mais en Italie et dans tout le midi de l'Europe.

CHAPITRE VII.

Statistique de la province de Cuglieri. — Population et produits. — Les *Monti granatici di soccorso*. — Etat de l'instruction. — Esprit de routine.

A la fin de septembre, j'eus à présider le conseil provincial qui correspond à notre conseil d'arrondissement. La province de Cuglieri avait alors 37,998 habitants ; dont seulement 18,724 femmes, ce qui est contraire à la loi de répartition des sexes, d'après laquelle l'élément féminin est en général le plus nombreux. En 1838, le chiffre de la population n'était que de 36,429 ; il avait donc augmenté d'une manière sensible dans cette période de vingt ans, augmentation qui était due sans doute à un accroissement notable du bien-être.

Depuis 1848, un élan considérable avait été donné aux travaux publics ; ainsi, dans la province, qui ne comptait que vingt-cinq communes, on avait créé treize mairies, neuf cimetières, onze chemins, deux ponts et quinze fontaines.

Les contributions payées à l'Etat s'élevaient à 186,199 *lire;* les impositions locales à 64,681 ; les revenus communaux, revenus ordinaires, à 52,024, auxquels s'ajoutaient diverses rentrées formant ensemble 33,426 *lire*, qui valent chacune un franc. Dans les dépenses communales, les frais d'administration figuraient pour 33,703 *lire;* les travaux publics pour 30,752, et l'instruction publique pour 15,084.

La Province donnait en moyenne :

Froment.	70,000	hectolitres.
Orge.	190,080	id.
Haricots et fèves.	3,200	id.
Pommes de terre.	300	id.
Châtaignes	500	id.
Maïs.	400	id.
Vin.	25,000	id.
Huile d'olives.	15,000	id.

Le rapport des terres s'estimait de la sorte : *Olivetti* (plantations d'oliviers), 6 0/0; vignes, 3 1/2; excepté celles de Bosa, de Bonarcado et de la Planargia, dont le revenu s'élevait au double, en raison de la supériorité de leurs vins. Le blé rapportait de 2 1/2 à 5 0/0, suivant que les *seminati* (champs ensemencés) étaient ouverts, ou clos et arrosés.

Plus avantageuse était la *Pastorizia*, la plus lucrative des industries de la province, surtout pour les pasteurs qui ont des troupeaux de cochons. L'élève des porcs a lieu dans les forêts de Bosa, de Cuglieri, de Scano, de Seneghe et de San-Lussurgiu, où ces animaux s'engraissent de l'abondante glandée, ce qui donne à leur chair une qualité supérieure. La production du gros bétail se fait en grand dans les communes du Marghine, de Macomer, de Borore, de Bortigali, etc.

CHAPITRE VII.

Quant à l'industrie manufacturière, elle se bornait à la fabrication des toiles blanches, filées et tissées à la main, et à celle du drap nommé *orbacio*; toiles et étoffes qui se fabriquent à Cuglieri et à San-Lussurgiu. C'est aux foulons de cette dernière commune que sont portés les draps d'une grande partie de la Sardaigne.

Il y a encore les tanneries de Bosa, de Cuglieri et de Silanus, qui prennent chaque année plus d'importance.

Les vins de haut cru (vernacia, muscat et malvoisie), l'huile d'olive, le froment, le bétail, les fromages, le bois de chêne, l'aubier du liége, riche en tannin et malheureusement recherché des tanneries anglaises, forment les articles de grande exportation.

L'orge et les fruits secs, tels que le raisin, les cerises, les figues, sont pour la Planargia et pour Bosa des objets de commerce qui s'envoient dans les autres provinces. Il en est de même à San-Lussurgiu pour l'orbacio, l'eau-de-vie, les planches et les douves en bois de châtaignier; ainsi qu'à Flusio et à Magomédas pour les tamis en jonc, les cestini et les corbeilles plates qui servent au triage des grains.

Les articles importés sont les cuirs fins du continent, les planches de bois de pin tirées de la Corse; le fer ouvré, la poterie, la faïence, les étoffes diverses et tous les objets de luxe.

En fait de richesse minérale, on exploitait une mine de plomb argentifère située à Montecrispu; une de manganèse dans les environs de Bosa, une de fer oligiste à Monteverro, entre Seneghe et Cuglieri; plusieurs carrières de pierres de taille : pierre légère, tendre et blanche de Cuglieri; pierre rose et dure de Bosa; enfin les marbres blancs et noirs de Silanus.

Plusieurs sources minérales ou thermales étaient fréquentées : l'une près des Pitinnuri; l'autre à Terrena, dans le voisinage de Cuglieri; et les eaux magnésiennes de La Pedra-Lada à San-Lussurgiu. Les nombreux cours d'eau qui arrosent cette région montagneuse sont utilisés pour la meunerie, d'où il résulte que le moulin à bras, encore en usage dans la Gallure et en d'autres lieux, ainsi que la meule tournée par un âne, dont on se sert dans le reste de l'île, sont inconnus dans la province qui nous occupe.

Des établissements, à la fois d'économie publique et de bienfaisance, appelés *Monti granatici di soccorso*, établissements propres à la Sardaigne où ils furent généralisés dès 1650, existent dans toutes les communes des deux caps. Ce sont de vastes magasins dans lesquels tout propriétaire peut déposer son blé au moment de la récolte, moyennant un paiement en nature fixé d'avance et prélevé lors de la restitution du dépôt. Cette retenue sert à couvrir les frais d'entretien des bâtiments et ceux du magasinage; elle permet en outre de fournir des semences à prix réduit aux cultivateurs peu aisés et de venir en aide à la classe pauvre dans les mauvais jours.

Administrés gratuitement par une commission, les *Monti* ont rendu d'immenses services; toutefois la création des routes, en facilitant les transactions commerciales, leur a fait perdre de leur utilité; et certaines communes demandaient qu'on les remplaçât par des banques agricoles. Idée excellente, car s'il est en Sardaigne une plaie hideuse c'est assurément celle de l'usure. Le taux de l'intérêt qui, entre particuliers, varie du denier dix au denier quinze, y monte parfois à cinquante et même à soixante-quinze pour cent.

En dehors de *Monti granatici,* il y a dans la province six institutions de bienfaisance. Deux d'entre elles, la *Panatica* de Bosa et l'œuvre *Cartu* de San-Lussurgiu sont assez importantes. La première, dont les fonds s'élèvent à quarante mille francs, a pour but non-seulement de soulager les pauvres dans les temps de cherté, en leur fournissant du pain, mais encore d'empêcher les hausses factices par des ventes de blé faites au prix d'achat. C'est aux capitaux provenant de l'hôpital de Saint-Jean-de-Dieu, supprimé par le Pape en 1803, que cette institution doit son origine.

L'œuvre Cartu, presque aussi riche (trente mille francs de capital) devait, d'après l'intention du fondateur, servir à une distribution d'aumônes; mais la municipalité en a fait meilleur usage en affectant les revenus de la dite somme à l'enseignement primaire.

Le besoin d'instruction est vivement senti par la classe aisée; malheureusement le paysan ne le comprend pas encore. A l'époque dont nous parlons, sur les 38,000 habitants de la province de Cuglieri on n'en comptait que 2,468 sachant lire; et les écoles, au nombre de cinq pour les filles, de trente-une pour les garçons, ne réunissaient qu'un millier d'élèves : les premières 372, les secondes 637. Quelques instituteurs avaient toutefois des classes d'adultes, assez fréquentées pendant la mauvaise saison et qui donnaient d'excellents résultats. Le Sarde a l'intelligence tellement vive, et tant d'aptitude à atteindre le but qu'il se propose, que j'ai vu le syndic de Bonarcado apprendre, en trois semaines, à lire et à signer son nom pour échapper à la radiation des listes électorales que lui faisait craindre sa qualité d'illettré.

Les réformes à introduire en Sardaigne sont si nombreuses que je pus, en causant avec les membres du Conseil donner libre cours à ma verve, excitée par le désir d'être utile à ces bonnes populations. Je parlai des biens communaux, de la nécessité d'y mettre un terme à de scandaleux empiétements et des avantages que l'on pourrait en tirer en en frappant la jouissance d'un impôt sérieux. J'attaquai l'esprit de coterie familiale, esprit de parti qui se mêle à tout en Sardaigne, où il entrave la marche des affaires. Je me permis quelques mots de regrets au sujet du temps et de l'argent qu'absorbent les fêtes trop nombreuses, et de la multiplicité des églises dans les villages, alors que l'école y manque de salle convenable. J'indiquai les progrès à faire en agriculture ; je conseillai l'emploi des machines, dont l'effet serait de diminuer la main-d'œuvre, qui, en Sardaigne prend les deux tiers de la récolte. Enfin, je poussai à la création de sociétés agricoles, de primes d'encouragement ; surtout à l'amélioration des chemins vicinaux, premier élément de tout progrès et de tout bien-être.

Les membres du Conseil, qui tous étaient des

hommes de valeur, m'écoutèrent avec intérêt, ils reconnurent que mes théories étaient excellentes ; mais ajoutèrent que les habitudes des Sardes leur étant opposées, le *statu quo* durerait longtemps.

Cependant, quelques mois après, j'ai pu constater que mes paroles et mes efforts n'étaient pas demeurés sans résultat.

CHAPITRE VIII.

Les vendanges et le vin de Sardaigne. — La pluie et les maisons sardes. — Antiquités de Cornus. — La citadelle de Pompée — Vue rétrospective.

Avec la fin de septembre arrivèrent les vendanges. Pour elles, comme pour le reste, les procédés sont primitifs. Le raisin blanc est généralement écrasé à la vigne même, soit dans des bassins en pierre, où il est enveloppé de grosse toile, et foulé par des hommes, soit au moyen d'un pressoir qui suit les vendangeurs et qui est monté sur place.

Ce transport du pressoir dans les vignes paraîtra moins étonnant quand on saura que cet appareil se réduit à de si minces proportions qu'un cheval en porte à lui seul toutes les pièces, sans en être surchargé. Sa table, ou plutôt la caisse légèrement évasée qui reçoit le raisin n'a pas plus de soixante centimètres de côté : les autres parties sont à l'avenant : il suffit d'un homme pour faire marcher la vis. Le jus est recueilli dans des récipients en bois, et conduit à la maison, toujours à dos de cheval.

Quant au vin rouge, il se fait au village où le raisin est envoyé directement. On le laisse trop longtemps dans la cuve, ce qui lui enlève une partie de ses qualités et le rend plat. D'ailleurs, ces transports à dos de bête, la lenteur du pressurage avec des machines aussi défectueuses, les voyages à la tanca pour y chercher le cheval, de la tanca à la vigne, de la vigne à la maison, sans préjudice du pèlerinage et des courses aux fêtes voisines, éternisent la vendange et font traîner la fabrication du vin, qui ne peut qu'en souffrir.

Tous les vins de Sardaigne seraient de première qualité et deviendraient pour le pays une grande source de richesse, si l'on savait les traiter convenablement et choisir les cépages. Mais il n'y a pas même de bonnes futailles; la conservation se fait mal : on se hâte de vendre; les vins vieux sont chers dès la seconde année, car ils sont rares.

Pendant qu'on fait les vendanges, les Cuglieritains s'approvisionnent de fruits pour tout l'hiver. Il n'y a pas de marché dans la ville : et qui ne profiterait pas de la présence des marchands ambulants ou des ventes qui ont lieu à cette époque, risquerait fort de se passer de dessert jusqu'à la saison prochaine.

Au moyen de *stoies*, nattes fabriquées avec du jonc marin, je m'organisai un fruitier qui se trouva bientôt garni d'oranges de Milis, de poires et de pommes de Bosa, de raisins de Cuglieri, de figues sèches de Modolo et de Suni, de châtaignes de San-Lussurgiu, d'amandes d'Alghero, etc., etc.

Le 3 octobre c'était la fête du Rosaire; une procession nombreuse parcourut la ville, à la suite de la Vierge portée triomphalement dans une niche élégante. Prêtres, religieux, hommes et femmes, toute la population y assistait. Je dois avouer que moines et prêtres n'étaient pas les plus recueillis; c'était pour eux, évidemment, une chose obligatoire, pure affaire de métier ; mais le peuple, simple de cœur, et d'une piété profonde, suivait le cortége avec la ferveur d'une foi toute primitive.

Le lendemain, un orage effroyable s'abattit sur Cuglieri ; pluie diluvienne, grêle et tonnerres, vent impétueux : la foudre et l'ouragan. Notre montagne, tout entière, était enveloppée du nuage où se livrait le combat électrique. Je croyais à chaque instant voir la foudre éclater dans la chambre. La pluie, chassée par le vent d'ouest, fouettait les vitres avec tant d'abondance que, malgré le coton dont j'avais garni ces dernières à défaut de mastic, l'eau ruisselait littéralement dans la maison. Jusque-là, je n'avais pas compris l'utilité d'une gorge pratiquée intérieurement au-dessous de la fenêtre, gorge qui dépassait la boiserie de quelques centimètres et communiquait avec l'extérieur par un trou que j'avais soigneusement calfeutré. L'inondation qui nous arrivait m'en apprenait l'usage, et je me hâtai de déboucher mes gouttières pour livrer passage au torrent.

Ainsi le cas était prévu ; ces trous devaient rejeter au dehors l'eau que des fenêtres mal jointes étaient impuissantes à empêcher d'entrer. Dans mon ignorance, j'avais ri de ces ouvertures, et j'étais victime de leur suppression, tant il est vrai qu'on ne doit pas juger sans examen ce dont on ne connaît ni l'emploi ni l'origine.

Il existe encore en Sardaigne d'autres pertuis qu'on voit aux murs des vieilles maisons, et que j'avais également trouvés bizarres, n'en soupçonnant pas l'utilité, qui heureusement s'amoindrit de jour en jour. Placés au-dessus des portes, ces trous sont destinés à recevoir le canon du fusil et permettent de se défendre contre les attaques du dehors. Ce que je dirai plus tard des *malandrini*, souvenir trop vivant des bandes dont parlent Pausanias, Plutarque, Tite-Live et tant d'autres, justifie cette précaution qui faisait de chaque demeure une forteresse à l'abri d'un coup de main.

Un temps superbe avait succédé à l'orage ; c'était le moment de songer aux excursions. L'insalubrité qui, en Sardaigne, rend les voyages si dangereux pendant les quatre mois précédents, cesse d'ordinaire au commencement d'octobre. On n'a plus alors à craindre ni les coups de soleil, ni ces fièvres, dites *d'intempérie*, qui, en été, résultent du passage de la chaleur du jour, au frais humide du soir, et qui sont souvent mortelles.

L'époque étant donc favorable, nous en profitâmes pour aller visiter les lieux que jadis occupaient la ville de Cornus et la citadelle de Pompée. Nous voulions fouiller dans la nécropole de Corchinas ou Cornua, dont nous pensions tirer des merveilles. Lorsqu'en 1838, on ouvrit les hypogées de Tharros, la rivale de Cornus, on y trouva une telle quantité de vases que trois chariots ne suffirent pas pour emporter les intacts ; les autres, infiniment plus nombreux, furent dédaignés. Même résultat en 1842, lorsque Charles-Albert fit continuer les fouilles, ce qui n'empêcha pas le chanoine Spano de recueillir en 1850, au même endroit, une masse d'objets curieux : jusqu'à douze vases, dix-sept plats et deux lampes dans la même cellule ; puis des écuelles, des armes, des débris de coffrets, etc. La tombe d'une femme riche lui donna, outre des poteries fort nombreuses, un collier de grosses perles d'émail, avec scarabée monté en or ; un autre scarabée de jaspe, ayant au revers un taureau gravé ; deux amulettes, dont un singe accroupi ; deux magnifiques bracelets en or ; deux anneaux de jambe, formés de serpents enlacés et à têtes de cygne, anneaux élastiques, simplement en bronze, mais plaqués d'or avec une admirable précision, « de manière, dit le comte de La Marmora, à faire honneur à l'artiste le plus habile de nos jours. » L'année d'après, les fouilles de lord Vernon furent encore plus fructueuses. Le pays s'en émut ; « des compagnies se formèrent pour exploiter cette mine ; cinq cents individus par escouades bouleversèrent le terrain pendant plus de trois semaines. Chaque maison des alentours devint un musée où abondaient les urnes, les plats, les armes, les figurines, les lampes, les idoles, les amulettes, surtout les scarabées. Depuis 1839, ajoute La Marmora, on n'en a pas trouvé là moins de deux mille. Une grande partie de ces scarabées étaient égyptiens. »

« Quant aux colliers, aux boucles d'oreilles et autres bijoux, l'or seul de la monture valait plus de trente mille francs. » Et les gens de Tharros reprochaient à la ville de Cornus le luxe effréné de ses femmes ! Quelles trouvailles ne devait-on pas faire dans les tombes de cette ville opulente !

Mondrone et douze de ses bersaglieri étaient partis la veille, afin de pouvoir mieux vaquer aux travaux du lendemain. Un peu avant le jour, Paolesu, Rossano et moi, nous nous mettions en route pour les rejoindre. La lune brillait de tout son éclat et rendait encore plus pittoresque le pont de Cristina et le charmant vallon qui l'enferme. Ces fouillis d'orangers, de chênes, de lauriers, de figuiers, d'arbres et d'arbustes de toute espèce; ces rocs déchirés, mêlant à celles des bois leurs silhouettes fantastiques; ce ruisseau clapotant dans un nid de pervenches; ces lianes courant le long des rochers, ou les reliant aux arbres par des guirlandes sans fin; la mer argentée par la lune et qu'on voyait à l'horizon; quelques oiseaux commençant leur chant matinal; le calme de la nature, le pressentiment de son réveil, les plantes reverdies par la rosée, qui perlait sur les feuilles, tout cela formait un ensemble débordant de poésie et de bonheur.

A mesure que nous avançons la lune pâlit, le jour se lève. Plusieurs groupes, chacun d'un homme et d'une femme, enveloppés du grand cabarro pour se préserver de l'humidité de la nuit, et trottinant l'amble, nous croisent revenant de je ne sais quelle fête du Campidano. Chemin faisant nous chassons; car il faut nourrir notre petite troupe; et lièvres et perdrix arrivent dans nos gibecières, presque sans que nous soyons obligés de descendre de cheval.

Nous voici au *Cancello*, porte à claire-voie par laquelle on entre dans les Salti di Pitinnuri qui sont entourés de murs en pierre sèche. Ici commencent les terrains ensemencés. L'usage des clôtures, dont l'existence ne remonte guère à plus d'un siècle et demi, fut le premier pas vers la propriété privée;

jusque-là le communisme territorial le plus absolu régnait dans toutes les régions de la Pastorizia.

Du vallon de Cristina à l'entrée des Salti, la route qui se développe en un long ruban sur un sol aride, peu ou point cultivé, est des plus monotones. A partir du Cancello le pays s'accidente ; les champs deviennent plus fertiles, les broussailles moins épaisses, moins communes ; on sent qu'une vieille civilisation a passé là. Ce territoire, en effet, a porté jadis une grande ville et de nombreux villages ; ce ne fut même que dans le courant du xve siècle que disparurent les popolati de Pitinnuri et d'Aragone.

Aujourd'hui la chapelle de Santa-Cattarina et les quelques baraques qui l'entourent, baraques à l'usage des pèlerins, sont tout ce qui reste de l'ancienne vie de cette région. Près de la chapelle est une source limpide où s'arrêtent les voyageurs ; de hauts rochers y dominent une petite baie, qui sert de refuge aux pêcheurs de corail pendant la tempête. Une vieille tour, ancienne partie d'un système de défense élevé contre les barbaresques, commande le port et tombe en ruines, de même que ses pareilles. Ce site, complétement dépourvu d'arbres, est triste ; mais au printemps l'air y est pur ; et les bourgeois de Cuglieri en font le but de leurs parties de campagne.

Là s'arrête le stradone, c'est-à-dire le grand chemin. Un sentier mène à Corchinas ; nous nous y engageons. Les coups de fusil que nous tirons de temps à autre effrayent de menus lapins, qui sautillent parmi les buissons et qui s'étonnent de rencontrer des êtres malfaisants dans ce petit royaume, où, loin du monde, ils coulent des jours paisibles. Sont-ils de provenance carthaginoise ou romaine? On l'ignore ; ce qu'il y a de certain c'est que leur espèce n'a pas d'autres colonies dans la province. Au centre de leurs possessions est une grotte analogue à celle de Sa-Nonna, mais d'une moindre étendue, et creusée avec moins d'art. Elle est, me dit Mondrone, parfaitement semblable aux cavernes de la Cernaïa, près de Sébastopol. N'y a-t-il pas dans ce fait un nouvel indice de l'origine orientale des premiers habitants de l'île?

Nous revoyons bientôt la mer que nous côtoyons en traversant un cimetière peuplé de tombes entr'ouvertes, de buissons et de renards.

Quel magnifique pays, et que ses anciens habitants, pour peu qu'ils eussent le sentiment de la nature, devaient y être heureux! Maintenant, en face de cette vue splendide, vous ne trouvez plus que des tombes béantes et quelques débris plus ou moins enfouis dans le sol.

Au levant, sur la colline, des restes de maçonnerie, à fleur de terre, indiquent l'endroit où était la forteresse de Pompée. Dans le bas, près du rivage, quelques masures rappellent l'existence d'une ancienne tonara (pêcherie de thon), qui appartenait au duc de Pascua. Au midi, sur un îlot perdu, au-dessus de récifs battus des vagues, la tour de Su-Putu laisse crouler ses ruines modernes. Plus loin, vers le sud-est, viennent mourir les montagnes de Cuglieri et de Seneghe, et un nuragh, dominant à l'horizon le ravin de Pischinapiù, semble commander ce champ de mort.

Les bersaglieri campés sur la grève, les chevaux attachés près du bivouac, quelques pasteurs et leurs nombreux troupeaux, les ruines de deux forteresses, la vue de la mer, l'abandon de cette plage autrefois si vivante; ces tombes ouvertes, profanées par nous, chercheurs avides de vieux souvenirs; ce nuragh, débris d'un monde qui précéda les siècles où florissaient Tyr et Sidon; le présent et le passé, tous les âges confondus, surgissant dans ce cadre magique, produisaient sur l'âme un effet indicible.

Tandis que les autres se livraient à la chasse, je gravis la colline qui a gardé le nom de Pompée. La terre y est littéralement pétrie de fragments de poterie, de clous en bronze, de morceaux de verres, de menues monnaies. Au sommet se trouvait une cabane de pâtre en pierre sèche : des murs de quatre-vingts centimètres de hauteur, couverts d'un toit pointu, formé de branchages et d'une couche de pisé. Le foyer fumait encore ; autour étaient des cubes de pierre, seuls oreillers du pasteur sarde. Je m'assis près des cendres fumantes, sous un vieux chêne, et laissai mon esprit remonter le cours des siècles.

Les Grecs nommaient la Sardaigne *Schnusa* et *Sandaliotis* (empreinte du pied ou sandale), parce que sa forme rappelle l'une et l'autre. Même sens pour le nom de *Cadassène* que lui avaient donné ses premiers colons. Quant à celui de Sardinia, l'étymologie en est moins connue. Les uns le font dériver de Sardinio, fils de l'un des chefs de l'île; les autres de Sardo, fils d'Hercule, qui, venu de Lybie avec une suite nombreuse, s'établit dans l'Ichnusa où il fut qualifié de Père, mis au rang des dieux et eut de riches autels. L'une de ses statues figurait dans le temple de Delphes, et l'on trouve au musée de Cagliari de nombreuses médailles frappées à son image.

Cependant quelques auteurs ne voient dans Sardo que la personnification d'un peuple, dans son nom que le mot phénicien ou chananéen *Sardi*, qui veut dire fugitif, et qu'on aurait appliqué à un flot d'émigrants comme l'a été celui de Pélasges, qui, d'après les mêmes érudits, signifie dispersés.

La première colonisation de la Sardaigne est généralement attribuée aux Phéniciens, et placée à une époque qui, pour certains savants serait voisine du déluge. Située au centre de la Méditerranée, d'un abord facile, offrant une riche végétation sur les principaux points de son littoral, la Sardaigne a dû en effet attirer les regards des premiers navigateurs et sourire aux familles errantes qui cherchaient une nouvelle patrie. Reste à savoir si les Phéniciens ont trouvé l'île déserte.

Vinrent ensuite les Lybiens et les Grecs. Suivant Diodore de Sicile une colonie de ces derniers eut pour chef Aristée, qui apprit aux Sardes à cultiver la terre, leur enseigna l'art d'élever les abeilles et la fabrication du fromage. Selon Pausanias, des gens venus d'Ibérie, sous la conduite de Norax, bâtirent la ville de Nora, qui passe pour être la plus ancienne de l'île.

Les Celtes et les Thyrrhènes donnèrent aussi des habitants à la Sardaigne. Les Corses envahirent une partie de la rive qui les avoisine et construisirent, dit-on, la ville de Plubium. Enée aurait débarqué dans l'île, et ses compagnons seraient restés. En racontant la défaite d'Amsicora, Silius Italicus dit que les descendants de ces Troyens furent arrêtés sur les bords du Tyre par une crue subite du fleuve. Peut-être n'est-ce là qu'une invention du poëte. Toutefois Pausanias parle de ces compagnons du fils d'Anchise, de leurs alliances avec les Grecs de l'île et de leurs combats avec les indigènes.

Mais de toutes ces colonies la plus célèbre fut certainement celle qui vint d'Attique, amenée par Jolas, et qui fonda la cité d'Olbia, où les filles de Thespius, les cinquante épouses d'Hercule, furent transportées après la fameuse nuit des noces.

Alluvions ou épaves, ces différents groupes déposés en Sardaigne par tous les riverains de la Méditerranée, ont laissé de leur existence des traces qu'on ne peut méconnaître : idoles, tombeaux, instincts de race, coutumes dont le sens est perdu pour ceux qui les conservent, mais dont la forme révèle l'origine.

Quant à l'âge de ces dépôts primitifs, à l'ordre dans lequel ils se sont formés, aux rapports qu'ils ont pu avoir entre eux, on en est réduit aux plus vagues conjectures.

Des lois qui existaient dans l'île à cette époque reculée, deux seulement ont été mentionnées par les historiens : l'une punissait la paresse, l'autre ordonnait aux enfants de tuer leurs parents, lorsque ceux-ci avaient un âge avancé, pour épargner à ces vieillards le fardeau d'une vie inutile.

Ce n'est qu'à dater du moment où Carthage se fut emparée de la Sardaigne que l'histoire de cette île acquiert quelque certitude. La haine contre les vainqueurs dura longtemps ; deux siècles après la conquête, il fallait encore étouffer la révolte. Cependant la domination carthaginoise paraissait être définitivement établie, lorsque la guerre éclata avec Rome, et fit subir à la Sardaigne toutes les vicissitudes de la lutte. On sait qu'elle devint le théâtre de nombreuses batailles, qu'elle fut conquise par Manlius Torquatus et déclarée province romaine deux cent trente-six ans avant Jésus-Christ.

Les Sardes, qui ont toujours eu un vif sentiment de l'indépendance, n'acceptèrent pas le joug de Rome plus facilement que celui de Carthage. Il fallut qu'à plusieurs reprises les consuls revinssent dans l'île, et ce ne fut qu'en 227, après avoir poursuivi les rebelles avec des lévriers, dressés à cette chasse, que les Romains purent croire à la soumission de la nouvelle province.

Huit ans ne s'était pas écoulés que d'effrayants prodiges annonçaient de nouveaux malheurs. On vit la mer sillonnée d'éclairs nombreux par un temps serein, des lances s'enflammer aux mains des cavaliers, des boucliers verser du sang. L'explication de ces prodiges ne se fit pas attendre : Carthage avait pris Sagonte, la guerre punique recommençait. Rome fut vaincue, la Sardaigne se révolta. Flavius Flaccus y fut envoyé; puis Manlius Torquatus. C'est alors que fut livré aux environs de Cornus cette bataille où périrent douze mille Sardes, parmi lesquels se trouvait Josta, leur général. Celui-ci était fils d'Amsicora, le chef de la révolte, qui se tua de désespoir.

Cornus prospérait de nouveau, les vainqueurs l'avaient repeuplé. La Sardaigne était paisible ; elle avait même eu d'heureux jours, sous le protectorat de Marcus Porcius Cato, qui, suivant Plutarque et

Tite-Live, était un homme simple, doux dans le commandement, ferme dans l'exécution, aimant la justice et poursuivant l'usure. Mais un surcroît d'impôts demandé par la métropole réveilla l'esprit de révolte. Les montagnards du cap supérieur se ruèrent sur la partie basse qu'occupaient les Romains et l'ordre ne fut rétabli qu'après une série de combats où périrent vingt-sept mille rebelles.

Les factions de Marius et de Sylla ensanglantèrent de nouveau la Sardaigne; mêlée à tous les déchirements de la République, elle embrassa le parti de César, qui lui en témoigna sa gratitude en venant, à son retour d'Afrique, toucher à Cagliari. Il en emmena le poëte Tigelius, qui, malgré son origine, sut trouver grâce auprès de Cicéron et d'Horace.

Jusqu'au jour où le vainqueur d'Antoine la mit au nombre des provinces pacifiées, dont l'administration était réservée au Sénat, la Sardaigne eut encore à souffrir de bien des luttes intestines, et quand l'empire fut établi, des bandes provenant des armées licenciées la parcoururent et la dévastèrent.

En l'an 19 de l'ère nouvelle, Tibère y déporta cinq mille juifs. « S'ils devaient y mourir, il n'y aurait pas là grand mal, » dit Tacite en rapportant le fait ; mais ils vécurent assez longtemps pour être expulsés vers la fin du XVe siècle par les Espagnols, qui, alors, étaient possesseurs de l'île.

Sous Adrien, la Sardaigne fut mise au rang des provinces italiennes, ce qui ne l'empêcha pas d'être victime d'une foule d'abus et de sévérités souvent cruelles. Ainsi les travaux forcés étaient appliqués aux Sardes pour de légers crimes, et les condamnés étaient déportés à Rome pour y tourner la meule. La corvée des transports devint si lourde qu'il fallut l'abolir. Une loi de Constantin permit de payer les impôts par petites sommes et supprima les peines corporelles dont les débiteurs en retard étaient punis, en sus de la prison ; ce qui prouve l'existence de ces peines et donne lieu de croire qu'on en usait fréquemment.

Toutefois, au milieu des horreurs de la conquête, il y avait eu les bienfaits du travail, et malgré les combats avec Rome, qui, dit-on, lui enlevèrent cinq cent mille âmes ; malgré les abus, les exactions criantes, la Sardaigne était riche. Lorsque Pompée vint y chercher du blé pour ses soldats, elle comptait quatre cents villes sur ses côtes. Des routes, des ports, des aqueducs avaient été construits. Les superbes cités, dont Aristote vantait les monuments, avaient été réparées et avaient pris de l'extension. L'avant-dernière année de la seconde guerre punique, il avait fallu bâtir de nouveaux magasins pour recevoir les grains de l'île. L'année suivante, le froment était en Sardaigne d'une si grande abondance qu'il fut livré au commerce pour le prix du transport. La population était nombreuse : Arrien, qui en fit le recensement une quarantaine d'années avant Jésus-Christ, donne un total de près de deux millions d'âmes, où l'on pense que les montagnards, débris des anciens rebelles, n'étaient pas comptés. Or, la superficie de l'île entière n'est que d'environ deux millions quatre cent mille hectares, dont six cent mille à peu près sont occupés par les bois, les rochers, les étangs et les fleuves.

La Sardaigne était donc florissante lorsque les Vandales s'en emparèrent. Bélisaire la rendit à l'Empire ; mais le désastre avait été immense. Néanmoins les villes commençaient à se relever, quand arrivèrent les Goths. Ce flot passa, laissant de nouvelles ruines : et la Sardaigne redevint province impériale, malheureusement pour être la proie des fonctionnaires en même temps que des barbares, contre lesquels l'éloignement de la métropole la laissait désarmée.

Après les Goths, ce furent les Sarrasins ; puis les Génois, les Pisans, les Barbaresques — dévastation et pillage ; villes rasées, dont on cherche la place, industries perdues, terres incultes, dîme écrasante, droit féodal, peste, famine et dépopulation : moins de quatre cent mille habitants à la fin du siècle dernier.

Sujet de méditation profonde, où je me serais oublié longtemps encore si deux sensations très différentes ne m'avaient rappelé à la réalité : l'une, assez pénible, était due à mon séjour prolongé sur l'oreiller des pasteurs ; l'autre, fort agréable, était produite par le fumet de l'excellent repas que nous préparait le cuisinier de Mondrone. Je promenai autour de moi un dernier regard qui alla se perdre dans les tons grisâtres des montagnes de Bosa : et les yeux ravis, je quittai la forteresse de Pompée.

En attendant ces messieurs, j'allai visiter la grotte du Colombaio, celle qui sert d'abri aux pêcheurs et où nichent des centaines de ramiers ; puis je revins flâner sur le rivage, ramasser les branches de corail qu'y jettent les vagues, m'étendre sur le sable et jouir de ce demi-sommeil, plein de douces rêveries, que fait naître la voix mourante des flots expirant sur la grève.

Enfin, le clairon sonna le rappel et les chasseurs arrivèrent. Le repas fut délicieux ; rien n'y manquait, pas même le havane et le fin moka. Puis chacun ayant repris sa monture, la caravane se remit en marche du côté de Cuglieri.

Nous ne rapportions de nos fouilles que trois urnes, dont une en verre, de petites fioles lacrymatoires et quelques pièces de monnaie.

CHAPITRE IX.

Une église. — San-Lussurgiu. — Le théâtre ambulant.

Encore une fête le 10 octobre. Dès la veille, les flûtes et les tambourins en avaient annoncé l'ouverture, sans avoir pu toutefois me distraire d'un important travail : la confection d'une cage à poulets que ma cuisinière réclamait depuis longtemps.

Nous allâmes à l'office à San-Gionni, précédés, comme toujours, du vieux Raimondo qui portait nos chaises et qui se hâtait pour que *sa Intendente* eût la meilleure place. Rien de plus divertissant que la fureur noire de notre Caleb, lorsqu'en arrivant à l'église il trouvait la place occupée ou bien le prêtre à l'autel. Mais ce jour-là nous étions en avance ; le chapelain regardait encore jouer à la boule, et fit ensuite un brin de causette avec don Gavino Fodis. Enfin il alla s'habiller et, revêtu des ornements sacerdotaux, il se dirigea vers le sanctuaire.

Nous voici à la messe. Jamais lieu saint n'a entendu pareil tapage : quatre marmousets à demi-nus y jouent au cheval avec une verve étourdissante, galopant et s'excitant par les mots bien connus des chevaux sardes : troni ! troni ! outz ! trouga ! trouga !

Puis ils se culbutent, se claquent, se rossent. Intervient une petite fille qui bat les gamins; puis une femme, sans doute la mère de l'un de ces derniers, qui a laissé les gars se livrer à leurs courses bruyantes, mais qui croit de son devoir de taper sur la fille. Tout cela *ad majorem Dei gloriam*, sans que le prêtre en soit troublé dans ses *oremus*, sans que les nombreux assistants pieusement agenouillés, quant aux hommes; saintement accroupies sur le talon gauche, quant aux femmes, en paraissent émus le moins du monde.

Après l'office, tous les plaisirs d'usage, auxquels la foule se livra avec non moins d'ardeur que s'ils avaient eu le mérite de la rareté.

Le soir, le chiffre quotidien de nos pucidides atteignit son maximun : quatre-vingts cadavres secoués de nos vêtements tombèrent dans la cuvette. Dans toute la Sardaigne c'est la même chose; un véritable fléau; surtout pour les étrangers peu habitués à cette guerre intime.

Nous nous étions trop hâtés d'aller à Corchinas; l'action perfide de l'humidité nocturne après la chaleur du jour, se faisait encore sentir, et les pauvres bersaglieri en subirent les conséquences : le 12 octobre six d'entre eux eurent la fièvre. Le caporal en est mort; le lieutenant a donné des craintes sérieuses.

Le 13, une enquête administrative m'appelait à San-Lussurgiu à propos d'une plainte où se faisait sentir la *vendetta*. Celui qu'on avait dénoncé était le chevalier Massida, syndic de la commune.

Ne pouvant confier à un homme du pays une enquête aussi sérieuse, demandée par le ministre, je partis avec Paolesu et avec Sanna-Sanna, mon secrétaire.

Après avoir laissé derrière nous Timémère et des taillis d'arbousiers resplendissants de fleurs et de fruits, nous arrivâmes par un sentier tortueux à un plateau couvert de vieux chênes, dont les branches tordues, les troncs décrépits, les longues barbes de lichen blanc inspirent le respect. Que d'événements ils ont vu passer ! Que d'aspirations vers l'indépendance, étouffées dans le sang des pauvres Sardes, ont glissé sous leur ombre !

Un vallon sauvage et déboisé s'enfonce dans la montagne. Au midi, sur la droite, le flanc de la gorge s'élève en pente douce vers les hauts rochers qui le dominent. A gauche, le col descend rapidement et va se noyer dans les bois de Saint-Léonard. Vous voyez alors le Monte-Santo que l'ermite saint Nicolas illustra au IVe siècle ; puis Macomer, Silanus, et les montagnes de Nuoro qui ferment l'horizon.

Du sommet de l'autre versant la vue est splendide : au couchant et au nord, passant par-dessus les montagnes de Scano et de San-Antonio, le regard plonge et rencontre Sindia, traverse une partie de la Planargia, franchit les collines de Plan-de-Murtos, les *salti* de Pozzo-Maggiore et de Bomano, et ne s'arrête qu'au Monte-Santo, perdu dans le bleu du ciel.

En deçà de San-Antonio, au pied des montagnes qui forment l'une des parois de la vallée du Tirse, apparaissent quatre ou cinq villages. A l'orient, au delà de Bolotana, s'élèvent les montagnes de Benetutti et de Nuoro : le Gennargentu, qui forme le groupe le plus élevé de l'île, et la Corna-di-Bue. Au sud-est, les hauteurs que déchirent les profondes vallées d'Orani, de Sorgone, d'Aritzu, et qui, au couchant, dominent les belles provinces d'Isili et de Lanuséi. Puis les montagnes moins élevées du cap inférieur entre autres le mont Glurchini, au pied duquel reposent les grandes ruines de *Forum-Trajani* et les eaux thermales de Fordongius. Là, commencent les vastes plaines qui s'étendent jusqu'aux portes de Cagliari. Enfin, au sud-ouest, la ville d'Oristano et son large golfe, près duquel se dérculent les sables et les étangs de Cabras, de Sale de Porcu et d'Isbenas ; puis la grève de Cornua. Immense panorama qui a pour centre la vallée du Tirse, et que peuplent de nombreux villages.

Quant à San-Lussurgiu, il est sous nos pieds, au fond d'une courbe en fer à cheval, que décrit la montagne, et borné au sud par des monts qui nous cachent le village de Sénéghe. Un sentier des plus mauvais nous y conduit. Le sentier est d'une raideur extrême, encombré de pierres et de racines ; mais nos chevaux ont la jambe tellement sûre et s'acquittent de leur mission avec tant de soin et d'intelligence, que nous arrivons sains et saufs.

San-Lussurgiu a de charmants abords ; il est entouré de vastes châtaigneraies, dont les arbres à tige élancée et droite, fournissent de belles planches et d'excellent merrains. Tous cependant n'ont pas cette forme régulière ; j'en ai vu de très tourmentés et qui n'avaient pas moins de dix à onze mètres de circonférence. Des groupes nombreux de femmes et d'enfants récoltaient les châtaignes ; et la vivacité des uns, le costume blanc et noir des autres, l'animation générale, formaient au milieu des arbres le plus gracieux tableau.

Une sorte de promontoire se dirige vers le centre du village, qui est échelonné sur les deux flancs du vallon. De cette pointe rocheuse qu'on appelle *La Rouia*, l'œil embrasse les plus petits coins du bourg, l'oreille ne perd pas un des bruits de la rue, pas un des mots qui s'y profèrent. De même les paroles qui se prononcent du haut de cette roche pénètrent partout; d'où il résulte que la municipalité en a fait le banc du droit. La Renommée ne pouvait pas choisir de meilleur trône; la médisance en profite, et, lorsque la nuit close, le *chi vole sapere la storia* se fait entendre, chacun écoute pour savoir le scandale du jour.

San-Lussurgiu compte cinq mille habitants; la population en est vive, industrieuse, remplie d'intelligence. C'est un bourg manufacturier, où les moulins, les machines à foulage, les scieries, les taillanderies sont en grand nombre. L'eau y coule de toutes parts et fait marcher presque toutes ces usines. Les femmes fabriquent elles-mêmes le drap de leurs robes; chaque maison a son métier, qui, mû par les femmes, suffit aux besoins de la famille et produit un excédant pour le commerce. Ces belles laborieuses, dit le comte de La Marmora, fournissent annuellement plus de quinze cents pièces de ce *furese* qui est le plus estimé de l'île. Les hommes en sont également vêtus et portent en outre la *beste peddis*, peau de mouton, de bique, de mouflon, de cerf ou de daim qui est l'ancienne *mastruca* des *Sardi pelliti*.

Malgré ses cinq mille habitants, San-Lussurgiu n'a pas d'auberge ; ce fut l'excellente famille Paolesu qui nous donna l'hospitalité. Elle nous reçut avec cette cordialité sincère, prévenante et simple, qui fait oublier à l'étranger qu'il n'est pas chez lui. Cependant il fallut partir, reprendre le sentier qui traverse la forêt, « ce prétendu chemin, tout ce qu'il y a de plus raide, de plus périlleux, dit l'auteur du *Voyage en Sardaigne* ; mais ascension qui mérite d'être faite et dont vous dédommage le tableau qu'elle offre à vos regards. »

Parvenus au point d'où l'on découvre la mer, nous arrêtâmes nos montures. Le soleil se couchait, disque étincelant comme enveloppé d'un voile de dentelle et couronné de points lumineux. D'immenses rayons, projetés par le foyer central, venaient mourir, en s'élargissant, dans la partie moins éclairée du ciel. Les ruines de Monteverro, ces vieux débris de la demeure des fils d'Ugolin, détachaient leur masse noire sur ce fond splendide, et les gorges de Timémère et du Cane-Gherbo, rendues plus sévères par la chute du jour, complétaient ce tableau féerique.

Une joyeuse nouvelle salua notre arrivée. Tout est relatif en ce monde, richesse et pauvreté, peine et plaisir. Les gens de Cuglieri nous trouvaient élégants avec nos caisses d'emballage pour meubles, nos buffets en jonc, doublés de papier gris; et peu de chose les amusait. Mais ce jour-là c'était sérieux ; des comédiens ambulants, débarqués de la veille, allaient faire nos délices.

La soirée fut bien remplie : vaudeville de Scribe (*Un Monsieur et une Dame*) ; puis tours de force, d'équilibre, d'escamotage, danse sur la corde, apparitions fantastiques ; enfin les *Amours de Blondine et d'Arlequin*, pantomime toujours neuve.

Dans les entr'actes un orchestre complet : grosse caisse, ophicléide, trombone, clarinette et triangle, nous faisaient prendre patience. Six acteurs seulement composaient la troupe ; mais, par un ingénieux cumul, ce personnel était plus que doublé. Ainsi la jeune première, qui, au besoin, faisait l'ingénue, était en même temps premier trombone, première danseuse, et avec tout cela épouse et mère, nourrissant un enfant de trois mois.

Les représentations continuèrent de la sorte, trois fois par semaine et toujours variées, jusqu'au moment où la bande fut désorganisée par la mort de la clarinette, et par la fièvre dont l'arlequin et la jeune première avaient pris le germe à Oristano.

Ces acteurs avaient un mérite réel, et leur succès était grand ; la salle était toujours comble. Les chanoines eux-mêmes, ravis de passer la soirée plus gaiement qu'au foyer de leur cuisine, se gardaient bien d'y manquer, et portaient aux actrices un charitable intérêt. Un soir, le petit Mocci, ancien secrétaire de l'évêque de Bosa, paraissait soucieux. Qu'avez-vous ? lui demandai-je. « Rien, me répondit-il ; je tremble seulement pour cette pauvre créature ; jeudi, en dansant sur la corde, elle est tombée la *poveretta! Ma per fortuna,* se hâta d'ajouter le digne chanoine, *teneva calzoni* (elle avait un caleçon).

CHAPITRE X.

Une enquête criminelle. — La vendetta et l'hospitalité. — Le brigandage et le vol. — Le *dispetto*. — La justice civile.

Depuis quelque temps, Bosa était sourdement agité par un procès des plus graves; il ne s'agissait rien moins que d'incendie et d'assassinat à la suite d'une élection. Des noms de gens haut placés se chuchotaient à l'oreille à propos de cette affaire, où la vendetta jouait son rôle, et faux rapports, menaces, promesses, influences de toute sorte étaient mis en œuvre pour dépister la justice.

Les auteurs présumés du crime, les frères Secchi, n'étaient que de simples pâtres; mais des pâtres puissants, des *prepotenti*, comme on disait dans la province, et ils savaient se faire obéir. C'était sous leur pression que tel candidat, dont ils passaient pour être les agents, avait eu l'honneur de siéger au parlement de Turin. Il en était résulté des querelles, puis des vengeances. Les Secchi, en outre, s'étaient enrichis en faisant paître des porcs dans les forêts de Bosa, et en aidant de plus riches qu'eux à usurper une partie de ces forêts. Ainsi donc lutte politique, lutte de familles, intérêts publics et privés, haine et vendetta, tous les mobiles étaient en jeu dans cette cause.

Pour assurer la marche de la procédure, la Cour de Cagliari avait dû confier l'instruction de l'affaire à un juge étranger au ressort d'Oristano, dont relevait Bosa. Elle avait choisi l'intègre Murgia, bien connu dans notre arrondissement depuis un procès fameux où il avait montré un courage et une probité à toute épreuve.

La mission n'était pas sans péril; dès les premières poursuites le brigadier des chevau-légers avait reçu la note suivante : « Si don Bassino (le colonel) t'a
» promis la médaille d'argent, nous t'en donnerons
» une de plomb. Mais avant de te présenter, sois
» muni de tous les sacrements; car ce sera pour
» nous un extrême plaisir que de t'adresser le grand
» salut de nos balles. Quant au juge Murgia, sa paie
» et son avancement lui seront donnés lorsqu'il re-
» tournera à Sassari. »

Caccia, qui avait saisi les premiers fils de l'affaire et présidé à l'arrestation des Secchi, avait été gratifié de plusieurs billets du même genre. Les menacés ne paraissaient pas s'en émouvoir; cependant le 24 octobre, l'un des principaux témoins reçut trois balles dans son bonnet, et cette fois sans avertissement préalable. Le coup heureusement avait porté un peu trop à gauche. Etait-ce maladresse du tireur, ou l'effet de sa volonté? Je l'ignore; mais cela donna à réfléchir à Caccia et au juge, qui, la nuit surtout, et hors de la ville, cessèrent de se prodiguer.

Malgré ces procédés sauvages, les bandits de Sardaigne ont un grand fonds de loyauté; ils avertissent leurs victimes afin qu'elles soient prêtes à paraître devant Dieu. Il est très rare qu'ils dénoncent un complice ; également rare qu'ils attaquent les militaires, même ceux dont ils ont subi les poursuites, quand ces derniers ne les menacent pas, ou tombent par hasard entre leurs mains ; « fait d'autant plus remarquable, dit La Marmora, que la réciproque n'arrive jamais. »

Leur parole est sacrée, même à l'égard de leurs ennemis. On les a vus souvent épargner l'objet de leur haine pour ne pas abuser contre lui de la supériorité du nombre ou d'une position trop favorable ; et s'il devient leur hôte, ils le défendent aussi bravement que s'il était de leur famille. Le père Bresciani raconte à ce propos qu'un pasteur ayant été tué d'un coup de mousquet, son frère jura d'en tirer vengeance et se mit à l'affût du meurtrier. Un jour que celui-ci, entraîné par la chasse, s'était éloigné de sa retraite, il rencontra les carabiniers qui le cherchaient. L'épaisseur du bois le protégea tout d'abord ; mais arrivé à la lisière du fourré, il ne pouvait manquer d'être saisi lorsqu'il aperçut un *ovile* vers lequel il se dirigea. « Sauve-moi, s'écria-t-il, j'ai franchi le seuil de ta demeure ! » Celui auquel il s'adressait était précisément l'homme qui avait juré sa mort. En le reconnaissant, le vengeur pâlit de colère et fut un instant sans répondre ; puis, tendant la main au meurtrier : « Reste, dit-il ; personne ne te touchera. » Appelant alors les pâtres du voisinage ; il se mit devant sa porte et cria aux carabiniers dès qu'il les aperçut : « Arrêtez ! cet endroit est lieu de refuge ; que pas un de vous n'approche. » Les soldats, voyant les montagnards le fusil en joue, se retirèrent, mais pour aller camper à peu de distance, d'où ils surveillèrent l'ovile.

La cour, instruite du fait délibéra ; il fallait s'emparer de l'assassin ; mais il était vaillamment gardé. Toutefois l'ennemi qui lui avait donné asile avait deux fils en prison et condamnés à mort. Le président du tribunal fit dire au pasteur : « Si tu nous livres le meurtrier qui est chez toi, tes fils échapperont à la potence. — Quand il faudrait encore ma vie avec la leur pour tenir ma parole, répondit le pâtre, il ne serait pas dit que j'ai manqué à l'hospitalité. » Quelques jours après, la mort de l'aîné de ses fils lui était signifiée. « Livre-nous l'assassin et tu sauveras le second, lui disait le message. » Le malheureux père essuya une larme et rentra chez lui sans parler à son hôte de la proposition qui lui était faite. Il apprit bientôt le supplice de son deuxième enfant, et, vaincu par la douleur, il tomba sans connaissance.

Son cœur était brisé, mais l'honneur était sauf : le gibet de ses fils n'y portait nulle atteinte. Aller aux galères ou être exécuté pour cause de vendetta n'a rien d'infamant dans le pays. Qu'un homme ait deux garçons, l'un au régiment, l'autre au bagne, c'est sur le premier qu'on s'apitoie : *Il meschino!* Quant au galérien, il est *al servizio di su Rei*, (au service du roi) et pour lui pas de doléances.

Au fond, y a t-il une différence bien grande entre le duel civilisé, où les armes sont souvent inégales, et ce meurtre vengeur, après avis signifié à l'adversaire par celui qui est offensé? Dans tous les cas, si barbare que cela nous paraisse, se faire justice à soi-même est aux yeux des Sardes l'exercice d'un droit. Ils ne comprennent pas, dit La Marmora, quel intérêt le gouvernement peut avoir dans leurs querelles. « Le tort a été fait à moi seul, c'est donc à moi seul qu'il appartient de le punir, » répondent-ils à ceux qui les blâment.

En général, la passion, la haine, la vengeance, sont les seuls mobiles du meurtrier ; il est rare qu'il dévalise sa victime. Parfois, cependant, la cupidité s'en mêle ; c'est alors du brigandage. Le 27 octobre, une bande de vingt-deux hommes, tous à cheval, les uns de Sénéghi, disait-on, les autres de San-Lussurgiu, de Sindia et de Scano, me fut signalée comme se préparant à enlever cinq mille francs qu'un habitant de Tres-Nuraghes avait en dépôt. Je pris secrètement des mesures pour protéger la maison menacée ; des carabiniers s'y introduisirent à la nuit close. D'officieux voisins s'en étant aperçus, éventèrent la mèche et la bande s'éloigna. En passant à Segama, elle y prit cinquante moutons, pauvre dédommagement du coup manqué, et légère peccadille dans l'esprit de ceux qui l'avaient commise.

Ces bandes déprédatrices, si communes du temps des Carthaginois, des Romains, et au moyen âge, se forment encore aisément dans la Pastorizia, où les idées de communisme sont traditionnelles. « Nous étions autrefois seuls maîtres du pays, disent les pâtres ; nous conduisions nos troupeaux sur toutes les terres. On nous a dépossédés par une loi qui a été faite sans notre consentement, et qui, par cela même, ne nous oblige à rien ; il est juste que nous nous dédommagions. »

Quant au vol de bétail, à peu près le seul qui soit largement pratiqué, il n'est pas considéré comme une chose coupable. « Les moutons du voisin, me disait de la meilleure foi du monde, un homme pris en flagrant délit de vol d'une vingtaine de bêtes, sont venus dans mon troupeau, je les ai gardés; il n'y a pas de mal à cela. Dans quelques jours le voisin me rendra la pareille ; ça lui est arrivé plusieurs fois. Je ne fais donc que rentrer dans mon bien. »

L'archevêque de Sassari, prêchant dans un village de la Barbagia, où il avait été reçu avec enthousiasme, termina son sermon en disant qu'il ne pouvait pas donner le titre de chrétiens à des hommes qui s'appropriaient le bétail d'autrui. Descendu de la chaire, rapporte Bresciani, il vit s'avancer les plus notables du bourg, qui, s'étant agenouillés, lui dirent : « Jus-
» qu'à présent, Monseigneur, nous n'avions pas cru
» enfreindre la loi de Dieu en prenant les moutons,
» les vaches, les porcs et autres bêtes qui nous
» étaient nécessaires. Puisque la Providence a une
» égale tendresse pour toutes ses créatures, comment
» souffrirait-elle que les pasteurs de la Gallura aient
» des troupeaux de mille brebis, tandis que les nôtres
» sont à peine d'un cent? Lors donc que, par ruse
» ou par bravoure, nous pouvons leur ravir quelque
» centaine d'animaux, nous venons en aide à la jus-
» tice divine. »

Heureusement pour les propriétaires que les tribunaux ne partagent pas cette manière de voir ; et comme tous les autres, les vols de bétail diminuent chaque année.

L'appât du lucre, ou le désir de rentrer dans son

bien, n'est pas toujours la cause de ces razzias ; elles ont souvent pour motif la vendetta ou le *dispetto*, c'est-à-dire le mépris. Dans ce dernier cas, les bêtes se retrouvent, mais mutilées : n'ayant plus ni queue, ni oreilles. Parfois on se borne à les conduire au loin afin de laisser le propriétaire plus longtemps dans l'inquiétude, et de l'obliger à faire de longues courses.

L'abandon des bestiaux dans un terrain simplement enclos d'un petit mur en pierre sèche, terrain où personne ne les garde, favorise ces actes de pure méchanceté, en permettant de les accomplir à peu près impunément. Cependant, quand l'auteur du fait est découvert, une balle lui fait payer sa vilaine action ; car, pour le Sarde orgueilleux, le *dispetto* est ce qu'il y a de moins pardonnable. Je vois encore Bandaccio Saverio, riche propriétaire de Scano, venant m'annoncer que la nuit précédente son cheval favori avait eu la queue coupée. La figure du brave homme était décomposée, son front était noir de colère : « Mais je saurais qui c'est, poursuivit-il, et je me vengerai. En attendant je vais à Bosa demander l'excommunication du lâche qui m'insulte sans se faire connaître. Il lui arrivera malheur ; c'est mon plus vif désir ; tant que ma vengeance ne sera pas satisfaite, je traînerai une vie misérable. »

Malgré les recherches de la police, les vingt-deux individus qui formaient la bande dont je viens de parler resteront impunis. On ne saura jamais le nom d'un seul de ces hommes : une balle, sûrement dirigée, condamnerait bientôt l'indiscret à un mutisme éternel. Lors de mon départ de l'île, l'affaire Secchi s'instruisait depuis neuf mois ; le député dont l'élection avait produit tout le mal était sous la main de la justice. Qu'en est-il advenu ? Je l'ignore. J'ai tâché d'avoir des renseignements ; j'ai écrit : mes lettres sont restées sans réponse, tant la réserve est grande dans le pays au sujet de tout procès criminel.

Bien qu'affaire civile, l'usurpation de terrains qui se rattachait à la cause précédente par le rôle que les Secchi y avaient joué, n'en était pas moins une affaire extrêmement épineuse. Comme nous l'avons dit plus haut, de riches familles s'y trouvaient compromises ; tout Bosa s'en inquiétait. Le tribunal s'empressa de donner raison aux usurpateurs en adoptant, pour base du jugement, une enquête à laquelle les Secchi avaient pris part, et qui établissait que le terrain usurpé était pâturage et non forêt, assertion complétement fausse. On verra plus loin comment ce *distinguo* permettait de légitimer un acte qu'il aurait fallu déclarer coupable si l'on eût avoué qu'il s'agissait d'un bois.

CHAPITRE XI.

Le jour des Morts. — Départ pour Macomer. — L'établissement Beltrami. — Nuoro. — Les brigands des montagnes de Nuoro. — La chaîne centrale : les *pierres ballantes*. — Types et costumes des environs de Nuoro. — Hommes politiques. — Beau sexe et brigandage.

Le jour de la Toussaint il est d'usage en Sardaigne de manger des *papassinos*, sortes de nougats bruns, très durs, ayant la forme d'une corne, et faits avec des noix, des amandes, des pignons, des noisettes, du miel, du vin cuit et quelque peu de farine. Cette macédoine est peu appréciée de notre palais, mais très agréable à celui des Sardes. Les pauvres gens qui n'ont pas le moyen de se faire des *papassinos* les remplacent par des *macheroni*, pâtes d'une certaine épaisseur, accommodées au fromage et au saindoux, et, qui, le lendemain, jour des morts, se servent dans toutes les classes de la société. On se rappelle que le peuple considère les *macheroni* comme un aliment de prédilection pour les trépassés, qui, d'après lui, continuent à jouir des plaisirs de la table. Nous avons dit, en parlant des funérailles, qu'on met de ces pâtes auprès du défunt, et qu'il en est offert aux visiteurs par les gens de la famille, dont elles forment la nourriture tant que le corps reste dans la maison.

Le lendemain de la Toussaint, non-seulement on mange des *macheroni* en l'honneur des morts ; mais toute femme qui a perdu un époux, un parent ou un ami, prend des habits de deuil, va au cimetière, s'agenouille sur la tombe du défunt devant une petite table couverte d'une toile blanche, où brûlent deux cierges et de l'encens, et pleure celui qu'elle regrette. Pendant ce temps-là filles et garçons parcourent le village et font une collecte pour les trépassés : « *Fai de bene a sos animas de sos mortos*, » disent-ils ; et chacun de jeter dans la corbeille du pain, des fruits, des œufs, etc.

Tandis que l'on confectionnait pâtes et nougats, nous faisions nos malles. Il y avait longtemps que nous caressions le projet de sortir de notre province, et malgré les terreurs qu'inspire à tout bon Sarde la veillée du deux novembre, alors que les âmes des morts sont en course pour aller manger les *macheroni* qu'on leur destine ou tendre des piéges à leurs ennemis auxquels ils veulent infliger l'horrible *morsu de mortu*, nous avions fixé notre départ au jour des trépassés.

Nous partîmes ; une lettre du comte de Cavour, lettre flatteuse, ce qui est rare de la part d'un chef à son subordonné, me faisait voir ce petit voyage sous des couleurs encore plus riantes. Mon rapport sur la séance du conseil avait été lu « avec un singulier plaisir. » On approuvait les observations « justes et sages » que j'avais faites ; on s'étonnait qu'en si peu de temps j'eusse si complétement apprécié les besoins du pays. « Enfin, disait la lettre, le langage que vous avez tenu est celui d'un homme qui aime le bien et veut s'y consacrer. »

Toutefois les gens de la ville ne partageaient à notre égard ni ma gaieté, ni ma confiance. Une foule compacte se pressait dans la rue pour nous souhaiter bon voyage et bon retour ; mais tant de choses faisaient craindre que ces vœux ne fussent pas réalisés ! D'abord ce jour néfaste ; puis la jument que devait monter ma femme avait disparu, et il avait fallu la remplacer par un cheval qui n'avait pas mangé d'orge le matin. Au moment où nous allions partir, la guérite placée à la porte de la trésorerie, située en face de notre demeure, tomba tout à coup ; la monture de Rossano, très effrayée, s'échappa et sauta par dessus le corps d'un homme qui, en fuyant, s'était jeté par terre. Enfin nous n'avions pas fait un kilomètre que l'abbé Giraudi, qui nous accompagnait, vit son cheval s'abattre. « Revenez, revenez, *Signor Intendentu*, criait la foule. N'allez pas plus loin ! Il vous arrivera malheur. »

Nous continuâmes cependant notre route et nous revînmes en bonne santé ; mais deux mois après on enterrait l'abbé qui avait été pris de froid. « Cela devait être, dirent les Cuglieritains, les signes avaient trop parlé. » Pauvre Giraudi ! c'était à son adresse. Quant à nous, jamais voyageurs n'eurent lieu d'être plus satisfaits.

La fin d'octobre, en Sardaigne, amène un second printemps ; les pluies ont purifié l'atmosphère et ranimé la sève, tout reverdit. Le sol des olivetti se couvre de gazon d'un vert tendre ; les aubépines, les pervenches refleurissent; les arbres ont de nouvelles pousses et offrent les teintes les plus variées ; les bois sont pleins d'oiseaux chanteurs : les bœufs, qui ont passé l'été dans la fainéantise, sont alors à la charrue, de tous côtés, on laboure.

A Suni nous attendait un moelleux coupé que le signor Calvi, directeur de l'exploitation du comte Beltrami, avait eu l'amabilité de nous envoyer. Quelle jouissance de retrouver une belle et bonne voiture du continent, attelée de trois chevaux rapides, qui nous eurent bientôt reconduits au bel établissement de Macomer, où l'hospitalité la plus large nous était offerte.

Le lendemain matin, l'excellent Calvi nous fit parcourir cette ferme modèle que les Sardes ne veulent pas, ou ne savent pas imiter. De nombreux troupeaux de moutons, de vaches laitières, de porcs, de bœufs, de chevaux en dépendent ; et Calvi s'y occupe avec une rare intelligence d'essais de croisements, dont les résultats sont remarquables.

En voyant ces animaux de prix, ces chevaux de luxe, ayant dans les veines du vieux sang arabe ; au milieu de ce continuel va et vient de gens et de bêtes qui fourmillent dans les cours, on ne se croirait plus en Sardaigne, n'étaient le costume des hommes et l'air effaré des bœufs.

Grâce à l'habileté de son habile directeur, la maison Beltrami a pu réunir toutes les branches d'industrie dont on s'occupe dans l'île : culture de céréales, élève et engraissement des bestiaux, exploitation des forêts et des mines, pêcheries, fabrique de bouchons, fabrique de fromages, etc.

Il nous aurait fallu plus de semaines que notre excursion devait durer de jours pour voir en détail tous ces établissements, dont les provinces de Nuoro, de Cuglieri, d'Iglesias sont les principaux siéges.

Après un excellent déjeuner où l'on nous servit de la crême, du beurre frais, du miel plus blanc et plus parfumé que celui de Chamounix, nous partîmes pour Nuoro. Calvi laissait à notre disposition, et pour tout le voyage, voiture, chevaux et cocher.

La route que nous suivions était celle qui devait rattacher le port d'Orosei à la route centrale.

Un pont de fer, à l'américaine, permet à la route de traverser le Tirse qui coule là au fond d'une étroite vallée. Nous le franchissons rapidement pour échapper à la *malaria*, car cet endroit est l'un des plus insalubres de l'île. Souvent, pendant les mois d'août et de septembre, il suffit d'y passer pour être frappé de la fièvre,

Malgré la vitesse de notre allure, je pus néanmoins jeter un coup d'œil sur la vallée de Bono, par où s'écoule le Tirse. Elle m'a semblé riche et peuplée de nombreux villages. Les eaux thermales de Benetutti la rendent célèbre, aussi bien que les souvenirs qui s'y rattachent. Des malades accourent de toute part à ces eaux fameuses. « Si tous n'y guérissent pas les
» maux qu'ils y apportent, dit La Marmora, ils y
» gagnent presque toujours la fièvre. On s'y baigne
» pêle-mêle dans d'étroites piscines. J'ai vu à la fois
» dans l'une de ces baignoires, et tout nus, ajoute le
» comte, des hommes, des femmes, des enfants, et
» parmi eux des capucins ! »

Au delà du pont, nous entrons dans une vallée accidentée, parsemée de chênes et d'oliviers sauvages. Le Goceano dont elle fait partie, abonde en troupeaux ; à chaque pas, on rencontre des groupes de cinquante à cent bêtes paissant une herbe plantureuse. Les pâtres qui les gardent sont assis en plein air, ou dans des huttes de feuillage et de pisé. Nous les retrouverons ainsi jusque sur les hauteurs de Nuoro.

Dans cette partie de la Sardaigne, où ils sont nombreux, les daims paraissent peu farouches ; toute une famille de ces charmants indigènes, réunis sous un vieil olivier, tordu par les ans, nous regarde avec curiosité.

Nous nous arrêtons à la Cantonnière, et nous y déjeûnons. Une caravane, arrivant de quelque fête, prend son repas à peu de distance de nous, près d'une fontaine. La simplicité de leur menu — du sanglier cuit sur la braise — n'altère pas la gaieté de ces pèlerins, qui, vêtus du brillant costume nuorais, forment un groupe pittoresque. Le beau type des femmes aux traits purs et fins, à la taille svelte, est encore rehaussé par des vêtements d'une rare élégance : jupe courte en drap gris perle, tombant en plis nombreux et serrés, garnie de bandes alternées de drap écarlate et de velours bleu, retenue sur les hanches par une agrafe de métal, et dépassée de quelques centimètres par un jupon blanc ; petit corsage brodé d'or et de soie, largement ouvert et lacé avec une ganse d'or ; la poitrine et les bras voilés d'une chemise fine et blanche, fermée au cou et aux poignets par des boutons d'or ciselé ; sur le tout, une veste écarlate, à basques flottantes, pincée à la taille, mais ouverte par devant, et à manches fendues à la saignée. Enfin, coiffure particulière, d'un ton jaunâtre, enveloppant la tête, et se rapprochant de celle des femmes du Maroc.

Nous voici à Nuoro ; M. Muffone, l'Intendant général, nous offre une hospitalité que nous acceptons avec reconnaissance.

Rien n'est triste comme l'aspect de cette ville assise sur un mont granitique, aux flancs duquel se rattachent des ramifications calcaires, et d'où partent des gorges profondes.

Le sommet qui porte Nuoro est légèrement creux, dominé par des rochers aux formes bizarres, et presque toujours balayé par le vent. Du côté de l'est s'élève la cathédrale qui surplombe la vallée de Posile ; en face, à l'autre extrémité, la prison étale ses lourds bâtiments, défectueux à tous les points de vue. Les rues se déploient entre ces deux limites ; dans la ville neuve, la ville des fonctionnaires, elles sont tirées au cordeau ; et les maisons bien alignées, visent à l'effet. Dans la partie qu'habite le peuple on retrouve le cachet indigène, et dans toute sa misère : petites maisons basses, mal construites, plantées au hasard, valant à peine les plus pauvres chalets des Alpes, et précédées d'une cour fermée de grands murs qui en assombrissent encore l'aspect.

Pourquoi ces hautes murailles ? Pour s'abriter du vent, et surtout de la fusillade, toujours à redouter dans cette province où les mœurs ont gardé leur antique sauvagerie. Les *rustici* de Nuoro tiennent tous plus ou moins du bandit ; ils en ont le regard scrutateur, sérieux et défiant ; vous croiriez, à les voir, qu'ils ont à mesurer un ennemi dans chacun des hommes qu'ils rencontrent.

Il n'y a pas de chute d'eau à Nuoro, par conséquent pas de moulins. Chaque famille y fait sa mouture. Si étroite que soit la maison, n'eût-elle qu'une chambre, on y trouve une meule que fait mouvoir un âne, appelé *su molentu*, c'est-à-dire le meunier. Les gens trop pauvres pour acheter l'âne tournent la meule eux-mêmes.

Quelle excellente bête que ce *molentu* ! Que de dévouement sous ces longues oreilles ! Il est tout petit. Le jour, les yeux bandés, attaché à sa meule, il tourne, tourne sans cesse, tourne sans qu'on ait besoin de l'y exciter. Le soir, détaché de sa galère, il va dans les terrains vagues, ou le long des routes chercher pâture ; puis le matin il revient de lui-même tourner la meule, sachant bien que son maître a besoin de lui.

La cathédrale, la prison, un pauvre petit évêché, parfaitement en rapport avec les cahutes indigènes, sont, en fait de monuments, tout ce que Nuoro présente au voyageur.

La prison, qui peut contenir deux cents individus, est le seul de ces édifices qui offre quelque intérêt. Elle est neuve et aussi bien tenue que le permet sa construction vicieuse. Nous en visitâmes les ateliers et les hideux cachots. L'établissement avait alors pour comptable un jeune homme de bonne famille fratricide par *vendetta*.

Les bandits sont communs dans la province de Nuoro et dans celle de Lanusei.

Oliena, gros village que nous avions en face de

nous, en comptait dix-huit pour sa part; tous honnêtes citoyens, bons époux et bons pères, frères dévoués; mais contraints par quelques peccadilles, quelques *peaux* qu'ils avaient sur la conscience, de fuir les chemins battus par la force armée.

Tous chasseurs habiles, dévoués jusqu'à la mort à qui leur donne du plomb, de la poudre ou du tabac, aimant à rendre service aux voyageurs, fût-ce un magistrat ou un officier de gendarmerie que le hasard conduit auprès d'eux.

Sitôt qu'un uniforme rôde dans la contrée, ils gagnent les retraites inaccessibles à tout autre qu'à leurs pareils; ils vivent alors de leur chasse, libres comme les vents qui agitent la forêt, et s'inquiètent peu d'une société qui ne sait comprendre ni les joies, ni les devoirs de la vendetta.

Dès que le panache bleu des carabiniers a disparu, ils reviennent au village, cultiver paisiblement leurs terres; et à la moindre alerte ils reprennent leur vie d'aigle.

N'ayez pas peur qu'on les dénonce; trop de respect les entoure. Ceux même qui font partie des bandes dont nous avons parlé n'ont pas de trahison à craindre. Un membre du conseil divisionnaire, le vieux Spada, me racontait qu'une expédition de malandrins avait été dirigée contre lui à Nuragugume. La vendetta d'un de ses parents n'y semblait pas étrangère.

C'était en janvier 1854; vers une heure du matin, le village fut réveillé par une fusillade bien nourrie, avertissement sérieux donné aux habitants de rester chacun chez soi, pour ne pas s'exposer à de mauvais coups. La bande, fort nombreuse, une centaine d'individus, tous armés jusqu'aux dents, était divisée en quatre corps. Deux de ces groupes occupèrent l'entrée des rues par lesquelles on arrivait chez Spada ; le troisième cerna la maison ; et le quatrième, après avoir enfoncé les portes, commença l'assaut du premier étage où couchait le maître du logis. Ce dernier, heureusement, avait eu le temps de barricader l'entrée du corridor et de s'échapper par une fenêtre sans être vu de l'ennemi.

Blotti à deux pas au fond d'une masure, et grelottant sans le moindre appareil, costume des Sardes qu'on arrache au sommeil, le pauvre homme dut assister au sac de sa maison. Les malandrins s'emparèrent de l'argent, des effets, de l'argenterie ; puis, ayant en vain cherché Spada pour lui faire passer le mauvais quart d'heure dont ses dépouilles devaient être la récompense, ils allèrent se rafraîchir à la cave et sortirent sans avoir fait aucun mal aux domestiques. Leur départ, ainsi que l'avait été leur arrivée, fut annoncé par la fusillade ; puis tout rentra dans le silence.

Quatre ans s'étaient écoulés depuis lors ; et malgré les recherches les plus actives, la justice n'avait pas encore pu découvrir un seul des auteurs, ni des complices du fait.

Un étranger, dont le nom m'échappe, était venu, en 1838, se fixer dans ces parages pour y créer un établissement agricole ; quelques années après, son domaine était couvert de riches maisons. Notre individu calculait déjà ses bénéfices ; mais il comptait sans les pasteurs. Ceux-ci voyaient d'un mauvais œil les envahissements de l'étranger. Ces clôtures solides, ces modifications apportées à l'ancienne culture : suppression des jachères, des terrains vagues, du libre parcours, leur semblaient de graves attentats, non-seulement aux coutumes du pays, mais à leurs droits personnels. Un premier avertissement fut donné à la ferme : les meules de foin brûlèrent. L'année suivante, deuxième avertissement : la récolte fut incendiée. Le feu ne décidant pas notre homme à déguerpir, une bande de cent quarante malandrins envahit l'habitation, tua les principaux commis, emporta ce qui put être enlevé, et livra le reste aux flammes. Cette fois l'agriculteur se retira ; et depuis vingt ans, lorsque j'étais là-bas, la justice recherchait les auteurs de ces actes sans que la moindre indiscrétion eût pu la mettre sur la trace de pas un des coupables.

C'est dans les montagnes de Nuoro et de Tempio, parmi les populations les moins civilisées de l'ancienne Gallure, que ces bandes prennent naissance. C'est là aussi que la vendetta est le plus en honneur. En 1858 il s'était fait à Oliena huit bandits nouveaux dans l'espace de huit mois. Le sentiment de la vengeance y est tellement vivace, tellement sacré qu'il n'est pas rare de voir des femmes conserver les habits ensanglantés de leurs maris, et les montrer de temps à autre à leurs jeunes fils en leur rappelant que le mort n'est pas vengé.

Mœurs et caractères exceptionnels ; mélange singulier de crime et de vertu, de cruauté et de grandeur d'âme, de religion sincère et de croyances superstitieuses. Dans le Goceano et la Gallure, razzia, pillage et vendetta, nous l'avons dit, ne sont pas déshonorants, mais le vol ou l'assassinat d'un voyageur, fait du reste très rare, excite le mépris de tous.

Les bandes qui se forment dans ces contrées, soit pour la rapine, soit à propos de quelque vengeance, et qui heureusement deviennent plus rares de jour en jour, sont commandées par des chefs habiles. Elles agissent avec ordre, ont des règles de stratégie, des lois traditionnelles, un code de droit commun. Ceux qui les composent, bandits pour la plupart, entrent dans les villages, non pas à la sourdine, mais en s'annonçant bruyamment comme dans l'affaire du vieux Spada. Ils commencent en général par occuper les maisons voisines de celle qui doit être assiégée. Ces maisons leur fournissent un abri en cas de riposte ou d'attaque imprévue et leur permettent, du haut des toitures et par les fenêtres, de diriger l'assaut.

L'affaire terminée, la troupe se retire en bon ordre, précédée par des éclaireurs et protégée par une arrière-garde. Arrivée en lieu sûr, elle s'occupe du butin, qui se divise en autant de portions qu'il y a eu de combattants. Si l'un de ces derniers a péri dans la lutte, sa part est fidèlement envoyée à sa famille avec félicitation de ce que la victime est morte en brave, non *sulla cenere* (sur la cendre) comme un lâche. Mourir dans son lit est presque une honte pour l'homme de ces contrées. Dans leurs disputes, les Nuorins dont les pères, les maris ou les frères ont eu ce malheur, se le voient jeter à la face comme une injure,

Après le combat, les morts sont généralement emportés ; si la chose est impossible, les cadavres sont décapités, mis à nus et rendus méconnaissables, pour ne laisser aucun fil entre les mains de la justice. L'un des bandits est-il fait prisonnier, le secret expire avec lui, qu'il meure au bagne ou bien sur l'échafaud. L'expédition achevée, la bande se dissout ; chacun rentre dans son village ou dans sa forêt, et n'attend qu'un signe pour accourir de nouveau à l'appel de ses chefs.

Au midi d'Oliena, se trouve Orgosolo, dont les habitants, voleurs de bétail, passent pour être le fléau des lieux voisins. Entre les deux communes s'élève la Corna-di-Bue de la chaîne du Gennargentu, qui est le groupe de montagnes non-seulement le plus élevé, mais le plus central de l'île. Au couchant se dresse la pointe de Gonara que surmonte un sanctuaire renommé et d'où le regard, plongeant à la fois sur les deux mers, peut voir au même instant la lune disparaître sous les flots et le soleil sortir radieux de leur sein. Au levant, Sa-Badda-Manna va rejoindre les collines qui relient les montagnes d'Oliena à celles de l'Orto-Ene, et laisse planer la vue sur les vallées des Baronie. Plus près, sur le versant qui va au golfe d'Orosei, apparaît Dorgali, au pied de grands rochers nus. Ce village, dont les habitants descendent, dit-on, des Sarrasins, fournit des vins excellents ; un tunnel le fait communiquer avec la plage, au travers de la mince paroi de hauts rochers qui l'en séparent. La source puissante du Calogone y donne des truites délicieuses.

Une des curiosités de Nuoro sont les *Pedre ballerine* ou pierres ballantes. Il y en a deux ; nous visitâmes celle qui est à un kilomètre de la ville. Ce monument, car dans le pays on le croit fait de main d'homme, est composé de deux blocs de granit ; l'un est fiché en terre, l'autre lui est superposé ; et toutes deux taillées en diamant, se touchent par la pointe dans un tel équilibre, que la main d'un enfant suffit pour mettre en branle la masse supérieure. Cette dernière a deux mètres cinquante de haut, et quatorze et demi de circonférence. Elle oscille d'abord avec lenteur, prend un mouvement plus rapide, se balance pendant longtemps, et revient graduellement au repos. Suivant l'auteur du *Voyage en Sardaigne*, ces blocs n'ont pas été taillés par les hommes, mais rongés par le temps, phénomène assez commun dans les roches granitiques et porphyriques.

Le dialecte de Nuoro et de tous les environs se rapproche beaucoup de la langue latine ; c'est, dit-on, le plus ancien et le mieux conservé de tous ceux qu'on parle en Sardaigne. Il paraît qu'à Orune et à Betti (vingt-deux kilomètres de la ville) le latin des paysans est presque pur.

Quant au costume dont nous avons déjà parlé, il offre, surtout chez les femmes, une certaine ressemblance avec celui de quelques parties de la Grèce, mais il est plus élégant et plus simple. A Dorgali, ainsi qu'à Orosei, il y a un cachet africain en rapport avec la peau cuivrée des habitants. C'est un costume sévère, composé, pour les femmes, de deux pièces de drap formant la jupe, et d'une espèce de toge, courte et large, qui enveloppe la taille sans la dessiner. Un grand voile, de couleur sombre, entoure la tête, le cou et le bas du visage.

A Nuoro, au contraire, les vêtements prennent des teintes brillantes qui s'harmonisent avec une belle carnation. Chez les femmes en deuil, la veste rouge est remplacée par un corsage de drap ou de velours noir que les veuves ne quittent plus. Ces dernières, à la place de la *caretta* blanche, ont un voile qui est noir, brun ou jaune foncé, suivant l'époque plus ou moins rapprochée du décès.

Une Nuoraise, honnête femme, ne peut pas, sans manquer aux convenances, laisser voir ses doigts inoccupés; il en résulte que deux ouvertures destinées à loger les mains, et placées sur le devant de la jupe, ne manquent jamais à la robe. Un petit tablier de velours ou de drap, garni de larges bandes de couleur voyante, brodées d'or ou de soie, fait également partie du costume, et partie essentielle. Relevé sur la gorge, il sert à protéger la chemise dans les travaux du ménage, ou à garantir la poitrine contre le froid. Il est alors fixé sous les bretelles du *corpetto* par les deux pointes inférieures. Enfin des colliers et des bagues, souvent très riches, surchargent le cou et les doigts.

Quant aux vêtements intimes, voici quelques détails dont je laisse la responsabilité à la charmante Grazieda, la servante de notre hôte. Deux parties composent la chemise : une espèce de camisole et une jupe qui n'y est pas attachée. Vient ensuite le *pettore* ou *pensale*, c'est-à-dire le corset qui prend la taille et l'arrondit; puis le jupon de drap à plis nombreux et serrés, surtout par derrière; enfin le corsage ou *coritos*.

La coiffure est compliquée : les cheveux, qu'une

honnête femme ne doit pas montrer, sont réunis derrière la tête, où les retient un mouchoir, retenu lui-même par une *serrette.* Les jours fériés, celle-ci est remplacée par la *beretta* ou *benda*, morceau de toile fine ou de soie écrue, large de huit à neuf pouces, qui entoure la tête en formant cornette, et dont les extrémités viennent envelopper le cou et le bas du visage, à la façon d'Orient.

« Quand les Nuoraises, dit le Père Bresciani, voient
» qu'un prêtre va passer auprès d'elles, elles écar-
» tent la bande qui les voile et se découvrent la
» bouche en signe de respect. Etant à Nuoro et me
» promenant avec le chanoine Manca, je ne rencontrai
» pas une femme qui ne nous saluât de cette manière.
» Je parlai à quelques-unes, le voile resta levé tant
» que dura l'entretien et ne retomba sur les lèvres
» qu'au moment où nous partîmes. »

Le Révérend Père trouve cela tout naturel; « car,
» ajoute-t-il, si la modestie les fait se voiler aux
» yeux des profanes, elles peuvent se montrer aux
» ministres de Dieu en toute sécurité. »

Le costume des hommes ressemble à celui de la Planargia, moins la peau de mouton; seulement le gilet, au lieu d'être noir, se fait volontiers en velours rouge, vert ou bleu.

Le type féminin varie pour ainsi dire dans chaque village. A Orgosolo, à Fonni, à Mamoiada, les femmes sont grandes et fortes et rappellent le type grec. Celles de Nuoro sont minces, élancées; elles ont la taille élégante, une distinction dans la tenue, une finesse, une pureté de lignes dans les traits, une fraîcheur de teint des plus remarquables. A Dorgali, au contraire, hommes et femmes ont la peau brune, la charpente osseuse, un cachet particulier, qui accuse leur descendance sarrasine, comme le fait aussi leur dialecte. Celui-ci diffère essentiellement des autres, soit par des mots tirés de l'arabe, soit par une prononciation gutturale » (de La Marmora).

La session du conseil divisionnaire avait eu lieu pendant notre séjour, et venait de finir ; les paroles incisives du fougueux Asproni, ex-chanoine, aux lèvres minces, alternativement dédaigneuses et méchantes, en avaient agité les séances. Député de l'extrême gauche, tout en émaillant ses discours des grands mots de peuple et de liberté, le fier Asproni avait daigné consentir à remplacer le chétif canonicat de neuf cents livres, dont l'avait privé son évêque, par une belle et bonne pension trois fois plus considérable, prise sur les fonds du bénéfice de Bonarcado.

Les autres membres du conseil étaient Coco, petit avocat, esprit étroit, plein de sa mince personnalité ; Porco, sale comme son homonyme ; Corbo, esprit juste et loyal ; Mulas, conseiller à la Cour d'appel de Cagliari, homme instruit et d'un vrai mérite ; le vieux Spada, celui dont la maison avait été pillée ; don Gio-Maria Passino-Detorre, au cœur droit, au sens pratique ; enfin Pischeda, le patron des Secchi, le député dont l'élection était la cause du fameux procès de Bosa ; homme rempli d'intelligence, à la fois énergique et rusé, qui, à notre départ de l'île, était en prison au sujet de ladite affaire.

Arrivés à Nuoro le 3 novembre, nous en partîmes le 15, après un séjour des plus agréables. A Bertigali, nous fûmes arrêtés par don Passino Detorre ; un souvenir de famille nous y attendait, celui du général de La Fléchère, qui, d'abord y avait résidé en qualité de lieutenant, et plus tard de gouverneur. Là, comme partout, il s'était fait aimer, et avait laissé cette réputation de fermeté, d'humanité et de franchise, qui, en Sardaigne, s'attache au nom de Savoisien et le fait porter si haut.

Le jour tombait comme nous rentrions chez Calvi. Ce soir-là, seize voyageurs y recevaient l'hospitalité large et simple, dont l'Orient et la Sardaigne ont gardé le secret. Parmi ces hôtes se trouvait une jeune femme d'Ozieri, belle, aimable, d'un esprit charmant, dont les théories sur le mariage et sur les droits du beau sexe, nous firent penser que, même en Sardaigne, le bonheur conjugal n'est pas toujours à l'abri des épreuves dont la vie est semée. La vendetta souriait à son âme autant que l'amour commandait à son cœur, et la liberté du bandit lui apparaissait comme les délices du ciel. Peu s'en fallut qu'elle ne s'éprît de Loigi Fadda, dont Calvi nous racontait les exploits. Cet honnête homme, qui n'avait que trois peau sur la conscience, en rêvait une quatrième ; et la justice avait l'infamie de le traquer pour de semblables peccadilles. Tant que Fadda avait du tabac, de la poudre et du plomb, il n'attaquait que les sangliers et les daims, et surveillait honnêtement les troupeaux qui lui étaient confiés. Mais si la chasse lui devenait impossible, comme il faut vivre et que c'est un droit, Fadda prenait dans ces mêmes troupeaux quelques têtes de bétail qu'il rendait scrupuleusement dès qu'il en avait le moyen.

Malgré la surveillance de la police, ce bon jeune homme venait souvent à Macomer parler d'affaires avec ceux qui l'employaient. Sa renommée était grande et sa clientèle considérable.

Il y a dans la forêt de nombreux troupeaux, surtout des bandes de porcs, qui errent en liberté à la recherche des glands. « Rude tentation pour la vertu » indigente, dit M. Amigues, que la rencontre d'un » cochon solitaire au coin d'un bois; et tous les soirs » il manque quelque bête à l'appel. Le pasteur met » alors son troupeau sous la protection des bandits. » On cite de ces derniers dont le patronage s'étend » sur douze ou quinze mille porcs ; et personne n'ose » toucher une soie de ses protégés. » La clientèle de Fadda était de ce genre.

A souper il nous fut servi du miel amer, recueilli dans le bois de la Compeda. C'était la première fois que je goûtais à ce produit des abeilles de Sardaigne. On ne le trouve que dans certains cantons et à une seule époque de l'année. Son amertume n'est pas désagréable et il est préféré par beaucoup de personnes au miel ordinaire, qui, pourtant dans le pays, est d'une qualité parfaite. Le comte de La Marmora suppose que cette amertume est due aux fleurs, peut-être aux fruits de l'arbousier que les abeilles semblent rechercher en automne. Il est certain qu'on ne récolte le miel amer que dans cette saison et dans les endroits où l'arbousier est commun. On sait que les Romains avaient reconnu la même saveur au miel de quelques parties de la Corse, et que Virgile attribuait ce goût particulier au butinage des abeilles sur les ifs.

CHAPITRE XII.

De Macomer à Cagliari. — Cagliari; abord; aspect général.
— Le Musée. — La cathédrale. — Le castello.

L'arrière saison promettait encore de beaux jours; nous désirions visiter le cap inférieur; Calvi m'offrait ses services — bref, le 16 novembre nous partions pour Cagliari.

De Macomer à Pauli-Latino, la contrée n'a rien de remarquable; ce n'est que chênes épars au milieu des broussailles, maigres terrains en friche ou mal cultivés. De nombreux nuraghs, à moitié détruits par le temps et par les pâtres, jalonnent le pays.

A peu de distance de Pauli-Latino, le pays change d'aspect; on circule dans un vallon étroit et rocheux, quelque peu boisé, qui, par une pente douce conduit aux plateaux inférieurs du Campidano d'Oristano. Ici plus de broussailles, plus d'arbres, plus de pierres; mais de vastes champs cultivés ou en friche; et dans les fonds marécageux, près des *popolati*, de grandes cultures de jonc marin dont le produit sert à la fabrication des nattes, des stoies, des corbeilles, etc. Les clôtures sont toutes en cactus, qui, avec leurs énormes raquettes et leurs tiges volumineuses, remplacent les murs primitifs des terrains pierreux.

CHAPITRE XII.

C'était la saison des semailles; la plus grande animation régnait dans la plaine; partout se voyaient des charrues attelées de deux ou trois paires de bœufs; j'en ai compté jusqu'à dix ouvrant dix sillons côte à côte.

Pauli-Latino est laissé à notre droite; plus loin brille le clocher de Milis, le village au bois d'orangers; puis San-Vero-Milis, puis d'autres *popolati* dont j'ignore le nom. Passent des caravanes qui nous croisent; chaque monture porte un homme et une femme; le plus beau des trois est sans contredit le cheval. Quelle affreuse population! surtout la partie féminine : large face, nez épaté, grosses lèvres, teint à la fois blême et bistré. Ce n'est plus la race des montagnes; ou, du moins, si c'est la même, combien les fièvres du campidano l'ont abâtardie.

Oristano se dessine à l'horizon sans embellir cette triste plaine. Cependant, à deux kilomètres de la ville, l'approche d'un grand centre se fait sentir. Quelques maisons de plaisance entourées de pins, d'oliviers, d'amandiers s'élèvent au bord de la route non loin des rives du Tirse. Un pont de sept arches nous fait traverser le fleuve; bientôt une belle avenue bordée d'arbres, de trottoirs, de jardins soignés, de maisonnettes bâties en cubes de terre cuits au soleil, laisse voir la ville à son extrémité.

Bien que populeuse et la troisième ville de Sardaigne, Oristano ne possède pas une auberge tolérable. Un compatriote, M. Collomb, conservateur des hypothèques, nous offrit l'hospitalité. Quelle bonne fortune que pouvoir serrer une main du pays, si loin de notre chère Savoie! Quel bonheur de causer de nos montagnes en buvant d'excellente vernacia à la santé d'amis communs !

Le lendemain matin, à quatre heures, nous étions en voiture ; celle-ci hermétiquement close, pour nous faire échapper à l'influence des marais de Palmas et des étangs que nous allions côtoyer.

Au sortir de ces bas-fonds, nous traversons Uras, petite bourgade triste et sale. Puis nous gravissons une rampe et atteignons un plateau élevé, situé entre Pabilonis et Forru. Sur la droite, beaucoup plus bas, se déroule la vaste plaine de Campidano, qui touche aux deux golfes d'Oristano et de Cagliari.

Le sol redevient pierreux et buissonneux, mais reste sans arbres. Nous suivons à mi-côte les premières assises des hauteurs qui s'élèvent graduellement jusqu'aux montagnes d'Isili.

Une colline rocheuse, la seule qui s'y rencontre, coupe transversalement le campidano et le divise en deux parties à peu près égales, dont l'une s'incline du côté d'Oristano, l'autre vers Cagliari ; cette colline est le mont Réale, qui a des eaux thermales appréciées des modernes, comme elles l'étaient des anciens, et que couronnent les belles ruines d'un château fameux dans l'histoire de Sardaigne.

Nous arrivons à San-Luri, bourg important que dominent les restes d'un ancien château fort, qui joua également un rôle dans les luttes sanglantes du moyen âge.

Des hauteurs de San-Luri la vue est splendide : un cadre immense, où, en s'abattant sur la plaine, le regard rencontre d'abord San-Gavino, situé au pied du mont Réale ; puis Villa-Cidro, bâtie sur les dernières pentes du Linas; puis Samassi, dont le territoire est baigné par la rivière de ce nom ; enfin les villages de Serramanna, de Villa-Sor, de Decimo-Mannu et d'Utah, s'eloignant de plus en plus.

Le voisinage de la capitale commence à se faire sentir ; la terre est mieux cultivée, les maisons sont plus blanches, plus élégantes, les cours plus propres. Des bouquets de palmiers ombragent les habitations. Autour des *popolati* reparaissent les clôtures de cactus. Nous franchissons la zone boisée, parsemée de villas qui font les délices des Cagliaritains ; puis l'entrée rocheuse et pittoresque de Monastir, joli village adossé au dernier gradin du mont Oladiri.

A partir de là jusqu'à Sa-Rocca, ainsi que les paysans nomment encore Cagliari, on ne voit plus de maisons et presque pas d'arbres : c'est une plaine féconde, bien cultivée, riche en céréales. Enfin quelques oliviers, quelques pins, quelques dattiers, un château moderne au centre d'un olivetto, et nous touchons à l'entrée de la ville.

La nuit tombe, les chevaux sont mis au pas ; nous jouissons à loisir de l'aspect original du faubourg de Stampace. La voie est mal pavée, bordée à droite et à gauche d'une file interminable de maisons basses, étroites, à façade en pignon, formant ainsi une longue garniture de festons aigus.

Absolument pareilles, ces maisons n'ont toutes qu'un rez-de-chaussée. Une première chambre, éclairée par la porte, qui est toute grande ouverte, donne sur la rue ; (les autres pièces sont en enfilade). Une alcôve, une commode sur laquelle sont rangées tasses et cafetières ; des images de saints aux couleurs vives, une petite glace pendue au mur, beaucoup trop haut pour être d'aucun service, quelques chaises de paille ou de bois, meublent cette chambre. L'alcôve est garnie de rideaux rouges, ainsi que la porte qui permet au regard indiscret de parcourir l'enfilade.

Véritables maisons de cristal, ces habitations, comme le voulait le philosophe grec, laissent voir aux passants jusqu'aux actes les plus intimes de la vie, sans que les gens qui les habitent paraissent s'en douter le moins du monde, tant ils y sont à l'aise,

La capitale de la Sardaigne a plus de cinquante mille âmes et ne possédait pas une seule auberge, il y a quarante ans. Aujourd'hui elle a deux hôtels : la *Concordia* et le *Progresso*; nous choisîmes celui-ci et n'y fûmes pas trop mal.

Assise au flanc d'un rocher appelé Sa-Rocca, d'où elle baigne ses pieds dans le golfe qui porte son nom, Cagliari a une physionomie particulière. Son mode de construction, les mœurs de ses habitants, les antiquités qu'elle renferme en font une ville des plus curieuses. Elle ressemble, dit M. Delessert, à une de ces décorations d'opéra échelonnées à dessein sur des plans successifs, pour que l'œil n'en perde aucun détail.

Au bas de la ville se trouve le port, qu'une muraille isole complétement des rues. A droite, vers l'ouest, sont des étangs salins, aux formes régulières. Une île plate occupe le centre du plus grand de ces bassins ; quelques pêcheurs l'habitent ; mais, excepté pour eux, le séjour en est mortel : il suffit à l'étranger, que la chasse y attire, d'y passer quelques heures en toute autre saison qu'en hiver, pour contracter une fièvre des plus graves. Une langue de terre sépare les étangs du golfe, et dessine la rade jusqu'aux montagnes qui vont finir au cap de Pula, célèbre par sa nécropole et ses ruines antiques ; à gauche, la pointe du croissant est formée par le cap Carbonara; tandis qu'au sud de Cagliari, la colline de Bonaria, semée des ruines d'anciennes fortifications, divise le golfe en deux bassins et porte le phare et la tour des signaux.

Entre la ville et les montagnes qui sont au couchant du golfe, s'étend la partie la plus riche et la plus populeuse du Campidano. Huit grands villages, parmi lesquels il en est de sept mille âmes, et dont le moins considérable a quinze cents habitants, animent cette vaste plaine qui se rattache à la mer par les salines. Au nord, les montagnes d'Isili et de Lanusei ferment l'horizon ; au couchant, celles de la province d'Iglesias ; enfin au sud, la rade et la pleine mer.

Je ne saurais imaginer un panorama qui réunisse à un tel degré, l'étendue, la richesse et la grâce aux accidents de terrain les plus variés, les plus pittoresques.

Quatre grands quartiers composent Cagliari : la Marina, Villanova, Stampace et le Castello. Celui-ci occupe le sommet du rocher ; c'est la ville aristocratique, celle des fonctionnaires et de la noblesse. De grandes murailles sombres, qui serpentent parmi les toits des rues inférieures, l'entourent complétement. Le palais du roi, la cathédrale, le musée, le théâtre, l'académie, les promenades, les tribunaux, les prisons, les bureaux, les casernes, les consulats y sont enfermés.

Dans la ville basse, au midi, s'étend la Marina qui entoure le port. Stampace est à l'ouest, Villanova est au levant. Une large rue, d'une montée assez raide, appelée La Costa, relie Stampace au Castello par de nombreux zigzags. C'est là que le commerce élégant est concentré. Partie de la place du marché, cette rue débouche dans le Castello par une grande voûte ogivale, que garde un poste de soldats et une vierge vénérée, pieusement éclairée dans sa niche par une lampe perpétuelle. A certaines heures du jour la foule va et vient de la basse-ville au château et encombre littéralement La Costa, qui, aux yeux de tout bon Sarde, n'a pas d'égale au monde. La Marina y communique par plusieurs ruelles, également rapides, et par le curieux passage de l'Hôpital, passage qui renferme deux autels dédiés, l'un à la Vierge, l'autre à San-Antonio-Miracoloso. Les murs en sont revêtus d'ex-voto ; et de nombreux fidèles, pieusement agenouillés aux pieds de la Madone et du saint miraculeux, peignent bien le mélange des mœurs espagnoles et sardes qui frappe l'étranger dès son arrivée à Cagliari.

A l'un des tournants de la rue, une large porte, ouverte dans le mur d'enceinte, donne accès au quartier de Villanova, dont les constructions modernes et alignées ne présentent nul intérêt.

Quant aux rues étroites de la Marina et du Castello on les croirait transportées de Gênes, tandis que les balcons suspendus à tous les étages, pour ne pas dire à toutes les fenêtres, ainsi que les cordes jetées d'une maison à l'autre pour le séchage du linge, feraient croire au voyageur qu'il est dans quelque ville d'Espagne.

Le *balcone* joue un grand rôle dans la vie calaritaine. C'est du balcon, l'étage n'y fait rien, que toute jeune fille cause avec son *sposo*. Lui dans la rue, elle à sa fenêtre, ils confient à la muraille leur secret d'amour ; et celle-ci, porte-voix discret et fidèle, transmet exactement les doux propos de l'un à l'autre.

Où nous voyons aujourd'hui La Marina, s'élevèrent les premiers édifices de la ville, dont la fondation remonte à l'époque fabuleuse. Les Grecs l'appelaient ville d'Iolas ; les Carthaginois, qui la rebâtirent, la nommèrent Karali ; les Romains dirent Karales, Karalibus. Plus tard se fit l'inversion des dernières syllabes. Benoîte, fille de Guillaume de Massa, écrivait Kallari ; sa fille remplaça le K par un C ; et en 1236 on ne mettait plus qu'un L.

Ce fut sous le règne de Benoîte, qu'en dépit de l'opposition de cette princesse, les Pisans construisirent le château. Leur première occupation de la colline datait de quelques années ; ils y élevèrent trois tours (deux sont encore intactes) et les réunirent par des murailles. Les Aragonais, qui s'emparèrent de la place en 1326, en augmentèrent les fortifications ; et l'enceinte a fini par se composer d'un triple rang de murs, actuellement désarmés et délabrés. Elle n'a jamais entouré le Castello que de trois côtés : à l'est il est défendu par l'abîme. « Quelques maisons, dit La Marmora, auquel nous devons les détails précédents, surplombent la falaise qui a quarante mètres d'élévation verticale. »

Ainsi que nous l'avons dit plus haut, c'est entre ces murs que se trouvent les monuments de Cagliari : palais, écoles, prisons, cathédrale, etc. Un édifice, à la fois bien construit et d'un style imposant, y réunit les quatre facultés de droit, de théologie, de médecine et des lettres. Malheureusement les professeurs sont peu rétribués, les élèves peu nombreux ; l'émulation manque et les études sont faibles.

Outre les écoles, le palais universitaire renferme le musée, qui, dans son genre est l'un des plus riches du monde. Vrai musée national : l'histoire de la Sardaigne y est décrite en objets précieux, depuis les temps les plus reculés jusqu'à nos jours.

Les inscriptions phéniciennes, carthaginoises, latines et du moyen âge y sont rangées avec beaucoup d'ordre ; et la galerie des antiquités renferme des richesses de la plus haute valeur.

De fort belles médailles y représentent l'époque romaine ; deux surtout méritent de fixer l'attention. L'une, qui n'a pas moins de vingt-cinq centimètres carrés, est le congé d'un soldat sarde, natif de Cares ; elle est en bronze et a été gravée sous Nerva. L'autre, qui est de même nature, provient d'Ebbono, située dans l'Ogliastro.

Des vases cinéraires, en verre magnifique et absolument intacts, ne forment pas la partie la moins intéressante de cette riche collection, où abondent les monnaies, les scarabées, les poteries, de toute espèce ; les bagues, les colliers en verre peint, trouvés dans les hypogées de Tharros, de Pula et d'ailleurs. Mais ce qu'il y a de plus curieux, c'est la réunion des idoles : plus de cinq cents bronzes indigènes représentant des divinités phéniciennes ; œuvres naïves, parmi lesquelles on en voit cependant qui témoignent d'un art beaucoup plus avancé, bien qu'évidemment elles soient de la même époque.

C'est à Charles-Félix, alors duc de Genevois, que sont dus les premiers éléments de ce musée, qui possède en outre un cabinet d'histoire naturelle fort riche en minéralogie. Etant vice-roi de Sardaigne, le duc rassembla dans le palais quelques objets curieux; il les donna en 1806 à l'Université, et confia les collections naissantes à Léonard de Pruner, natif d'Augsbourg, venu dans l'île avec un régiment étranger à la solde du Piémont.

La cathédrale, bâtie sur l'emplacement de l'ancienne église pisane, produit fort peu d'effet. Une petite place à laquelle descend une rampe de pierre, ornée de deux lions, occupe en contre-bas le devant de l'église ; et l'édifice, étouffé par les maisons qui l'entourent, écrasé par l'Hôtel de Ville, dont la construction est massive, n'a aucun aspect monumental. Toutefois l'intérieur, bien que d'une architecture pesante, ne manque pas d'un certain cachet, et paraît avoir servi de type à la plupart des églises de Sardaigne. Le marbre y est à profusion, et des détails curieux, ou d'une beauté réelle, le rendent intéressant. Les sculptures qui ornent les chapelles latérales, surtout celles qui représentent Lucifer précipité du ciel, ont un véritable mérite. Trois larges perrons en beaux marbres, conduisent dans le chœur, qui est élevé de plus d'un mètre au-dessus du pavé de la nef. Une élégante balustrade en marbre rouge, tachetée de blanc, entoure l'escalier du milieu et s'appuie de chaque côté sur deux lions en marbre gris, qui dévorent des animaux et des hommes. D'après le comte de La Marmora, ces lions, beaucoup plus anciens que la balustrade, seraient l'œuvre des Pisans.

Bien que de dimension médiocre, le maître-autel attire le regard par sa richesse. La partie antérieure, formée d'un bas-relief représentant de saints personnages, le beau crucifix et les chandeliers que porte la table, sont en argent massif. Derrière la croix s'élève un tabernacle de trois mètres de hauteur, petite église couverte de colonnes, de statuettes, de feuillages, de moulures, et surmontée d'une résurrection; tout cela en argent comme le reste.

L'église actuelle ne remonte pas à plus de deux cents ans; elle ne fut même terminée qu'en 1703. Celle qu'elle a remplacée, et dont quelques vestiges font regretter la démolition, datait de la fin du xie siècle. Le style en était roman, d'une riche ornementation, à en juger par deux débris de murailles percées de rosaces, et par deux ambons de marbre, ornés de bas-reliefs qui représentent des scènes de la vie du Christ et de celle de la Vierge. Ces deux chaires, placées maintenant à gauche et à droite de la grande porte, devaient se trouver autrefois de chaque côté du chœur. Elles ont pour base des colonnes à chapiteaux rustiques, et pour lutrin un groupe composé d'une tête d'ange, de trois statuettes et d'un hibou. On sait que la lecture des épîtres et des évangiles se faisait du haut de l'ambon, qui généralement était une galerie, plus connue sous le nom de jubé.

Le palais du roi fait suite à la cathédrale ; l'aspect en est sombre et lourd ; on m'assura que l'intérieur ne valait pas mieux que la façade.

Deux anciennes tours pisanes, tours crénelées, carrées et massives, constituent les prisons. L'une de ces tours, bâtie en 1307, emprunte son nom à un petit éléphant de marbre blanc, posé sur une large console, qui est appliquée à l'une des faces latérales. Ne pas admirer la tour de l'Eléphant serait un crime aux yeux des Calaritains ; il est vrai que la construction en est fort remarquable. « Les joints y sont tellement parfaits, dit La Marmora, que l'édifice pourrait être pris pour un monolithe, sans les nuances diverses des pierres qui le composent. »

Toutefois, ce qu'il y a de plus intéressant dans l'extérieur de ce noble quartier, c'est la vue splendide que l'on a du bastion. Pas de plus beau coup d'œil que celui dont on jouit de cette jolie place carrée, dallée et plantée d'arbres. Une grande ligne, formant aussi promenade, entoure le Castello du côté de l'est et va se relier à un jardin public, de création récente, où la flore africaine étale ses richesses.

Un autre bastion adossé à la tour de l'Eléphant, domine Stampace et la partie occidentale du bassin de Cagliari. Outre le mérite de constituer de charmantes promenades, ces deux bastions rendent à la ville un immense service. Leurs casemates, devenues inutiles depuis que Cagliari a cessé d'être une place forte, ont été transformées en vastes réservoirs où s'accumule l'eau de pluie, et assurent ainsi l'abreuvage des habitants dans les cas de longue sécheresse. C'est qu'en effet Cagliari est totalement privé d'eau de source et ne possède que des citernes. Huit ou dix millions seraient nécessaires pour amener les eaux des montagnes voisines. La municipalité recule devant cette dépense, qui serait pourtant si féconde; elle n'ajouterait pas seulement au bien-être immédiat de la population ; elle améliorerait le port au point d'en faire un lieu de relâche préféré entre tous par les bâtiments de commerce, dont le percement de l'isthme de Suez peut augmenter le nombre au delà de toute prévision, et assurerait ainsi à la ville le plus brillant avenir.

CHAPITRE XIII.

Cagliari *(Suite).* — Le marché. — Stampace : la course des masques. — Les environs : le cirque ; la grotte de la vipère ; le bagne ; les salines. — Excursion à Pirri : une habitation complète. — Costumes des habitants du cap inférieur. — Retour par Oristano.

Sauf l'aspect général dont il a été question dans les pages précédentes, les rues de Cagliari offrent peu d'intérêt. J'y remarquai seulement des moines de tous les ordres, de toutes les couleurs. Il faut que les capucins y abondent, on en rencontre partout, chargés de la besace et qui vont quêter. Les mendiants, les aveugles, les estropiés y pullulent. Je n'ai vu que dans cette ville les confrères à robe lie de vin, qui, porteurs de statuettes pareillement vêtues, quêtent dans les carrefours pour les âmes du purgatoire. Les enterrements, faits à pas précipités par des pénitents noirs qui passent, le capuchon rabattu, en agitant des sonnettes, portant la bière sur leurs épaules, et précédés d'une large croix noire, ont quelque chose d'étrange et de sinistre. Ils rappellent les temps de peste du moyen âge, où de pieux chrétiens portaient ainsi les mourants et les morts au milieu de l'épouvante et de la consternation générales. C'est encore un de ces vestiges du passé dont la Sardaigne est remplie.

Le marché de Cagliari a dans l'île une grande réputation, non pas qu'il offre rien d'extraordinaire, mais l'absence de toute institution de ce genre dans les autres localités sardes, l'a rendu célèbre parmi les indigènes.

C'est à la lisière du faubourg de Stampace, sur une grande place couverte d'échoppes, que se tient ce marché fameux. Il est du reste bien approvisionné ; le poisson de mer, les légumes, la viande, le gibier, les étoffes y abondent, ainsi que le pain.

Nous avons dit qu'en Sardaigne chaque ménage avait sa boulangerie, d'où il résulte que l'industrie du boulanger n'existe pas ; toutefois, dans une ville dont la population flottante est nombreuse, les marchands de pain deviennent nécessaires, et il en arrive à Cagliari de toutes les communes voisines. Ils y apportent, avec les qualités courantes, un article spécial très apprécié des Calaritains ; c'est une sorte de pain noir, fait avec du miel, de la farine et des pignons. Je voulus goûter à cette friandise, qu'on nomme *pan dolce;* mais j'en fis bien vite présent à des gamins qui restèrent ébahis de cette largesse. Généralement ce sont les femmes qui, après avoir fait le pain, sont chargées de le vendre. Cette longue file de villageoises accroupies, chacune à côté de sa corbeille, ne manque pas d'un certain caractère ; mais ce qui donne au marché de Cagliari un véritable intérêt c'est la variété des costumes, parmi lesquels on remarque surtout celui des bouchers : bonnet et veste écarlate, ceinture en cuir brodé, juste-au-corps en cuir fauve, très souple, à coutures ornementales, avec agrafes et boutons souvent d'un grand prix. La corporation des bouchers a conservé là-bas une partie de l'influence qu'elle avait au moyen âge; elle est pour ainsi dire une puissance dans la ville.

Ce qui s'achète au marché est emporté dans des corbeilles rondes ou ovales, à bords élevés et faites en paille. Pour le moindre objet, une armée de *facchini* vient offrir ses services, ou plutôt exiger l'emploi des services d'un de ses membres, le transport des marchandises étant regardé par ces crocheteurs comme un droit qui leur appartient. Vous ne pouvez, du reste, vous soustraire à leur tyrannie sans blesser les convenances : pas un domestique qui se respecte, une femme surtout, ne voudrait porter un paquet.

Si les constructions du Castello et de la Marina ont le cachet espagnol, les maisons du faubourg de Stampace, ces maisons basses et sans fenêtres, dont la porte est grande ouverte, ont bien le caractère sarde, principalement dans les rues qu'habitent les meuniers, et où l'on voit des quantités d'ânes occupés à tourner la meule.

Stampace a deux parties, l'une plate, l'autre montueuse. La première est, dit-on, construite sur l'emplacement de l'ancienne cité romaine ; elle est traversée par la rue la plus large et la plus plane de toute la ville, rue qui peut avoir un kilomètre de longueur et qu'on appelle *Strada d'Yenne*. Souvenir reconnaissant donné par Cagliari au marquis d'Yenne, l'un de ses vice-rois, dont l'administration intelligente et paternelle a encore augmenté l'affection qu'on porte dans l'île aux hommes de la Savoie. Une grande place, entourée de maisons assez propres et de pauvres magasins, relie Stampace à la rue de Sa Costa qui y débouche par une porte en ogive, percée dans le mur d'enceinte. Plantée d'arbres dans un de ses angles, cette place est le rendez-vous des oiseaux du quartier. Quelques boutiques volantes de marchands d'oranges, de ferraille, de bric-à-brac, etc. y sont établies. La tour de l'Eléphant, le palais de l'Université, les bastions dominent cette place et lui donnent un caractère spécial. Au milieu s'élève une ancienne colonne militaire, surmontée d'un globe et posée là en 1822, lors des premiers travaux de la route royale, qui, de cette borne, va au quai de Porto-Torrès. La rue d'Yenne est le commencement de cette grande voie, dont la longueur est de deux cent trente-cinq kilomètres. Elle-même descend de la partie haute de Stampace, où elle porte le nom de *Corso* ou de rue Saint-Michel, à cause d'une église dédiée à cet archange, et près de laquelle elle passe. C'est alors un chemin à double pente, dont l'une est assez raide; chemin inégal, pavé de mauvais cailloux, large de six mètres, sur environ deux cent cinquante de longueur, et où, pendant le carnaval, se font des courses d'un genre particulier. Des cavaliers masqués (de trois à six à la fois) se tiennent embrassés, partent au galop, et doivent arriver à l'autre bout de la rue, sans s'être écartés, ni sans avoir ralenti leur allure.

Il est trois heures : l'affluence est considérable, les tambours annoncent le départ, la foule se range, et anime les cavaliers par ses cris et ses applaudissements. Les fers des chevaux, arrachés par les cail-

CHAPITRE XIII.

loux et lancés avec une extrême violence, atteignent jusqu'au troisième étage, et vont frapper les spectateurs dont regorgent les fenêtres et les terrasses des toits. Les bandes se succèdent, reviennent par d'autres rues et recommencent jusqu'à la nuit. Pour les étrangers, l'impression est celle de la terreur; pour les indigènes c'est un enthousiasme, qui naguère allait jusqu'au délire. La suppression d'un égoût et d'autres améliorations faites à la rue, ont diminué l'attrait de ces courses et leur ont nui en raison même de la diminution du danger.

Parmi les nombreuses églises disséminées dans la ville, où l'on n'en compte pas moins de quarante-sept, il n'y a guère que San-Elena (quartier de La Marine) qui mérite d'être citée; elle est curieuse par sa vaste coupole et ses clochers en forme de minarets. Quant aux autres elles se font peu remarquer. Toutefois les jours de fête elles deviennent, ainsi qu'ailleurs, le centre d'une vive animation; et pétards, fusées, tambourins, flageolets, sol jonché de fleurs, mouchoirs aux couleurs voyantes en guise de drapeaux, se retrouvent à Cagliari comme dans le plus petit village; rien n'y manque, pas même les *confetti* et les *dolci* malsains.

La ville parcourue, nous allâmes faire quelques promenades à l'extérieur. Le premier jour ce fut du côté de la route qui nous avait amenés; nous voulions revoir les abords de Cagliari dont la nuit tombante nous avait empêchés de saisir les détails, et qui méritent une attention particulière.

A deux kilomètres de la ville, la route est bordée d'arbres régulièrement plantés; et des bas-côtés, ménagés avec soin, protégent les piétons contre un danger que l'absence à peu près complète des voitures doit rendre extrêmement rare. A peu de distance de cette avenue, au milieu d'herbes et de cactus, s'élèvent des rochers bizarrement creusés, qui sont évidemment d'anciennes grottes sépulcrales. En passant derrière ces blocs nus, élancés, aux formes étranges, on embrasse du regard toute la ville de Cagliari, ses tours, ses fortifications et sa rade, vus au delà d'un premier plan désert. Des pyramides naturelles, rongées par le temps, se trouvent repoussées à une grande distance et prennent un aspect fantastique.

Tout près du spectateur, derrière un pli de terrain, se cache l'un des rares monuments antiques de Cagliari : un très beau cirque dont, suivant M. Delessert, la partie restée debout rappelle l'amphithéâtre d'Argos par l'ordre et la disposition de ses gradins ; seulement au lieu d'être appuyé à la montagne comme en Grèce, l'édifice est placé dans un fond. Les ruines en sont assez bien conservées pour donner une idée de ce qu'étaient les arènes romaines. Les *vomitorium* et les corridors par lesquels arrivaient les spectateurs, sont toujours reconnaissables. Quelques vestiges de canaux font supposer que l'on donnait également dans ce théâtre des naumachies, si recherchées des Romains.

Parmi les nombreuses cellules que renferme la colline, et dont on aperçoit les ouvertures de la route, il en est une fort remarquable. C'est la grotte de la Vipère, ainsi nommée à cause de deux serpents sculptés sur le fronton, où ils se déroulent en allant des extrémités vers le centre. Au milieu du tympan, qui est fort endommagé, il y a eu trois rosaces, aujourd'hui presque invisibles. Les colonnes, l'entrée, les ornements de l'architrave et deux petits autels, placés sous les serpents, sont également très *frustes*; cependant, à gauche et au-dessous de la grotte, on reconnaît un *colombarium* à plusieurs niches destinées à recevoir des ex-voto et parfaitement conservées. Au fond du vestibule que forme l'entrée de la grotte, une ouverture pratiquée dans la muraille, donne accès à la chambre funéraire, où se voyaient encore, il y a quelques années, des niches sépulcrales et des *colombaria* creusés dans le roc. Malheureusement on a fait de cette chambre une carrière ; et de tout l'intérieur il ne reste que le plafond. Mais le vestibule a été respecté, et les parois en sont couvertes d'inscriptions grecques et latines qui font le prix du monument.

La première de ces inscriptions nous apprend que ce tombeau était celui de Pomptilla Atilia ; une autre le confirme, et annonce que la grotte avait la forme d'un édifice religieux :

« *Quod credis templum, quod forte viator adoras,*
» *Pomptillæ cineres ossaque parva tegit,*
» *Sardoa tellure premor comitata maritum*
» *Pro que viro fama est me voluisse mori.* »

Ce que tu crois un temple, ce que peut-être, passant, tu adores, recouvre les cendres et les frêles ossements de Pomptilla. Je suis enfermée sous cette terre de Sardaigne avec mon mari, pour lequel on sait que j'ai voulu mourir.

« Au fond, dit La Marmora, qui les a soigneusement déchiffrées, toutes ces inscriptions roulent sur le même sujet, à savoir que Philippe étant près de rendre le dernier soupir, Pomptilla offrit sa vie pour racheter celle de son époux. Elle fut de suite exaucée et mourut sans douleur :

> « *Protinus in placidam delabi visa quietem*
> » *Occidit, ô celeres in mala vota Dei !* »

(Soudain on la vit défaillir et s'éteindre paisiblement. Oh ! dieux ! que vous êtes prompts à exaucer de mauvais vœux !)

Le mari qui parle ainsi de la mort de sa femme, après quarante-deux ans de mariage, exprime ses regrets de mille façons. M. Lebas, auteur d'un mémoire sur la grotte de la Vipère, traduit ainsi l'une de ces plaintes touchantes :

« Que tes cendres, ô Pomptilla, fécondées par la
» rosée, se transforment en un vert feuillage, où
» brilleront la rose, le safran parfumé et l'impéris-
» sable amaranthe. Puisses-tu devenir à nos yeux la
» fleur de la blanche primevère, afin qu'à l'égal de
» Narcisse ou d'Hyacinthe, objet de larmes éternel-
» les, une fleur transmette ton nom aux générations
» futures. Lorsque Philippe sentait déjà son âme
» abandonner son enveloppe mortelle, et que déjà
» ses lèvres approchaient du Léthé, tu te sacrifiais,
» ô Pomptilla, pour un époux expirant, et tu rache-
» tais sa vie au prix de ta mort. Ainsi un dieu a
» rompu cette douce union. Mais si Pomptilla s'est
» dévouée pour racheter un époux chéri, Philippe,
» vivant à regrets, demande avec ardeur à réunir
» bientôt son âme à celle de la plus tendre épouse. »

CHAPITRE XIII.

Ailleurs c'est un souvenir de leur vie commune ; elle l'avait suivi partout et dans de graves circonstances :

« *Urbis alumna, graves casus hujusque sccuta*
» *Conjugis infelices Atilia cura Philippi.* »

D'après une inscription placée au-dessus de la porte inférieure et déchiffrée par M. Lebas, ce tombeau ne renfermait pas seulement les cendres de Pomptilla ; mais encore les restes de son mari et de ses fils, même ceux des affranchis de la famille. Il aurait été élevé dans l'endroit où nous le voyons, par les enfants des deux époux, en souvenir d'un miracle qui devait avoir fait du bruit dans l'île, d'où probablement la forme du temple donnée à l'édifice.

M. Lebas présume que pour éterniser la gloire de Pomptilla, on proposa une lutte poétique à laquelle furent conviés les poëtes grecs et latins qui étaient en Sardaigne, et qu'on grava sur les murs de l'entrée du monument les compositions les plus remarquables.

Des promenades que nous fîmes ensuite, deux surtout nous intéressèrent : l'une aux salines et au bagne, l'autre à Pirri, où le marquis Cugia nous servit lui-même de cicerone.

Le bagne, placé à trois kilomètres environ de Cagliari, est dans la petite plaine qui relie les étangs salins du nord à la ville basse. Une route plantée d'arbres, au moins en partie, y conduit en longeant la grève. Naguère, entouré de marais et privé d'eau, c'était un endroit des plus meurtriers ; c'est, aujourd'hui, un lieu salubre, grâce au directeur, M. Gallo, ancien officier de marine, dont l'énergie égale l'intelligence.

Avec le seul emploi des galériens, force perdue jusqu'alors, il a desséché les marais, cultivé les terres, changé un désert malsain en jardins fertiles, creusé un puits, établi de vastes citernes, élevé des bâtiments spacieux, créé des industries lucratives, etc.

Les détenus ont tout fait, même préparé les matériaux ; et, depuis cette époque, le nombre des morts est tombé de quinze à trois pour cent.

Ce miracle d'intelligence, d'activité, d'habileté administrative a cependant failli devenir funeste à son auteur. D'une part, les bureaux du ministère se plaignirent d'irrégularités de forme dans les comptes et dans l'exécution des règlements ; de l'autre, les ouvriers de Cagliari, auxquels les forçats faisaient concurrence, demandèrent hautement la fermeture des ateliers. Les porteurs d'eau, qui fournissaient le bagne, furieux de perdre cette clientèle, proféraient des menaces de mort ; et les riches propriétaires du voisinage se lamentaient des bonnes routes que faisaient les galériens, sous prétexte que les maraudeurs en profiteraient pour venir ravager leurs récoltes.

Déjouant toutes ces menées, M. Gallo a su triompher de tous les obstacles, et atteindre le but hygiénique et moralisateur qu'il s'était proposé.

Dans plusieurs ateliers je rencontrai des Savoyards ; ils parurent heureux de voir une figure du pays, et j'avoue que je leur serrai la main avec émotion. Un entre autres m'intéressa vivement ; de grosses larmes roulaient sous ses paupières en pensant que, condamné à perpétuité, ses os ne reposeraient pas au

CHAPITRE XIII.

cimetière de son village. « C'est un brave homme, me dit le directeur, le plus brave de nos Savoyards, qui le sont presque tous ; il porte le bonnet vert et ne sera jamais gracié ; cependant il travaille avec ardeur, comme s'il avait une famille à nourrir, et me bénit de ce que je l'ai rendu à son ancien métier de tailleur de pierre. »

En voyant M. Gallo au milieu de ses forçats, on eut dit un père aimé et craint tout à la fois. J'appréciais d'autant mieux son mode d'action, que, moi-même, à la tête d'un pénitencier, j'avais appliqué sa méthode et en avais reconnu l'excellence. Un travail utile et suivi, *adapté au goût de chacun*, abandonné en partie à l'initiative du détenu, qui, alors, s'y intéresse comme à sa création, favorise la discipline. La grande bonté du directeur, son indulgence à l'égard des fautes que la légèreté excuse, jointe à la sévérité qui réprime énergiquement tout acte méchant ou réfléchi, assure et maintient l'ordre, fait observer les règlements et relève le cœur du détenu.

Chez M. Gallo, peu d'appareils d'intimidation, absence complète de formes hautaines ou tranchantes, de procédés autoritaires ; une familiarité commandant le respect, de bonnes paroles, de fréquents témoignages d'intérêt ; enfin l'assimilation du détenu à l'ouvrier libre, autant que le permet l'application du châtiment légal. Faire naître ou faire revivre chez ces êtres dégradés le respect de soi-même, leur donner conscience de la responsabilité personnelle ; éveiller en eux des sentiments de gratitude et d'affection, rendre à leur moral l'élasticité nécessaire pour concevoir et pour pratiquer le bien ; en un mot, en faire des hommes, non des victimes ou des machines, tel était le point de mire de M. Gallo, et il paraissait l'avoir atteint.

Après le bagne, nous visitâmes les salines. Trois vastes étangs et des bassins d'évaporation en composent l'ensemble. L'eau y est conduite par un large canal, au dernier étang, dont l'exploitation est confiée aux forçats. A l'aide de siphons, de petits canaux habilement combinés et de turbines mues par la vapeur, on la fait passer d'un étang dans les autres et on la ramène graduellement sur les points où l'opération doit s'achever.

Lors de notre visite, l'étang de la Palma venait de recevoir sa provision d'eau de mer, et des milliers de flammants, de canards sauvages, de poules d'eau, d'oiseaux aquatiques de toute espèce en couvraient littéralement la surface. Cette population y arrive dans les derniers jours d'automne, dès que les eaux ont été renouvelées; elle y reste jusqu'aux chaleurs, c'est-à-dire tant que la salure du bassin ne dépasse pas huit ou dix degrés. Dans les premiers jours de mai, toute la bande s'envole pour chercher des eaux plus douces, et ne reviendra qu'au commencement de novembre.

Quand les salines de Cagliari étaient exploitées par l'Etat, elles ne donnaient que trois cent mille quintaux métriques de sel par an; depuis que c'est l'industrie privée qui les exploite, leur produit a quintuplé; et, non-seulement avec les mêmes étangs, mais avec réduction de moitié sur l'ensemble des frais. Ces chiffres ont leur éloquence.

Nous revînmes à Cagliari par la route de Quartu,

qui mène à tous les gros villages du Campidano. Cette route, à ce que l'on dit, a été faite avec les fonds alloués pour la propagation de la vaccine, tant les vice-rois pouvaient administrer ce pauvre pays suivant leur bon plaisir.

Un dimanche, le marquis Cugia voulut nous faire les honneurs de Pirri, son village natal, village renommé pour ses excellents vins rouges et l'un des endroits les plus riches du Campidano calaritain. Les offices du soir n'étaient pas finis lorsque nous arrivâmes et déjà le joueur de zamponie était à son poste, préparant et accordant ses trois flûtes de jonc. En attendant la danse qui ne devait commencer qu'après la sortie des vêpres, nous entrâmes chez un riche paysan du bourg.

A Pirri, ainsi que dans les autres villages du Campidano, les maisons ne diffèrent entre elles que par leur plus ou moins d'étendue, suivant l'aisance du propriétaire. La demeure que nous visitâmes était donc pareille à ses voisines, seulement plus considérable. Une porte cochère monumentale, ouvrant sur la rue, y sert d'entrée à un grand espace entouré de bâtiments et de hangars. Deux puits occupent les deux extrémités de cette cour. Sur l'un des côtés s'étendent des caves où, à l'époque de notre visite, se trouvaient cent tonnes de vin, d'une contenance de mille à douze cents litres chacune. Au fond de la cour, un bâtiment, d'une faible profondeur, renferme le moulin, la cuisine et la *paneteria*, c'est-à-dire le four et l'endroit où l'on boulange, endroit garni d'une table de chêne sur laquelle on pétrit le pain, de tamis à passer la farine, de vases en terre, de bassins de pierre remplis d'eau, etc.

En face de ce bâtiment sont des hangars servant de remise pour les chariots et les instruments aratoires. C'est là également que se reposent les bœufs et les chevaux lorsqu'ils viennent au village.

Formant enfin le quatrième côté, vis-à-vis des caves, se trouve la maison d'habitation, composée seulement d'un rez-de-chaussée auquel s'appuie une large verandah, qui sert de promenoir. Les harnais, les habits de travail, les gourdes, les tamis, les corbeilles que l'on emploie pour le triage des grains, sont suspendues sous cette galerie.

L'appartement d'honneur, dans lequel on nous introduisit, se compose de deux pièces : la première, qui forme antichambre, n'a presque pas de meubles ; la seconde est ornée avec une certaine recherche. Un grand lit à baldaquin et à rideaux de mousseline, occupait le fond de celle où nous fûmes reçus. Les fenêtres avaient des volets et des vitres ; et le mobilier d'usage était à l'avenant : tables, guéridon, commode, chaises modernes, miroirs à cadre doré, images de saints aux vives couleurs ; sur la commode, les tasses à café de fondation ; et, dans un angle, le vieux coffre en chêne, fidèle dépositaire des trésors de la famille : argent, bijoux, vêtements et papiers. Les meubles bien époussetés, les murailles soigneusement blanchies à la chaux, donnaient à cet intérieur un air d'aisance et de propreté qu'auraient pu envier les plus jolies fermes de Suisse.

Les jeunes filles étaient à la danse ; le reste de la famille, originalement accroupi à terre ou assis, les

CHAPITRE XIII.

jambes pendantes, sur le banc de pierre de la verandah, riait et causait.

Des bœufs superbes, aux longues cornes, ruminaient dans un angle de la cour. A l'autre bout, deux *maiali*, porcs de race sarde ayant l'aspect farouche du sanglier, grognaient dans un coin; et le petit âne, heureux du dimanche qui le faisait participer au repos du bon Dieu, venait s'associer aux joies de la famille; la tête appuyée contre une colonne de la galerie, il semblait, en ami de la maison, écouter l'entretien et prendre part à la causerie de ses maîtres.

Il fallut absolument goûter le vin du cru; puis, sur nos vives instances, le chef de la famille sortit du coffre biséculaire, dont j'ai parlé plus haut, les richesses qui s'y trouvaient : bijoux d'or et d'argent, perles fines, satin et velours; une grosse dot enfouie dans ces hardes.

Avant de quitter le village, nous restâmes longtemps sur la place à voir danser. Le *ballo tondo* est une spécialité de la Sardaigne. J'en parlerai plus loin; notons seulement ici la remarque que me faisait le colonel Gallo, qui, en sa qualité d'officier de marine, avait parcouru l'océan Pacifique à plusieurs reprises. Il me disait avoir retrouvé chez les insulaires de ces régions lointaines, cette même danse, avec la même mesure, la même musique; et en outre diverses coutumes également chères à la Sardaigne.

Les habitants du cap inférieur, plus riches et plus civilisés que ceux du cap supérieur, ne portent pas la peau de bique ou de mouton. Leurs vêtements sont empruntés surtout au costume espagnol. Pour les hommes : un gilet à plastron rouge, bordé de noir, croisé sur la poitrine, orné de deux rangs de boutons en argent, fixés au drap par une chainette de même métal. Le bouton n'est lui-même qu'une pièce de monnaie d'une valeur plus ou moins grande.

Par-dessus le gilet, et garnie des mêmes boutons, se met une veste catalane en velours bleu ou en drap noir. Le pantalon est large et en toile blanche ; le jupon d'étoffe noire avec liséré de velours bleu, de soie ou d'écarlate. Egalement en drap noir, la guêtre est attachée sur le genou par une jarretière de couleur.

Les souliers sont bien faits et à large boucle d'argent. Le bonnet est noir, assez court, serré à la tête par un mouchoir de couleur ; ou bien il est rouge et a la forme d'une calotte grecque.

Une ceinture en cuir rouge ou violet, brodée de soie de couleurs diverses, de fils d'argent et d'or, serre la taille au-dessus du jupon, au moyen d'une boucle en argent.

La chemise, d'une blancheur éclatante, richement brodée, à col droit et raide, porté sans cravate, est fermée au cou par une jumelle de très gros boutons d'argent de forme ovoïde. Aux manchettes, mêmes jumelles, qui, plus petites, sont néanmoins de la grosseur d'un œuf de pigeon.

Des cheveux flottants et frisés, ou formant une longue tresse, qui, chez le danseur est pendante, mais habituellement relevée et disposée en couronne, complètent ce brillant costume.

La toilette des femmes est encore bien plus riche, toutefois lourde et sans goût : d'abord deux jupes de drap à larges plis serrés, surtout par derrière où ils forment tournure ; ensuite une bande d'étoffe étroite et longue qui embobine la taille ; par-dessus ce maillot, une espèce de corsage ; puis une veste flottante, à manches échancrées. Pour coiffure, une sorte de fourreau, dans lequel les cheveux sont emprisonnés, et qui s'attache sur le front par un large nœud de ruban. Un mouchoir, posé sur le fourreau, entoure la tête, le cou, et encadre le visage ; enfin, un grand châle recouvre tout cela.

Les jours ordinaires les étoffes n'ont rien de brillant et les pieds sont nus. Les jours de fête on met les bas, les souliers, les riches habits serrés dans le vieux coffre. C'est alors qu'apparaissent les jupons écarlates bordés de velours, de moire, de brocard d'or et d'argent ; les tabliers de soie, de velours ou de brocard, bordés de rouge ; les corsages en drap d'or, galonnés d'argent, ou bien en damas pailleté d'argent et rehaussé de galons d'or ; les vestes de velours noir ou bleu avec galons et larges parements de brocard d'or ; les fourreaux de tête en satin rouge avec nœuds de velours frangés d'or ; les grandes chaînes, formées de larges anneaux d'argent, qui retiennent le tablier et descendent jusqu'aux talons ; les colliers de boules d'or à plusieurs tours ; les épingles, les broches de formes diverses qui scintillent sur la chemise : tête de vierge, tête de saint en pierres précieuses, entourée de perles fines ou de rubis enchâssés dans l'or ciselé, travaillé à jour. Des boutons d'or et d'argent ferment les poignets ; une ceinture d'étoffe d'or, richement brodée, relie la jupe au corsage ; et, pendant la danse, le tablier baissé laisse voir la poitrine dont il découvre les ornements.

Les femmes du Campidano de Cagliari se rapprochent du type africain ; elles sont généralement laides et cette toilette écrasante ne les avantage nullement ; ce ne sont, en définitive, que des boutiques d'orfévrerie, où la dot s'étale avec plus d'ostentation que de goût.

Si le jour où nous y sommes allés il y avait eu grande fête à Pirri, nous aurions été témoins d'un genre de lutte bizarre, très en faveur dans le cap méridional ; lutte à coups de pied, dans laquelle se déploie un amour-propre terrible. M. Delessert, qui a vu ce singulier divertissement à Quartu, le jour de la fête des bœufs, en donne la description suivante : Les deux combattants sont placés vis-à-vis l'un de l'autre ; viennent alors deux amis qui les prennent sous les bras et qui les soutiennent complétement. « Les antagonistes se regardent avec attention pendant un certain nombre de secondes ; puis l'un des deux essaie une feinte avec le pied droit. L'adversaire profite de l'occasion et cherche à donner un coup, en prenant le défaut comme à l'escrime.

» A partir de ce moment les feintes et les coups véritables, lancés et parés fort habilement, se succèdent sans aucun répit. En somme on finit par se donner réciproquement d'affreux horions, dont les semelles ferrées des souliers sardes peuvent fort bien rendre les suites dangereuses. » D'après le comte de La Marmora, il y a eu souvent rupture de jambe. Toutefois, ajoute le célèbre auteur, cet étrange plaisir commence à être moins estimé.

CHAPITRE XIII.

Notre dernière soirée calaritaine fut passée au théâtre. On joua *Romeo et Juliette* d'une manière satisfaisante, et les bravos ne manquèrent pas à la prima donna, qui, néanmoins furent mélangés de sifflets. Ces derniers n'avaient rien de blessant pour elle ; c'était la suite de ce vieil antagonisme de race, qui, dans la capitale comme dans le reste de l'île, divise si profondément les indigènes et les fonctionnaires.

Le lendemain matin nous partimes à quatre heures. L'atmosphère était brumeuse, le froid assez vif. Bien enfermés dans le coupé de Calvi, nous n'eûmes pas à nous plaindre de cette course matinale ; mais il en fut autrement de notre pauvre cocher ; quatre mois après il souffrait encore de la fièvre qu'il avait contractée dans cette matinée humide.

Nous faisons halte à Sardara, puis nous gagnons Uras et les marais pestilentiels d'Oristano. Dans les étangs que nous côtoyons barbotent en paix des milliers de canards sauvages, protégés par la *malaria* contre les chasseurs du continent. Quant aux Sardes ils méprisent cette espèce de gibier.

Obligés de passer vingt-quatre heures à Oristano, nous pûmes visiter à loisir cette ville et ses environs. Il n'y a de vraiment beau que l'avenue dont j'ai parlé. En fait d'édifices, les seuls qui offrent quelque intérêt sont le collége des Sclopii, l'évêché, le séminaire, la cathédrale, où l'on remarque deux chapelles en marbre, chapelles modernes, et un clocher octogone, reste d'une église du XIIIe siècle.

Oristano a joué un rôle important dans le moyen âge; il montre avec orgueil les ruines de l'ancien palais d'Eléonore, la grande législatrice, dont le nom demeure attaché à l'une des phases les plus intéressantes de l'histoire de Sardaigne.

Des fortifications entouraient jadis la cité ; il n'en reste plus que trois tours pisanes et quelques débris d'épaisses murailles. L'une de ces tours, celle de San-Filippo sert aujourd'hui de prison ; la garde en est confiée à la milice citoyenne ; et rien de plus grotesque pour l'étranger que ces miliciens armés de mousquetons, ayant les pieds et les jambes nus, la chemise ouverte, une longue peau de mouton noire sur les épaules, et de grands cheveux luisants de graisse, flottant sous un bonnet sombre.

Les habitants d'Oristano et des environs sont d'ailleurs généralement laids et sales : un teint olivâtre, de grosses lèvres, un nez épaté, joints à une tenue débraillée, forment, on le comprendra facilement, un ensemble peu gracieux.

Les femmes ne sont pas mieux partagées que les hommes ; leur jupe courte, étriquée, et posée à l'extrémité des hanches de façon à laisser le buste à découvert le plus possible. Une chemise étroite, fendue par devant jusqu'à la ceinture, déguise mal les formes volumineuses de leur gorge. Un petit corsage, très décolleté, faisant la pointe au milieu de la poitrine, leur tient à peine sur les épaules ; et un simple mouchoir blanc ou de couleur est tout ce qui leur voile la tête.

Relativement à sa population, qui ne s'élève pas à six mille cinq cents âmes, Oristano est la ville la mieux pourvue d'églises de toute la Sardaigne. Elle en possède quatorze *intra muros* et une demi-douzaine hors des murs ; ce qui explique la quantité de prêtres, de moines, de séminaristes que l'on rencontre dans ses rues. Naguère il s'y joignait un nombre considérable de mendiants. « On trouvait dans cette ville, dit La Marmora, une collection complète, et sur une grande échelle, des figures les plus caractéristiques de la gueuserie. Il en arrivait de tous les environs : hideux mélange d'estropiés de toute espèce, de gens couverts de plaies et de maux de toute nature, de paresseux bien portants, à demi-nus, même aux trois quarts, noircis par le soleil, la fumée et la crasse. Ils se poussaient, se bousculaient pour arriver les premiers à l'aumône que l'on faisait ostensiblement à la porte de l'archevêché. J'en ai compté souvent jusqu'à deux cents à la fois. »

Depuis quelques années cela n'existe plus ; l'abolition des dîmes a fait cesser les aumônes publiques ; et les mendiants qu'elles attiraient ont disparu de la ville. Celle-ci, en même temps s'est nettoyée ; les fumiers séculaires qui obstruaient les carrefours et les places ont été enlevés et l'on a abattu les taudis qui constituaient les faubourgs.

Autour de la ville, les jardins sont l'objet de soins intelligents qu'ils payent au centuple ; mais il leur faut des arrosages copieux et soutenus, que, dans une contrée plate et dépourvue de ruisseaux, on obtiendrait difficilement sans le secours des machines. Une corde sans fin, à laquelle sont attachés des godets en terre cuite, est mise en mouvement par un treuil, muni d'une roue à engrenage que fait tourner un cheval aveugle. Ces godets vont sans cesse chercher au fond d'un puits l'eau qu'ils déversent tour à tour dans un grand réservoir, d'où elle est transportée directement par des rigoles sur les points qu'il faut arroser.

La forme des godets et la facture de la corde, qui est tout simplement composée de joncs marins et de feuilles de palmier tordus ensemble, est tout ce qu'il y a de plus primitif. Le système d'arrosage auquel appartiennent ces godets et cette corde remonte d'ailleurs à une très haute antiquité; on le retrouve sur les bords du Nil, jusqu'au fond de la Nubie, où il est employé depuis des milliers d'années, sans que là-bas, non plus qu'en Sardaigne, on y ait apporté la moindre modification.

D'Oristano à Macomer la route est longue, du moins elle le paraît. Pour tromper les heures je relus quelques notes que j'avais prises sur l'histoire de Sardaigne, à partir du vi^e siècle ; histoire attachante, ayant pour nous d'autant plus d'intérêt que nous venions de parcourir la région qui en fut le principal théâtre ; ce qui pourra servir d'excuse aux pages suivantes que j'extrais de mon journal.

CHAPITRE XIV.

La Sardaigne depuis le vi⁰ siècle jusqu'à nos jours.

Marcellus administrait la Sardaigne au nom de l'empereur Justinien. Il avait changé son titre de président pour celui de roi et gouvernait d'une façon tyrannique. Vivaient alors à Cagliari quatre frères nommés Gialetus, Nicolaus, Torquatus et Inerius ; tous les quatre savants dans les lettres, pleins de cœur et de patriotisme et puissants par leur clientèle. Ils devinrent l'objet de la haine du despote, qui, un jour, fit emprisonner Antoine, gendre de Gialetus. Le peuple indigné se souleva; Antoine fut délivré et tua Marcellus de sa propre main.

Porté au pouvoir par les Sardes, Gialetus partagea l'île en quatre provinces : Cagliari, Arborée, Torrès et Gallure (peut-être n'était-ce là qu'une ancienne division). Il se réserva la province de Cagliari et confia les trois autres à ses frères qui prirent le titre de Juge, alors synonyme de commandant. On sait que les lois de cette époque désignaient ainsi tout gouverneur d'une province de l'Empire, quelque fût son titre spécial.

Gouvernée sagement, la Sardaigne respira ; toutefois son repos ne devait pas être de longue durée. Les Sarrasins, qui avaient déjà fait une incursion sur ses rives en 709, revinrent deux ans plus tard et s'emparèrent de la région du sud. Parmi les trésors dont Cagliari était fière, se trouvait le corps de saint Augustin, apporté au commencement du vi^e siècle par l'évêque d'Hippone, lorsque le roi des Vandales avait exilé en Sardaigne tous les évêques d'Afrique. Sachant que les Sarrasins pillaient les églises, le roi des Lombards, qui désirait ardemment la glorieuse relique, en négocia l'acquisition ; et le corps de saint Augustin, vendu par les infidèles, fut transporté à Pavie. Gialetus ne supporta pas ce coup terrible : il en mourut de douleur. (La Marmora.)

Commença dès lors une guerre affreuse ; pas une guerre de conquête, mais des attaques sans cesse renaissantes de la part des Sarrasins ; un pillage perpétuel, et, à chaque invasion, tout à feu et à sang. Cela durait depuis un siècle, quand un message fut envoyé par les Sardes à Charlemagne pour lui demander protection. Le grand Empereur venait de mourir lorsque arriva l'ambassade ; et Louis-le-Débonnaire, en confirmant les dons que son père avait faits au Saint-Siège, ne trouva rien de plus simple que d'y ajouter le protectorat de la Sardaigne.

La situation resta la même ; les protégés ne furent pas secourus et l'ancien ordre de choses continua de les régir. Seulement des fonctionnaires indigènes ayant succédé aux fonctionnaires romains, peu à peu la Sardaigne redevint indépendante. Les juges, autrefois simples délégués de l'empereur, s'emparèrent du pouvoir ; et leur souveraineté, d'abord élective, devint héréditaire. C'est en 864 qu'ils apparaissaient pour la première fois revêtus d'une autorité personnelle, incontestée à la cour de Rome. Vico fait remonter le judicat souverain à une époque beaucoup plus ancienne ; Fara établit clairement qu'il se trompe. D'autre part, les Pisans voudraient placer l'origine de ce pouvoir à la date de leur arrivée dans l'île, ce qui est une erreur encore plus évidente. Sans en avoir soumis les habitants qui fuyaient devant eux, les Sarrasins avaient fini par s'établir sur divers points du littoral, d'où ils portaient le pillage dans les contrées voisines, et, au commencement du xie siècle, leur roi Muset vint se fixer à Cagliari.

Emu de cette nouvelle, le pape Jean XVIII, prêcha la croisade et promit la Sardaigne à qui la délivrerait des musulmans. Les Pisans furent les premiers qui arrivèrent ; ils chassèrent Muset qui ne tarda pas à revenir et qui exerça des cruautés inouïes. Gênes prit alors part à la lutte. Les Sarrasins furent battus une seconde fois et repartirent, laissant les alliés se disputer les dépouilles des Sardes. Quelques années après, les Maures profitèrent de ces querelles pour opérer une nouvelle descente. Ils firent un carnage horrible et s'emparèrent de presque tout le pays ; mais un dernier combat, où leur roi tomba aux mains des Pisans, amena leur défaite, et en 1050 eut lieu leur expulsion définitive.

La Sardaigne fut alors partagée entre les confédérés.

Il y avait déjà dix-huit ans que des chefs de l'armée pisane gouvernaient l'Arborée, la Turritanie et la Gallure, dont les juges héréditaires avaient péri en combattant les Sarrasins. La Marmora cite à propos de ces fins glorieuses une inscription touchante :

« Ici reposent Guillaume, juge de Torrès, qui pen-
» dant vingt-quatre ans soutint une guerre acharnée
» contre les Maures, et Janvier, son fils unique, qui
» mourut pour le peuple. La dame Suzanne, leur
» épouse et leur mère, avec de grands pleurs, et
» sans nul secours, leur éleva ce monument. Sans
» mari, sans enfant, sans royaume, elle vous engage,
» les yeux pleins de larmes, à implorer pour eux, de
» Dieu, la paix éternelle.

» De cette année de son deuil, et de la nativité du
» Seigneur, l'an 1022. »

Dans le partage que se firent les vainqueurs, après le départ des Sarrasins, les Sismondi eurent l'Ogliastra, les Visconti la Gallura ; Alghero fut aux Doria, la Montagne aux Malaspina ; enfin les Massa, les Spinola, les Gaetani et d'autres reçurent de vastes domaines.

Trois siècles et demi s'étaient écoulés depuis la première invasion des Maures, trois siècles de désastres : un dépeuplement énorme, partout des décombres. Ce que les Vandales et les Goths avaient épargné, ce qui, après leur passage, avait été restauré avait disparu. Plus de traces de Cornus, de Fausania, d'Osillé ; à peine un souvenir de Torrès et de Forum-Trajani. Les pierres de Tharros avaient été emportées par les habitants pour en construire Oristano, et la ville nouvelle n'avait pu être achevée.

Les nouveaux maîtres déployèrent une grande activité, surtout les Pisans ; ils exploitèrent les mines, construisirent des villages, des forteresses, de solides manoirs, où ils s'établirent. Bosa et Alghero furent rebâties ; Oristano fut entouré de murs. Les églises et les couvents se multiplièrent : en 1616, il y avait dans l'île quinze évêchés, deux archevêchés et un métropolitain. Pour expier leurs fautes, voire celles de leurs ancêtres, les juges faisaient de grandes libéralités aux monastères, ou étendaient les franchises ecclésiastiques. Ils promettaient de renoncer à leurs vices, retombaient dans le péché et se rachetaient par de nouvelles largesses.

Tout cela n'était pas fait pour ramener l'ancienne prospérité. La paix, d'ailleurs, n'était qu'illusoire. A chaque instant éclataient des luttes intestines : guerres entre les maîtres, querelles entre les vassaux. Le Pape voulait conserver sur les juges un droit d'investiture que Gênes et Pise lui contestaient.

Selon le degré d'opposition qui lui était faite, la cour de Rome combattait l'influence de telle ou telle des deux rivales, et les juges se déclaraient pour l'une ou pour l'autre suivant leur intérêt. En 1109, par exemple, celui de Cagliari affranchissait les Pisans de tout impôt et promettait à la ville de Pise un tribut annuel d'une livre d'or et d'un vaisseau de sel ; tandis que Comita, juge et roi d'Arborée, qui avait des prétentions sur la Turritanie, prodiguait ses dons à la cathédrale de Gênes pour obtenir l'appui des Génois. Alors, Baldavino, archevêque de Pise et primat de Sardaigne, excommuniait Comita, et le Saint-Père, ratifiant l'anathème, transférait au juge de Torrès le gouvernement de l'Arborée.

Cette fulmination, toutefois, produisit peu d'effet : Barison, successeur de Comita, n'en chercha pas moins à s'emparer, non-seulement du judicat de Torrès, mais de celui de Cagliari; ce qui l'entraîna dans une guerre sanglante avec les chefs de ces provinces. Il fut battu, chassé de sa capitale, et dut se retirer dans le village de Cabras, d'où il entama des négociations avec Gênes et avec Frédéric-Barberousse. Grâce à l'influence des Génois, et moyennant une somme considérable que ceux-ci lui prêtèrent, il fut nommé roi de Sardaigne par l'empereur, qui le couronna de ses propres mains dans l'église de San-Siro, l'ancienne cathédrale de Gênes.

En échange des services qu'il en avait reçus, Barison promit à la république d'être son homme lige et s'engagea à lui payer cent mille livres, plus une rente annuelle de quatre cents marcs d'argent, applicable à l'église de San-Lorenzo. Il devait en outre livrer à sa suzeraine les forteresses de Marmilla et d'Arcolento, et concéder cent maisons d'Oristano à des négociants génois. Mais les Pisans, ayant agi de leur côté auprès de l'empereur, firent révoquer cette concession. Les hostilités se rallumèrent entre Pise et Gênes, et les maux qui, depuis un siècle, désolaient alternativement la Sardaigne, se réunirent pour en accabler les provinces : guerre entre les juges, soutenus ou combattus tour à tour par l'une ou par l'autre des deux républiques; envahissements de pouvoirs, de terres, de places fortes par les protecteurs en échange de leur appui; usurpation de biens ecclésiastiques par l'autorité civile, et ingérence de la cour de Rome en vertu d'une suprématie fictive.

Ce ne fut qu'à la signature de la paix entre Gênes et Pise, treize ans après avoir reçu la couronne, que Barison rentra dans ses Etats. Il ramenait avec lui douze religieux du Mont-Cassin, assez instruits pour occuper les siéges épiscopaux et pour traiter des affaires à la cour impériale et devant les tribunaux romains. Chose alors difficile que de se maintenir entre le Pape et l'Empereur, et pour laquelle le savoir et l'habilité des Bénédictins ne suffisaient pas toujours.

Par les conditions du traité, le nord de la Sardaigne se trouvait sous la dépendance de Gênes, le midi sous la domination de Pise. Ni les uns, ni les autres n'étaient satisfaits du partage. Vers 1218, Lambert Visconti s'empara du gouvernement de Cagliari, dont Benoîte, fille de Massa, était judicesse. Benoîte en mourut de douleur. Elle avait épousé le juge d'Arborée, ce qui lui faisait réunir les deux couronnes. Se prévalant d'une cession qu'elle aurait faite de ses droits à leur république, les Pisans voulurent dominer l'île entière. Depuis un an ils occupaient la colline de Cagliari ; ils s'y fortifièrent et fournirent de l'argent et des hommes à Lamberto Visconti, qui avait des prétentions aux judicats de Torrès et de Gallure. Ayant réussi dans son entreprise, et voulant sceller la paix d'une façon durable, Lamberto fit épouser à son fils Ubald, l'héritière du juge de Torrès, qui, en outre du judicat, avait de riches domaines. Cette héritière, appelée Adélasie, était sœur de Barison, lequel avait été assassiné.

Sous prétexte de l'excommunication des assassins, le Pape envoya près du jeune couple un fin diplomate, nommé Alexandre, qui, par acte du 3 mars 1236, obtint d'Adélasie, avec consentement d'Ubald, la déclaration solennelle que, « pour le salut de son âme et la rémission des péchés de ses parents, » elle donnait au Saint-Siége tous les biens qu'elle possédait, tant dans l'île de Sardaigne que dans celle de Corse, à Pise, à Massa et autres lieux. L'année suivante, Alexandre concédait à Adélasie, de la part du Saint-Père, la souveraineté du judicat de Torrès, dont elle était en possession, prenait deux châteaux comme gage de la fidélité des deux époux, et faisait si bien, qu'en échange de l'investiture de leurs propres Etats, Adélasie et Ubald reconnaissaient tenir ces derniers du Saint-Siége, auquel, s'ils mouraient sans enfants, lesdits Etats devaient revenir. (Comte de La Marmora.)

Peu de temps après, Adélasie était veuve ; et les concurrents, qui se disputaient sa main, ramenaient la guerre dans ses provinces. Le Pape voulait qu'elle épousât un Guelfe de la famille des Foscari ; l'Empereur qu'elle eût pour mari Entius, un de ses bâtards, qu'il faisait roi de Sardaigne. Adélasie prit le bâtard, qui, après son mariage, l'enferma dans la forteresse de Goceano, où elle resta jusqu'à sa mort. Seul maître du pouvoir, Entius confia le gouvernement à Michel Zanche, mari de sa mère, puis alla en Italie se battre pour l'Empereur. Il fut vaincu, fait prisonnier, et mourut dans la tour de Bologne en 1272, après vingt-deux ans de captivité. Michel Zanche prit alors le titre de juge et fut tué par Branca

Doria, son gendre. Avec lui s'éteignit le judicat de Torrès.

Quelques années plus tard, celui de Gallure disparaissait également avec Giovanna, qui avait épousé un Visconti, et transféré ses droits à la famille de son époux ; d'où le titre de juge de Gallure que portèrent quelque temps les successeurs de Galéas.

Le père de Giovanna, qui fut en réalité le dernier juge de la province, est le Nino du Purgatoire de Dante, celui qui, en parlant de sa fille, laisse tomber ces paroles mélancoliques :

> « *Non credo che la sua madre più m'ami,*
> » *Poscia che trasmuta le bianche bende,*
> » *Le quai convien che misera ancor brami.* »

Il fallait le chantre de l'*Enfer* pour illustrer les sombres héros de cette époque ; et, parmi ceux qui, dans la *Divine Comédie* figurent au premier rang, un grand nombre appartiennent à la chronique sarde : Nino, Comita, Béatrix d'Est, Ugolin, dont l'évêque Ruggier a fait oublier les crimes, Zanche et tant d'autres.

Pendant ce temps-là Sassari, demeurée indépendante, agrandissait son territoire de la meilleure portion du judicat de Torrès, et formait une république assez respectée pour que Gênes traitât avec elle d'égale à égale. Deux conseils et un podestat, nommés à l'élection, constituaient son gouvernement. Cent citoyens composaient le grand conseil, dans lequel résidait l'autorité politique. La nomination aux emplois, l'administration des finances lui appartenaient, ainsi que le pouvoir législatif, sauf les cas d'urgence, où le podestat, prenant la dictature, n'était responsable que vis-à-vis du peuple. Le petit conseil, dit des Anciens, administrait en sous-ordre ; il était formé de seize membres, représentant les divers quartiers de la ville. Assisté d'un conseiller, d'un secrétaire et d'une force armée, le podestat exerçait le pouvoir judiciaire et le pouvoir exécutif. Des serments terribles l'attachaient à son devoir ; et ses actes, comme ceux de tous les fonctionnaires, étaient soumis périodiquement à l'examen des huit syndics de la cité, dont le contrôle s'étendait sur les comptes des administrateurs, les dépenses à faire, les propriétés communales et sur la boîte secrète où chaque citoyen avait la faculté de déposer ses plaintes ou ses observations.

Le podestat ne pouvait réunir le grand conseil que sur l'avis du conseil des Anciens. Il ne devait recevoir ni don particulier, ni présent national; toute opération de commerce lui était interdite ; enfin, il lui était défendu de porter la main sur personne, ainsi que de manger avec de simples citoyens, excepté dans les banquets publics.

La plus grande clarté régnait dans les comptes ; et les comptables ne pouvaient recevoir aucun présent. La surveillance des héritages laissés par les étrangers, morts sur le territoire de la république, était confiée au podestat. Une loi interdisait, même en temps de guerre, la confiscation des biens privés des ennemis ; et les corsaires étaient bannis comme pirates.

Si le podestat avait le pouvoir judiciaire, un jury appelé *corona*, composé de dix-sept membres au moins, et d'un nombre plus élevé suivant l'importance des affaires, l'assistait en toute occasion. Choisie par des citoyens d'une probité reconnue, désignés eux-mêmes par le grand conseil, la *corona* se réunissait trois fois par semaine pour les affaires ordinaires, une fois pour les causes d'un intérêt majeur. Celle des parties qui succombait en appel était frappée d'une forte amende.

Une loi spéciale régissait les courtiers de commerce ; elle leur défendait toute opération dans leur intérêt propre et les obligeait au secret à l'égard des affaires des tiers. Les voituriers et les bateliers étaient assujettis à un cautionnnement. Les hypothèques, autorisées seulement en vertu d'actes passés devant le podestat, devaient être publiées chaque année dans toute l'étendue de la République ; et les femmes ne pouvaient tester qu'en présence de leur père ou bien de deux parents.

Les lois pénales n'étaient pas moins remarquables : une simple amende punissait les conspirations contre la République. La peine de mort était réservée pour le vol qualifié, pour le meurtre, pour la fabrication de la fausse monnaie, pour les faux en écritures publiques commis par les officiers civils ou ministériels, enfin pour le viol des femmes mariées.

Si la torture, qui, à cette époque, était la base de la procédure criminelle en Europe, existait à Sassari, elle y était beaucoup moins cruelle qu'ailleurs, et limitée aux seuls cas de vol et de meurtre. Enfin, toutes les peines recevaient une notable diminution lorsqu'elles s'appliquaient à des femmes.

Parmi les lois de police on peut citer celle qui

prescrivait d'avoir une garde citoyenne pour veiller sur les terres pendant la nuit ; ce fut l'origine du baracellat. Citons encore la loi qui défendait de porter des armes dans toute assemblée tumultueuse ; celle qui interdisait les jeux de hasard et les réunions nocturnes pour la célébration des fêtes. Un statut fixait des heures différentes pour les bains des deux sexes ; un autre ordonnait aux femmes de toujours être occupées, ne fût-ce qu'à filer au fuseau.

Toutes ces dispositions étaient sans doute conformes au caractère national, puisqu'un grand nombre d'entre elles sont encore en vigueur et semblent avoir été faites pour les Sardes d'aujourd'hui.

Echappant, par la nature même de son gouvernement, à tous les maux qu'attiraient sur ses voisins les mariages et les querelles de leurs princes, la République était prospère, lorsque le Pape, mécontent de la ville de Pise, déclara celle-ci déchue de ses droits sur la Sardaigne, et transféra la puissance de l'excommuniée à Jacques II, roi d'Aragon. C'était en 1295. L'investiture n'eut lieu que deux ans après, sans que l'investi parût dans ses nouveaux Etats. Quand il voulut revendiquer ses droits, onze années plus tard, les Pisans, qui étaient sur leurs gardes, conjurèrent l'orage. Mais à peine don Alfonse, le frère de Jacques, eut-il été reconnu héritier présomptif, qu'il s'entendit avec Gênes et avec tous ceux qui, dans l'île, espéraient y gagner quelque chose.

Il réunit les plus vaillants barons de Catalogne, de Valence et d'Aragon, prit quarante galères, deux cent quarante autres bâtiments, débarqua avec toutes ces forces près d'Oristano et ouvrit les hostilités par le massacre de tous les Pisans qui habitaient la province.

Sassari alarmée, jura fidélité au vainqueur, y mettant pour condition qu'elle resterait indépendante, et qu'elle garderait ses franchises, ce qui lui fut accordé. Mais ayant réduit les Pisans à signer une paix désastreuse, don Alfonse oublia sa promesse, les Sassaritains se révoltèrent; il furent vaincus, obtinrent leur pardon, virent leurs maux s'accroître et se soulevèrent de nouveau quatre ans après.

Cette fois, non-seulement Génois et Pisans, mais beaucoup d'indigènes furent chassés de la ville et remplacés par des colons espagnols. L'année suivante, les bannis eurent la permission de rentrer dans leurs foyers, où les attendait, hélas ! une longue série de malheurs. Assiégée par les Doria, qui en dévastèrent les alentours, prise par Marian d'Arborée, dont elle subit la fortune, rendue aux Aragonais, reprise par un Doria, passée à Guillaume de Narbonne, Sassari fut définitivement cédée à l'Aragon en 1409, et paya elle-même le prix de la cession pour rester à la couronne, « aimant mieux être au roi qu'à un de ses feudataires. »

Il ne restait plus en face des Aragonais que le judicat d'Arborée. Les Pisans avaient été forcés de partir en 1326, Gênes était battue ; les séditions, fomentées par les Doria, les Malaspina et autres, avaient fini par être étouffées. Après sa dernière révolte, Alghero avait été dépeuplé, et avait reçu une colonie aragonnaise et catalane, d'où l'usage du catalan qu'on parle encore dans cette ville et presque entièrement pur.

Dans le principe, ne voyant là qu'un moyen de combattre la suprématie des Pisans, les juges d'Arborée avaient chaudement soutenu l'Aragon ; puis la froideur était venue, et le roi ayant refusé de livrer à Marian la place d'Alghero qu'il lui avait promise, détenant en outre Jean d'Arborée dans la forteresse de Goceano, se fit de Marian un ennemi implacable.

La guerre, toutefois, n'éclata qu'à l'instigation du Pape, qui, très irrité de voir don Pedro solder ses troupes avec des biens d'église et de couvent, offrit à Marian l'investiture du royaume de Sardaigne. Quatre ans plus tard, la guerre se généralisait. Les mécontents, réunis sous la bannière du juge, battaient l'armée aragonaise, qui perdait son général et un grand nombre de chevaliers. Cette victoire, toutefois, n'était pas décisive ; la lutte continua, mêlée pour chacun de succès et de revers, et Marian fut enlevé par la peste au moment où la garnison de Cagliari, aux abois, lui demandait des vivres et des munitions.

Son fils, nommé Hugues lui succéda. Plein d'énergie, et ne cachant pas sa haine pour les Aragonais, le nouveau juge eut bientôt l'occasion de reprendre les hostilités. Louis d'Anjou, ayant été adopté par Jeanne de Naples, veuve du dernier roi de Majorque, s'en autorisa pour prétendre à la couronne des Baléares, que possédait une branche de la maison d'Aragon. Il expédia des ambassadeurs au roi de Castille, à celui de Portugal, et au juge d'Arborée pour solliciter leur appui. Hugues ne demandait qu'à entrer en campagne, il accorda son concours ; mais le duc d'Anjou ne tint pas ses engagements.

Toutefois, revenant à son projet, le duc envoya

l'année suivante une nouvelle députation en Sardaigne ; l'histoire en est curieuse. Après avoir été assez mal reçus à Bosa, les ambassadeurs arrivèrent à Oristano, où on les fit attendre à la porte et loger à l'auberge, comme de simples mortels. Enfin on vint les prendre et on les conduisit devant le juge. Ils le trouvèrent sur une espèce de lit de repos, dans une chambre de petite dimension, qui, de même que la couchette, n'offrait aucune espèce d'ornement. Ce juge, d'après le rapport des ambassadeurs, était un fier sauvage qui n'entendait rien à la politique européenne. « Il regardait tout traité comme sacré, dit le
» rapporteur, ne sachant pas qu'il y en a sur l'exé-
» cution desquels personne ne compte ; traités qu'on
» fait avec ses amis pour obtenir du secours, et
» d'autre part avec ses ennemis pour se passer du
» secours des alliés, et se dispenser de leur en
» fournir. » C'était ainsi que le duc n'avait pas tenu ses promesses.

Hugues d'Arborée, qui avait été de bonne foi, accueillit les députés par ces mots :

« Je suis très mécontent de votre maître ; c'est
» un parjure. N'est-il pas indécent que le fils d'un
» roi ne tienne pas ce qu'il a promis ? Le roi d'Ara-
» gon m'a aussi envoyé des ambassadeurs pour traiter
» de la paix ; mais je n'ai pas seulement voulu les
» voir. »

Les apostrophés répondirent par des explications qui, suivant eux, justifiaient leur maître ; ensuite ils annoncèrent de la part de celui-ci, qu'il lui était né un fils le 7 octobre 1377, et qu'il les avait chargés d'en offrir la main au juge pour sa fille Benedetta

Ils ajoutèrent que le roi de Castille avait demandé cet enfant pour la petite-fille du roi d'Aragon, afin de réconcilier ce dernier avec le duc d'Anjou. Beaucoup d'autres puissants princes avaient fait la même demande pour leurs propres filles ; mais c'était au juge d'Arborée que le duc d'Anjou donnait la préférence.

Le juge n'était pas même compté parmi les princes d'Europe ; aux yeux des rois d'Aragon, ce n'était qu'un aventurier et qu'un rebelle. Il n'en répliqua pas moins : « Cette proposition n'est de votre part
» qu'une nouvelle fourberie ; par elle-même elle est
» dérisoire. Votre fils n'a pas un an et ma fille est
» nubile. Je prétends la marier de mon vivant et
» voir ses enfants, qui seront ma consolation et ma
» joie. Quant à vos excuses, peu m'importe. Que
» chacun de nous fasse ses affaires sans toutes ces
» allures frauduleuses. Les Aragonais et les Catalans
» sont mes ennemis ; je leur fais la guerre avec hon-
» neur depuis quatorze ans, tant pour mon père que
» pour moi, sans autre assistance que celle de Dieu,
» de la Vierge, de mon droit et de mes Sardes ; je la
» continuerai sans autre secours. Je ne trompe per-
» sonne et on ne me trompe pas deux fois. Que les
» princes se dupent les uns les autres, puisque ce
» jeu les amuse ; je ne veux d'alliance avec aucun
» d'eux.

» Que votre maître songe donc, non à donner à
» ma fille un enfant pour mari, mais à me dédom-
» mager de l'inexécution de ses promesses ; sinon
» j'en porterai mes plaintes à tous les princes et à
» tous les peuples du monde, non pour implorer leur

» secours, mais pour faire connaître ce duc tel qu'il
» est, et pour que toutes les puissances de la terre
» sachent comme il se joue de la foi des traités. »

Le lendemain, les ambassadeurs, mandés chez le juge, trouvèrent dans la cour une foule de gens du peuple, parmi lesquels étaient des prêtres, des moines, des domestiques et un évêque. Mêlés à la multitude ils virent, au bout d'un temps assez long, paraître l'évêque-chancelier, assisté d'un notaire, du podestat et des grands officiers. L'évêque s'adressant à la foule lui dit : « Bonnes gens, vous êtes assem-
» blés pour connaître l'infidélité du duc d'Anjou, et
» cela en présence de ses nouveaux ambassadeurs.
» Voici le traité dont vous avez entendu la première
» ambassade jurer solennellement l'exécution dans
» l'église de Saint-Marc. Voici la dépêche du duc :
» elle renferme l'aveu formel de l'inexécution de ce
» traité, avec de nouvelles promesses qui ne seraient
» pas moins mensongères. Voici enfin les paroles
» que M. le Juge répond à toutes ces fourberies;
» elles sont écrites de sa main : « Duc, j'ai vu tes
» ambassadeurs; ils m'ont fait part de tes faibles
» excuses, et te porteront ma réponse. J'ai pris la
» précaution de faire enregistrer dans ma chancellerie
» toutes les pièces échangées. »

Lecture faite de ce billet, l'évêque dit aux ambassadeurs qu'ils eussent à se retirer le jour même dans leur navire; que c'était de la sorte que le juge leur donnait congé. (Extrait par M. Gaillard du manuscrit de la bibliothèque royale. Cité par Mimaut.)

Cinq ans après cette réponse, Hugues était frappé mortellement par des conjurés dévoués aux Aragonais, et voyait tuer à côté de lui Benedetta, sa fille unique.

Les conjurés, qui avaient soulevé le peuple, espéraient lui faire prendre pour juge le fils encore enfant d'Eléonore, sœur aînée de Hugues, à laquelle appartenait le pouvoir. D'autre part, afin de diviser les forces, ils poussaient à la république ceux qui ne voulaient pas d'une régence. Mais Eléonore se mit à la tête des troupes, et marcha contre les rebelles qu'elle eut bientôt vaincus.

Pendant ce temps-là, Brancaleone Doria, son mari, alla se soumettre au roi d'Aragon. Celui-ci, effrayé des succès d'Eléonore, retint Doria en otage. La judicesse tourna alors ses armes contre les Aragonais et le fit avec non moins d'habileté que de bravoure.

Depuis deux ans elle soutenait la lutte avec avantage, lorsque les deux armées se rencontrèrent près de San-Luri. Appelée auprès de son fils qui était malade, Eléonore quitta le combat. Les Sardes plièrent et firent d'énormes pertes. L'échec était complet, quand la judicesse vint reprendre le commandement, et changer la défaite en une victoire éclatante.

Peu de temps après, Eléonore signait avec l'Aragon une paix avantageuse, non-seulement pour l'Arborée, mais pour toute la Sardaigne. En vertu de ce traité les actes des officiers du roi devaient être chaque année soumis à un contrôle solennel afin d'en réfréner l'arbitraire.

Malheureusement, cette paix ne tarda pas à être rompue ; la préférence donnée par le roi à Violente Carroz sur Brancaleone, dans la succession au fief de Chirra fit recommencer la guerre. Ce fut Doria qui, cette fois, conduisit les troupes ; il souleva Sassari, puis la Gallure, et porta ses armes victorieuses sur différents points de l'île.

Tandis qu'on se battait dans les autres provinces, Eléonore rédigeait la *Carta de Logu*, c'est-à-dire Charte du Lieu, « vaste code à la fois civil, criminel et rural, » aussi remarquable par la simplicité et la clarté de ses dispositions, que par leur nature et leur objet.

Promulguée le jour de Pâques 1395, cette Charte locale est restée digne de l'étude des juristes de notre siècle. Elle a été adoptée, par les gouvernements successifs de l'île, comme base de la législation sarde, et un grand nombre de ses articles sont restés en vigueur jusqu'à ces derniers temps. L'un d'eux prescrivait à tout propriétaire de marquer son bétail d'un signe particulier; un autre organisait dans chaque localité une compagnie d'hommes de choix, ayant pour mission de veiller à la sûreté publique. En cas de procès, chacune des parties devait présenter par écrit ses moyens de défense, et le tribunal en écouter la lecture *auditu parte*. Les juges étaient choisis parmi les plus notables des citoyens que l'on désignait sous le nom de *probi uomini*. On appelait de leurs décisions devant la *Corona di Settimana* qui se réunissait une fois par semaine, comme son titre l'annonce, et se composait de magistrats pris dans les tribunaux, auxquels s'adjoignaient d'autres hommes d'une probité reconnue. Enfin la *Corona di corte*, formée des conseillers du prince, nommés sages de la cour, avait entre autres obligations, celle d'appeler trois fois par an tous les membres de l'ordre judiciaire pour se faire rendre compte des méfaits commis et de l'état des procédures. Les feudataires eux-mêmes devaient faire connaître les magistrats de leurs fiefs pour qu'en matière de justice, la surveillance du souverain pût s'étendre jusque sur les terres inféodées.

Tout individu coupable d'injures était tenu de prouver son assertion, faute de quoi il était puni d'une amende proportionnée à l'insulte. S'agissait-il de l'épithète dont Molière a été prodigue, l'amende au contraire était de vingt-cinq livres quand l'insulteur faisait la preuve du fait, et diminuait des deux cinquièmes s'il ne pouvait y parvenir. Délicatesse toute féminine qui mettait, dit M. Mimaut, l'honneur des femmes sous la protection de l'intérêt, et reconnaissait qu'en pareil cas le mensonge est moins coupable que la vérité.

La charte d'Eléonore établissait la communauté de biens entre époux, mariés sans constitution de dot, et faisait régner dans les successions la plus parfaite égalité entre les enfants, à quelque sexe qu'ils appartinssent. Passée dans les mœurs, cette égalité n'a pas cessé depuis lors d'exister en Sardaigne. Les notaires étaient tenus d'avoir un registre protocole pour l'enregistrement des actes publics, et pour celui des droits auxquels donnaient lieu les actes judiciaires.

La conservation de la race chevaline, son amélioration ; la chasse au faucon, réservée à la noblesse ; la chasse aux bêtes fauves, délice des Sardes, alors comme aujourd'hui, sont, dans la *Carta de Logu*, l'objet de dispositions particulières, ainsi que la garde des vignes et celle des terrains clos.

Ce code prévoyant, « chef-d'œuvre de raison » comme on l'a qualifié, renferme cent quatre-vingt-dix-huit chapitres, et joint à la sagesse du fond l'élégance de la forme. « Il est écrit en dialecte du Logudoro, langue harmonieuse, expressive, mélangée d'italien, d'arabe, d'espagnol et de latin, dont elle a gardé plus de mots, peut-être, que pas une de ses sœurs, bien qu'elle en ait conservé moins que toute autre la formation grammaticale. » (La Marmora.)

« Ainsi, ajoute l'auteur du *Voyage en Sardaigne*, la gloire littéraire vient compléter les autres gloires d'Eléonore. Elle aimait les lettres et les protégeait ; la langue italienne était cultivée à sa cour ; et malgré ses nombreux travaux, malgré l'agitation du milieu où elle vivait, elle fit rechercher les œuvres historiques et littéraires qui se trouvaient dans l'île, et prit soin de les réunir. »

Eléonore d'Arborée mourut de la peste en 1403, après vingt ans de règne. « Princesse incomparable » elle n'est pas toutefois la seule héroïne dont les Sardes aient gardé le souvenir. « La femme forte de l'Ecriture, » dit une inscription des environs de Torrès, « a été trouvée dans Vérina, fille du juge To-
» mita, laquelle a bien vengé Artémius, son époux,
» mort en combattant les Sarrasins. Ceux-ci étaient
» battus ; mais ils revinrent. Alors la vaillante Vé-
» rina, la nuit, toute seule, rencontra douze infidèles
» habillés en chiens, qui marchaient en silence (*qua-*
» *drupedando non latrantes*). Les ayant reconnus
» tandis qu'ils battaient les pierres pour avoir du feu

» et incendier nos tentes, elle en tua deux, puis
» appela et mit le camp en émoi ; les infidèles furent
» attaqués par le centre, où il en périt deux mille.
» Pour l'éternelle mémoire de la dame Vérina, les
» Turritains lui ont dédié ces lignes en l'an 1000 du
» Seigneur. »

Un demi-siècle avant cette date, le juge d'Arborée, faible d'esprit (*non sanu*, dit le texte), voyait les Sarrasins dévaster Tharros, sa capitale. « Pour quelle
» faiblesse de règne, continue l'historien, sa sœur
» Aristana, femme de grande capacité et de grand
» cœur, fut appelée à gouverner avec lui. Cette noble
» fille d'Opert, aussi belle que savante, d'un juge-
» ment si profond, d'une science si haute, ajoutent
» les différentes chroniques, a fondé la ville, qui, de
» son nom, est appelée Aristang » (depuis Oristano), où quatre siècles plus tard régnait Eléonore.

« Tharros, elle-même, avait eu pour fondatrice la
» fameuse Tharra, venue la première en ce lieu
» avec des Phéniciens qui ne voulaient pas obéir à
» Solao. »

Les chroniqueurs disent encore, en parlant d'Osilla : « Ville orgueilleuse de ses lois, de ses
» écoles, de ses jeux, de ses victoires, de ses
» maîtres en l'art d'écrire ; orgueilleuse d'avoir vu
» naître Aléna, sa grande reine, laquelle eut à sou-
» tenir de nombreuses guerres avec les Olbiens, dont
» le roi Nixo la voulait avoir pour femme. »

Mais revenons à l'Arborée. Eléonore fut remplacée par son fils, qui la suivit de près dans la tombe. Il y eut alors deux compétiteurs au titre de juge : Brancaleone, père du défunt, et le vicomte de Narbonne, époux de Béatrix, sœur cadette d'Eléonore. Sur ces entrefaites, le roi de Sicile débarqua à Alghero ; il y fut bientôt rejoint par son père, le roi d'Aragon, que protégeait l'antipape Benoît, et qui arrivait avec une nombreuse armée. Les deux rivaux s'unirent contre l'ennemi commun qu'ils attaquèrent dans la plaine de Sanluri. Ils furent vaincus : cinq mille de leurs hommes restèrent sur le champ de bataille ; le vicomte dut s'enfermer dans le château de Montréale. Quant au roi de Sicile, la chronique rapporte que, séduit par la beauté des Sanluriennes, il voulut trop jouir de sa victoire et qu'il ne tarda pas à mourir des suites de ses débauches.

Les Arboréens prirent alors pour chef le petit-fils de Béatrix ; puis, mécontents de leur prince, ils élurent à sa place un riche citoyen, nommé Cubello. Celui-ci, battu par les troupes royales, renonça au judicat, et reçut en échange les titres de marquis d'Oristano et de comte de Gocéano (1410). Toutefois, ce ne fut que dix-huit ans plus tard que l'Arborée passe définitivement à l'Aragon par la cession qu'en fit Alfonse V, Pierre de Tinières, frère utérin de Guillaume de Narbonne, qui lui avait légué ses droits sur cette province.

La lutte ne fut pas terminée pour cela ; comtes et marquis la firent renaître. Nous voyons l'armée du roi vaincue en 1470, malgré le canon dont elle était munie, et qui, pour la première fois, tonnait dans l'île. Mais après de nouveaux combats, soutenus avec avantage, le marquis d'Oristano, ses frères, ses fils et le vicomte de Sanluri furent complétement défaits sous les murs de Macomer. Dans leur fuite ils furent saisis par des Aragonais, conduits à Valence et emprisonnés dans le château de Xativa, où ils moururent misérablement. Les titres de marquis d'Oristano et de comte de Goceano furent dès lors pris par le roi, et les domaines qui s'y rattachaient relevèrent de la couronne.

Il y avait déjà une cinquantaine d'années que les Cortès siégeaient à Cagliari comme à Saragosse. Depuis cette époque, en dehors de la lutte avec l'Arborée, le gouvernement avait rencontré peu d'opposition. Les Sardes avaient cru à une ère de bonheur et s'étaient dévoués au souverain qui la leur faisait entrevoir. Ils ne lui avaient refusé ni hommes, ni argent pour ses guerres contre Tunis, contre la Toscane, contre le duc d'Anjou, son compétiteur au trône de Naples. De même ils l'avaient soutenu contre les rebelles, « arrosant de leur sang, dit La Marmora, leurs champs dévastés, et uniquement pour changer de fers. »

Mais le roi était trop loin et l'arbitraire de ses délégués amena la déception. Touché de la triste situation de l'île, Juan II prit quelques mesures en sa faveur. Il interdit la création de nouvelles servitudes et voulut qu'il n'y eut pas d'entraves à la vente des denrées. Il défendit aux seigneurs d'acheter sur les terres de leurs vassaux au delà du strict nécessaire, et créa un tribunal d'appel. Enfin, il accorda à la Sardaigne tous les droits et les priviléges de ses autres Etats.

Ainsi qu'en Espagne, les Cortès y étaient formées de trois ordres : le premier, dit ordre ecclésiastique, comprenait le haut clergé : évêques, abbés, prieurs et chapitres des cathédrales. Le second ordre, appelé militaire, se composait des seigneurs, des nobles et des chevaliers. Le troisième, qualifié de royal, réunissait les députés des villes et des villages non inféodés. La réunion des trois ordres constituait la *corte* ; celle d'un ordre seul était nommée *stamento*. Les résolutions des Cortès obligeaient l'île entière ; celles des *stamenti* ne devenaient obligatoires que pour l'ordre des citoyens qui les composaient. Les unes et les autres devaient dans tous les cas être revêtus de la sanction royale. Au *stamento* militaire était confiée la mission de les faire respecter, et de représenter les besoins de l'île au monarque dans l'intervalle des sessions. L'ouverture de ces dernières se faisait dans la cathédrale de Cagliari, en vertu d'un ordre royal, et sous la présidence du vice-roi. Chaque *stamento* se réunissait ensuite dans un lieu distinct pour délibérer sur les affaires qui lui étaient soumises.

Trois sortes de fonctionnaires, désignés moitié par le président, moitié par les *stamenti*, étaient adjoints au parlement : les *abilitatori*, qui vérifiaient les titres des nouveaux venus; les *provisori*, qui examinaient les plaintes dressées contre les officiers du gouvernement, et les *trattatori*, dont la mission était de répartir entre toutes les provinces les impôts que, sous le nom de *donativi*, le parlement était tenu d'offrir au roi. Sauf quelques légères modifications, le code d'Eléonore demeurait en vigueur, et s'appliquait à toute la Sardaigne. Enfin, de sages mesures furent prises successivement, tant par les *stamenti* que par le roi, pour soulager le peuple et pour faire naître le progrès. Ainsi les bœufs et les instruments aratoires furent soustraits au séquestre sous Ferdinand le Catholique. Un *maestro di carità*, ayant le titre de père des orphelins, fut institué sous Philippe II. A la même époque, les Cortès obtinrent du Pape que les dignités ecclésiastiques, les bénéfices et les abbayes fussent réservés aux Sardes. Philippe III décida que les impôts ne seraient perçus qu'après la récolte. Il ordonna le rétablissement des ponts et des chemins, encouragea la fabrication du drap; obligea tout possesseur de terrain clos à planter vingt-quatre mûriers par an; imposa à chaque seigneur l'obligation d'entretenir quinze juments poulinières; força les habitants des lieux où croissent les oliviers sauvages à greffer annuellement dix de ces arbres, et les seigneurs de ces lieux à construire des moulins à huile. Il affranchit de tout droit les articles de provenance étrangère, vendus dans les premiers jours de leur débarquement; il institua dans la capitale une milice composée de bons citoyens, et fonda l'Université de Cagliari, à laquelle les membres des Cortès abandonnèrent spontanément ce qu'ils touchaient pour siéger à la Chambre.

CHAPITRE XV.

Histoire de la Sardaigne : suite et fin. — Du xv° siècle à nos jours.

Dès le xve siècle, Cagliari possédait une imprimerie; dans le siècle suivant, l'évêque d'Oristano fondait celle de Sassari, et l'évêque de Bosa en établissait une dans cette dernière ville.

Philippe IV s'occupa surtout de l'agriculture. Il institua dans chaque commune un censeur agraire, chargé de la surveillance des magasins publics, où chacun pouvait mettre ses grains en dépôt, et sous le titre de *Regente di toga*, il établit près de la couronne un représentant spécial des intérêts de l'île, avec mission de les défendre.

Tout cela n'empêchait pas la misère de grandir, ni les fléaux de s'abattre sur le pays : peste en 1528 et en 1540; famine et mortalité du bétail; puis retour de la peste qui, de 1652 à 1656, décima les habitants.

Sous Charles II, quelques bonnes mesures furent encore édictées dans l'intérêt de l'industrie et pour réprimer divers abus judiciaires et administratifs. Mais les officiers royaux étaient loin de répondre aux intentions du maître; et bien que le Parlement eut obtenu d'adjoindre au *regente di toga* un régent de cape et d'épée, second représentant des intérêts sardes auprès de la couronne, les meilleures lois restaient lettre morte.

Après le décès de Charles II, la Sardaigne reconnut Philippe V et ne souffrit pas tout d'abord de la guerre de succession. Mais, en 1704, le marquis de Villasor et plusieurs autres, jaloux des faveurs accordées au marquis de Laconi, soulevèrent le peuple à propos de l'arrestation de quelques seigneurs qui avaient conspiré pour l'archiduc, et la guerre civile éclata ; elle fut atroce, surtout dans la Gallure.

Soutenus par les Anglais, qui bombardèrent Cagliari, les partisans de l'archiduc l'emportèrent. Philippe V essaya de descendre à Terra-Nova, mais les Autrichiens le repoussèrent; et, menacé par la flotte anglaise, il n'eut que le temps de se jeter dans le port de Gênes.

Le congrès d'Utrecht (1712), donna la Sardaigne à l'Electeur de Bavière, le traité, signé l'année suivante, la fit passer à l'Empire. Quatre ans plus tard, sous prétexte de se joindre aux Impériaux contre les Turcs, Alberoni fit débarquer une armée à San-Andrea, près de Cagliari, et en trois mois il reprit l'île entière. Toutefois, le traité de Londres (1720) rendit la Sardaigne à l'empereur, qui, le même jour, la céda à Victor-Amédée en échange de la Sicile, dont la Savoie avait été mise en possession par le traité d'Utrecht.

La Sardaigne, qui, sous les Romains, avait eu deux millions d'habitants, n'en comptait plus alors que trois cent soixante mille, et passait ruinée à son nouveau maître. Si bienveillants que les rois d'Espagne se fussent montrés pour elle, le mauvais état de leurs finances avait été plus fort que leur sollicitude. Pour se procurer des revenus, ils en avaient aliéné les sources : les impôts sur les denrées alimentaires et autres marchandises avaient été abandonnés aux communes ; les pêcheries du thon cédées au duc de Pascua pour trois cent trente mille écus ; ainsi du droit de pêche dans les principaux étangs. Les vassaux enrichis s'étaient tournés contre le roi ; celui-ci, pour s'assurer l'appui des villes, avait accordé à ces dernières de nombreuses immunités au grand dam, non-seulement des campagnes, mais du Trésor ; et, à bout de ressources, il en était venu à payer ses dettes par l'octroi de nouvelles faveurs. Ceux qui alors avaient supporté double charge n'avaient trouvé d'autre moyen que d'entrer dans la classe des privilégiés ; d'où cette nuée de titres, dont fourmille la Sardaigne, et qui aggrava la misère du peuple. (La Marmora.)

Les princes de Savoie montrèrent pour leurs nouveaux sujets autant et plus de bon vouloir qu'en avaient eu les rois d'Espagne : Victor-Amédée renonça au don de joyeux avénement, que, d'après la loi du royaume, les *stamenti* étaient tenus de lui offrir, et il réglementa la police intérieure. Sous Charles-Emmanuel III, l'agriculture, le commerce, les lettres, la sécurité publique, tout ce qui peut concourir à l'accroissement de la population et au bien-être des habitants, préoccupe le pouvoir : les *Monte granatici*, tombés en désuétude, sont réinstitués ; la justice se régularise, un tribunal de commerce est fondé, l'administration municipale se forme, les universités sont rétablies, les hôpitaux dotés. La fabrication du verre et celle du drap sont encouragées, ainsi que la construction des étables et la clôture des champs. Un régiment national occupe les oisifs; les habitants de l'île de Tabarca, pris par les Turcs en 1744, sont rachetés et installés dans l'île Saint-Pierre, qui, alors déserte, est couverte aujourd'hui d'une population nombreuse.

La Sardaigne crut à une nouvelle existence; mais le progrès qu'elle devait aux lumières du comte de Bogino, ministre de Charles-Emmanuel, ne tarda pas à disparaître. Sous le règne suivant, le mauvais choix des fonctionnaires et la guerre malheureuse dans laquelle le roi s'engagea contre la République française, détruisirent le bon effet des mesures précédentes.

Satisfait de leur belle contenance en face de l'amiral Truguet, qui avait tenté une descente à Cagliari, Victor-Amédée III invita bien les Sardes à formuler leurs demandes; mais « des intrigues mémorables » neutralisèrent les intentions royales. Dans leur mécontentement, les Sardes chassèrent le vice-roi. Quelques années plus tard ils se révoltaient contre les feudataires, rasaient les châteaux, principalement dans le cap de Sassari, où la haine contre les féodaux était plus vive que dans les provinces du sud.

Néanmoins, lorsque Charles-Emmanuel IV eut perdu ses Etats du continent, trois députés des *stamenti* lui furent envoyés pour le supplier de se rendre en Sardaigne. Il y arriva en mars 1799, et fut accueilli avec un enthousiasme indicible : « L'impression fut telle que la vendetta en fut suspendue tout à coup et pendant quelque temps. » Déjà pareil effet s'était produit en 1792, lors de l'attaque de Cagliari par les Français. On vit à cette nouvelle accourir du fond de la Gallure les ennemis les plus irréconciliables; on vit ces hommes, couverts du sang de leurs parents respectifs, se tendre la main, se jurer au moins une trêve sincère et marcher côte à côte pour aller défendre cette ville d'où un arrêt de mort était lancé contre eux. (La Marmora.)

A part l'abolition de la torture et la fondation de quelques établissements, la présence du souverain n'apporta aucun changement dans la situation des insulaires; et lorsqu'en 1814, Victor-Emmanuel fut rétabli dans ses possessions de terre ferme, la Sardaigne se retrouva telle qu'elle était jadis.

Le paysan, même à l'époque de la conquête, n'avait jamais cessé de naître libre, et ne payait redevance que lorsqu'il était arrivé à l'âge de se suffire. Mécontent de son seigneur, il pouvait changer de lieu; mais cette liberté de changer de maître n'était que celle de la misère, et sa condition n'en était pas moins déplorable. Le sol, partagé par les rois d'Aragon à leurs vassaux, était resté aux vainqueurs : à l'exception de deux ou trois, toute famille féodale un peu ancienne était d'origine aragonaise, catalane ou castillane. Sur trois cent soixante-seize fiefs qui existaient à l'époque du rachat, époque toute récente, vingt-deux appartenaient au roi, cent quatre-vingt-huit à des Espagnols non résidents. Un seul de ces absents, le marquis de Quirra, en possédait soixante-seize.

Le conflit des juridictions et l'incohérence des lois

faisaient de la chicane une mine inépuisable, exploitée par de trop nombreux avocats : cent trois à Cagliari, quarante-cinq à Sassari. Le barreau jouissait de divers priviléges et suivait immédiatement les nobles; c'était la carrière la plus lucrative, toutefois après l'Eglise, également très nombreuse : trois archevêques, huit évêques, deux cent dix-neuf chanoines, deux cent trente-neuf bénéficiers; puis le clergé de près de quatre cents paroisses, et quatre-vingt-neuf couvents d'hommes, sans parler des missionnaires fixés à Oristano. Or, au départ des princes, la population n'était pas de quatre cent mille habitants.

A une dîme écrasante, aux corvées, à l'usure, aux procès, aux impôts s'ajoutaient les Barbaresques. Pendant le séjour du roi, les galères sardes avaient livré plusieurs combats à ces pirates, mais sans le moindre succès. Depuis trois siècles il en était ainsi. Charles-Quint était parti de Cagliari même pour la célèbre expédition dont on sait les désastres. Sous Philippe II, les côtes de Sardaigne avaient été pourvues de nombreuses tours destinées à les protéger contre les forbans. Philippe IV avait décidé dans le même but la création d'une flottille, et la piraterie n'en était pas moins active.

Ce n'était pas seulement la prise des navires et l'enlèvement des pêcheurs ; tantôt les corsaires fondaient sur l'île San-Pietro et y faisaient un millier de captifs des deux sexes, dont le rachat n'était obtenu qu'au bout de cinq ans, et grâce à l'intervention française ; tantôt c'était sur l'île d'Antioche : une partie des habitants étaient massacrés et les autres emmenés en esclavage.

Enfin la prise d'Alger mit un terme à cette désolation. « Conquête rédemptrice ; bienfait inestimable pour les riverains, dit La Marmora, surtout pour les Sardes, dont les conditions de sécurité personnelle et commerciale ont totalement changé depuis lors. »

C'était le prélude d'un changement plus profond qui allait ouvrir à la Sardaigne la voie féconde où se pressent les peuples modernes. En 1836, la juridiction féodale était supprimée. L'année suivante, on abolissait les corvées, y compris le transport des grains ; les fiefs étaient rachetés, et, en 1839, le vice-roi était placé directement sous la dépendance du gouvernement royal.

Cette organisation n'en laissait pas moins la Sardaigne sous le régime exceptionnel des colonies ; et une réforme libérale ayant eu lieu en Piémont, elle demanda à participer aux mêmes avantages. Tout lui fut accordé ; puis il y eut délai dans l'exécution, et les esprits s'aigrirent. L'influence de Gênes, hostile au gouvernement de Turin, se fit sentir dans les villages. On était en 48 ; l'esprit révolutionnaire avait pénétré dans l'île. Ennemis de la propriété et de l'agriculture, les pasteurs se ruèrent sur les enclos, en abattirent les haies et les murailles, avec l'aide des femmes et des enfants. Le bétail fut mis dans les champs cultivés. Les vignes, les oliviers, les arbres à fruits furent arrachés, coupés ou brûlés. En quelques endroits on jeta au feu les registres des contributions.

Dans les villes, l'agitation était extrême ; le plus

grand désordre régnait à Sassari ; et pas de soldats : la guerre avec l'Autriche les avait tous rappelés. On offrit au comte de La Marmora, qui avait passé de longues années en Sardaigne et l'avait profondément étudiée, le titre de commissaire extraordinaire, avec pleins pouvoirs. « J'acceptai, dit-il ; mais, sachant combien le gouvernement vice-royal était odieux aux Sardes, je ne voulus pas qu'ils pussent soupçonner que j'allais faire revivre cette charge impopulaire, détruite seulement depuis quelques mois. Je mis donc pour condition que je n'aurais aucun traitement spécial, et que je ne toucherais que la solde qui appartient à mon grade militaire. Je demandai quelques troupes, et les fonds indispensables pour faire marcher les services publics. Les deux premières demandes me furent accordées sans peine ; la troisième resta longtemps à l'état de désir. »

Le général arriva à Cagliari, le jour même où Charles-Albert abdiquait en faveur de son fils sur le champ ensanglanté de Novarre. Les caisses publiques étaient vides, au point que le nouveau gouverneur se trouva un jour n'avoir que quatre-vingts francs pour subvenir à l'entretien des soldats, à celui des galériens et des prisonniers, dont le nombre était considérable. Un complot fut tramé, qui avait pour but « de chasser les Piémontais, y compris le commissaire ; de remplacer celui-ci par le consul français et de se donner à la France républicaine. » Cela précisément à l'époque, ajoute La Marmora, où le Président envoyait des troupes à Rome pour y étouffer la république et pour restaurer le Pape. »

Néanmoins, le général, employant à la fois l'énergie

et la persuasion, put résigner quelques mois après ses fonctions exceptionnelles, et accepter celles de commandant général militaire qu'il conserva jusqu'en 1851.

CHAPITRE XVI.

Los Nuraghs.

Pendant ma course à travers les siècles, nous allions grand train dans cette province d'Arborée, témoin de tant d'événements et de tant de luttes. Calvi nous avait envoyé un relai ; et, traîné par trois chevaux mis en flèche, précédé d'un courrier, jeune gars aussi noir que sa bête, je me voyais sur le point de saluer les passants d'un air protecteur, tant je me sentais envahir par ce sentiment de suprématie vaniteuse que font éprouver, à qui les possède, chevaux, carrosse et laquais ; toutes choses que l'on ne méprise que lorsqu'on n'en peut pas jouir. Heureusement pour mes principes, quelques instants encore, et mon luxe de nabab allait disparaître.

Le soir au foyer hospitalier de Calvi, nous causâmes longtemps des espérances d'Italia avec d'anciens officiers de Mazzini et de Garibaldi, tous employés de la maison Beltrami. Par une transition naturelle, on en vint à parler des Sardes et de leurs coutumes, de leur amour pour les pèlerinages, des particularités que ceux-ci présentent ; puis des anciennes idoles, et enfin des Nuraghs, que nous avons maintes fois rencontrés et qu'il est temps de décrire.

Ces mystérieux édifices, à propos desquels Peyron, de La Marmora, Petit-Radel, Manno et tant d'autres ont discuté longuement, sans être arrivés à autre chose qu'à de simples conjectures, sont des cônes tronqués, de dimensions variables, atteignant, dans les plus élevés, une hauteur de quinze mètres.

A l'intérieur de ces tours coniques, se trouvent toujours une chambre centrale, souvent deux superposées, quelquefois une troisième formant un second étage. Toutes ces chambres, à voûtes ovulaires, sont ordinairement garnies de plusieurs niches pratiquées dans la muraille et symétriquement placées. L'entrée du monument, tournée du côté de l'est, à peu d'exceptions près, est en général très basse ; au point qu'il faut parfois se mettre à plat ventre pour la franchir. Après l'épaisseur de la pierre qui forme linteau, le conduit s'élève et permet de se redresser ; quelquefois il aboutit directement à la salle, quelquefois à une seconde porte, non moins basse que la première.

Entre ces deux portes, ou dans l'intérieur de la chambre, à deux mètres du sol environ, s'ouvre un corridor assez spacieux, parfois en escalier, le plus souvent, simple rampe, qui monte en serpentant dans l'épaisseur du mur et qui gagne le sommet de l'édifice.

Quand il y a plusieurs étages, un couloir latéral va de ce corridor aux chambres superposées, et traverse souvent le mur extérieur pour aboutir à une lucarne située au-dessus de la porte, c'est-à-dire au levant. Quelques meurtrières, simples fentes horizontales de quelques pouces, éclairent faiblement le corridor.

En divers endroits, l'édifice se complique; la grande tour, qui, en pareil cas, n'offre jamais moins de deux chambres, est flanquée de tours plus basses, construites sur le même modèle. Un mur, ceint les différentes parties de ce groupe ou les enferme. Souvent l'enceinte est composée d'une triple muraille; et si les trois rangs ne sont pas complets, ils existent devant la porte. Alors il y a plusieurs cours; les entrées, les couloirs, les chambres se multiplient. Dans le nuragh d'Ortu, dont la base, demeurée intacte, a permis de lever le plan avec exactitude, le rez-de-chaussée contenait dix pièces, sans parler des cellules de la chambre principale.

Parfois, les nuraghs multiples ont leurs salles inférieures en contre-bas; souvent, ils en ont de souterraines qui communiquent entre elles par des passages obscurs. Enfin, de longues galeries, faites également sous terre, relient quelquefois des édifices assez éloignés les uns des autres.

Près de ces constructions importantes, s'élèvent de petits nuraghs isolés, jouant pour ainsi dire le rôle de satellites.

Quelle a été la destination de ces curieux monuments, et qui a pu les construire? Leur antiquité est extrême; Petit-Radel la fait remonter au xve siècle avant Jésus-Christ; d'autres savants leur assignent une date plus ancienne. Les murs des nuraghs sont muets : « ni face d'homme, ni griffe d'animal, aucun symbole, aucune inscription. » La pierre dont ils sont composés, granit, calcaire, basalte, porphyre, grès ou quartzite, suivant les lieux, porte rarement la trace du ciseau, « ou plutôt du marteau, » dit La Marmora. Bâtis sans chaux ni ciment, avec des blocs généralement bruts, d'une grosseur qui est parfois de deux mètres cube, ils sont formés d'assises horizontales et régulières, ce qui les distingue de l'ordre cyclopéen proprement dit, et les rattache aux constructions asiatiques.

La position qu'ils occupent dans l'île ajoute son témoignage à cette marque originelle. Très multipliés en effet dans l'île sud, dans l'ouest et dans le cap supérieur, ils sont rares dans la partie orientale, d'où, selon toute apparence, l'émigration venue du levant fut éloignée par les Tyrrhènes. Enfin les quelques idoles trouvées sous la pierre de certains nuraghs portent les attributs des divinités phéniciennes. La forme du monument est, elle-même, celle du jardin d'Adonis, tel que le représente une ancienne médaille de Sidon.

Mais, à quel flot d'émigrants faut-il attribuer ces tours mystérieuses ? Les premiers colons furent-ils assez nombreux, assez habiles, pour élever des édifices de cette importance et d'une construction aussi savante ? Quelque bruts que soient les matériaux, et en raison même de leur nature, on ne saurait assez admirer, dit La Marmora, l'habileté avec laquelle on s'en est servi. L'inclinaison de la muraille, faite avec beaucoup d'art, la rectitude parfaite de l'axe du cône, la régularité des voûtes, l'alignement des pierres, leurs proportions décroissantes, toujours en rapport avec la hauteur des assises, l'harmonie de l'ensemble, la précision des détails, sont d'autant plus remarquables qu'on les a obtenus avec des éléments plus grossiers. Enfin, malgré l'absence d'ornements et la rudesse des matériaux, les constructeurs ont su, tout en gardant le même type, en varier les traits secondaires au point qu'il n'y a peut-être pas deux nuraghs absolument pareils.

On comprendra ce qu'il y a d'étonnant dans cette diversité en pensant au nombre de ces monuments qui existent encore en Sardaigne. Ce nombre a été évalué à plus de trois mille ; et le comte de La Marmora, qui a fait la carte du pays, croit que ce chiffre est au-dessous de la vérité.

Chose curieuse : de tous les émigrants qui s'arrêtèrent sur les rives de la mer intérieure, il semblerait que ceux qui s'établirent dans notre île furent les seuls auxquels appartînt le genre d'édifice qui nous occupe, au moins tel que nous l'avons décrit. On n'a pas trouvé de nuraghs aux environs de Carthage ni en Cyrénaïque ; et bien qu'en Sardaigne on en rencontre jusqu'au bord du détroit de Boniface, il n'y en a pas vestige en Corse.

Les talayots, qui sont des tours coniques de même nature, abondent, il est vrai, aux îles Baléares, où ils se trouvent également au sud et à l'ouest, ce qui annoncerait pour leurs auteurs et pour ceux des nuraghs un même itinéraire. Ces tours ne diffèrent des nôtres que par des caractères de second ordre ; et cependant, au milieu de la diversité de détails que nous avons signalée, aucun de ces caractères n'a trouvé place : il n'y a pas de nuragh aux Baléares et pas de talayot en Sardaigne.

CHAPITRE XVI.

Quant à l'usage auquel ces monuments ont pu servir, les archéologues sont encore plus divisés que sur la question d'origine. Forteresses, demeures, autels ou sépulcres, chacune de ces destinations a été l'objet de savants commentaires. Les orientalistes ont fait observer qu'en Phénicie le feu s'appelait *nur*, que les Persans le nomment toujours de même, qu'en arabe il se dit *nar*, en syriaque *nuroh*, en chaldéen *nurah*, et, d'après l'abbé Arri et quelques autres, le mot *nuragh*, formé des deux termes phéniciens : nur *(feu* ou *flamme)* et aghs *(allumé, ardent, pétillant)*, devait désigner un temple consacré au feu, première divinité des Orientaux.

Acceptant cette étymologie, ceux qui croient avoir affaire à d'anciennes demeures y trouvent la désignation du foyer domestique; et les partisans de l'idée de sépulture, l'indication de la lampe funéraire dont l'anneau resté à la voûte de la chambre inférieure dans les nuraghs de Sinis, de Cabras, de la forêt de Sénéghé, etc., démontre l'existence. La tradition, qui rapporte que dans les premiers siècles de l'ère chrétienne des momies occupaient les niches de ces chambres basses, est invoquée à l'appui de cette opinion.

D'autre part, on a remarqué que presque toujours il y avait des nuraghs sur les points culminants, d'où la supposition qu'ils étaient destinés à la défense du sol, que de leurs sommets les vedettes épiaient les mouvements de l'ennemi, et que de grands feux, allumés sur leurs plates-formes, étaient employés comme signaux de tribu à tribu; tandis que la partie non guerroyante des habitants se réfugiait dans l'édifice.

Les galeries souterraines qui, en divers endroits, font communiquer entre eux plusieurs nuraghs seraient alors expliquées. Toutefois, la quantité de ces tours qui se pressent dans certaines vallées, où elles n'ont pu servir ni pour les signaux, ni pour le guet, a fait combattre cette supposition.

Arguments pour et contre reposent néanmoins sur des données exactes, et les assertions qui en découlent ne paraissent peut-être contradictoires que parce qu'on les divise. Il est certain qu'on a découvert des cadavres dans quelques nuraghs, mais en petite quantité; c'est au pied de ces édifices, ou dans leur voisinage, que les ossements et les tombeaux se sont trouvés en grand nombre. Il est également certain que la situation des tours qui nous occupent, et leur position respective ne semblent pas être l'effet du hasard. Si parfois les groupes descendent jusqu'au fond des vallées, si en maint endroit la chaîne est rompue, soit que le temps en ait fait disparaître des anneaux, soit qu'elle prenne une direction qui nous échappe, ou qu'elle n'ait jamais été complète, l'ensemble n'en éveille pas moins dans l'esprit du spectateur l'idée d'un plan systématique.

L'appellation de l'édifice et l'importance que le radical de ce nom significatif a prise en Sardaigne, où il se rencontre à chaque pas, sont également frappantes. Quelques écrivains, il est vrai, lui prêtent pour origine le nom du fondateur de Nora et de son fils, qui, tous les deux, s'appelaient Noras; mais le nom de ces puissants chefs a pu, comme celui de Bélus, être emprunté au culte. Antoine de Tharros, qui donne cette étymologie, ajoute que les *noraghs*, étaient consacrés au soleil et renfermaient les tombes des chefs des pasteurs et des prêtres : « *ad more de ipsos Egyptia ki eriunt in Insula.* »

Maintenant encore, sur les confins de la Perse et de l'Inde, le feu sacré des Parsis brûle au sommet d'une pyramide tronquée, et s'appelle *Nuraks* : mot à mot, feu flambant. Pourquoi les nuraghs n'auraient-ils pas eu le même usage que cette pyramide, dont ils rappellent la forme, et pourquoi la destination religieuse aurait-elle empêché qu'on y déposât des morts, qu'on en fît, en cas de guerre, un poste de vigie, un point de défense et un asile? Sans être un monument funèbre, l'église a renfermé des tombes; on a fait le guet du haut de ses tours, ses murs ont plus d'une fois servi de refuge, et des prêtres ont demeuré dans son enceinte. Il est possible que les nuraghs aient eu ces divers emplois. L'île Minorque, où les talayots abondent, s'appelait *Insula nura.* Le talayot, dont les caractères sont les mêmes que ceux des nuraghs, paraît avoir eu une destination religieuse plus indiquée, et cependant le nom qu'il porte est le diminutif d'*atalaya*, qui signifie : *tour d'observation*. Nous pourrions enfin rapprocher ces monuments des pyramides tronquées du Mexique, pyramides dont la plate-forme servait aux sacrifices, et qui n'en étaient pas moins des sépulcres.

On sait les rapports qui, partout, ont existé entre les autels et les tombes. « A peine y a-t-il une différence entre le temple et le tombeau, » dit Guillaume Dupaix, en décrivant les édifices de Téopantépec, de Xamapa et d'ailleurs, grands nuraghs carrés avec l'escalier au dehors, ainsi que le présentent les talayots.

Un fait certain, avons-nous dit, c'est que de nombreuses sépultures se trouvent au pied des nuraghs, confirmant ainsi le caractère religieux de ces derniers. Entre toutes, se font remarquer celles qui portent le nom de Tombeaux des Géants, et qui se rencontrent surtout dans les environs de Macomer, de Bolotana, de Sedilo, d'Orani, d'Osieri, dans tous les endroits où abondent les tours coniques.

Il nous suffira de décrire une de ces tombes, située près de Pauli-Latino, pour montrer l'analogie qu'elles ont avec les dolmens et les cromlechs. Qu'on se représente un hémicycle de onze pierres : dix à plat, l'une à côté de l'autre, sans se rejoindre ; cinq à droite, cinq à gauche de la onzième qui est dressée. Celle-ci est travaillée avec soin et porte une bande, qui, s'élevant à un tiers de la hauteur, forme à la base un compartiment carré, au pied duquel est une ouverture également carrée, et bordée d'une bande soigneusement faite.

Cette ouverture, assez étroite pour ne permettre qu'à un enfant de s'y introduire, communique avec une fosse d'un mètre et demi de large sur sept de long, et recouverte de grandes dalles, que soutiennent d'autres pierres plates, fichées en terre de chaque côté du couloir. La direction de celui-ci est un peu oblique à l'égard de la stèle, dont la face est tournée à l'est, 10° sud.

Tous les monuments de ce genre que l'on rencontre en Sardaigne ont la même orientation, et leur longueur varie de cinq à dix mètres. On y a trouvé des ossements humains, des épées, des fers de flèche en bronze, parfois un squelette complet. Quelquefois deux morts ont été déposés dans la même fosse. « Où l'on en voit qu'un seul, dit le père Bresciani, le corps est d'une stature démesurée. »

Une pierre taillée en demi-cercle, et creusée au milieu, recevait la tête; espèce de chevet où l'on apercevait celle-ci du dehors par l'ouverture de la tombe. Cette ouverture était probablement fermée par une dalle qu'on levait au moment des libations et des offrandes, ou pour écouter les paroles des illustres dormeurs qui passaient pour rendre des oracles.

Ces tombeaux ont-ils suivi les nuraghs, ou les ont-ils précédés? « Si l'on considère la simplicité de leur structure, dit le père Bresciani, on les croit plus anciens; mais si l'on examine le cippe qui se dresse au chevet de la fosse, on voit qu'il est taillé au ciseau; parfois, les pierres latérales le sont également, tandis que celles des tours n'ont pas reçu pareil travail; et cela ferait présumer que les tombeaux sont postérieurs. »

Pour La Marmora, les *Pedras fittas*, ou pierres levées de Sardaigne, sont d'une antiquité plus haute que les nuraghs, de même qu'aux Baléares les menhirs et les cromlechs seraient plus anciens que les talayots, et il fait observer que les tombeaux des géants ont de l'analogie avec ces monuments primitifs. Il se demande s'il faut donner à ces cromlechs, à ces menhirs une origine celtique ou ibérique; et ajoute que, dans tous les cas, « leur érection est antérieure à la venue des émigrants plus civilisés qui bâtirent les nuraghs avec cet art admirable que l'on remarque dans la manière dont sont faits les détails de ces édifices. »

Mais tous les nuraghs ne sont pas construits avec autant d'art, et les tombeaux dont nous parlons n'offrent pas toujours la trace du ciseau. Il y a dans l'exécution des uns et des autres des différences considérables, différences de travail, d'habileté, de résultats obtenus, qui annoncent pour certains d'entre eux, l'emploi de moyens supérieurs, et par cela même des époques diverses, que de longs intervalles ont pu séparer.

Toujours est-il que, priorité à part, les auteurs des Pierres-Fittes et ceux des tours mystérieuses se sont établis dans les mêmes localités (bien que les premiers se soient étendus plus à l'est), et qu'ils ont souvent choisi les mêmes endroits pour y élever leurs monuments; près de *Pauli-Latino*, par exemple, on trouve un dolmen et un tombeau de géant à côté d'un nuragh. La réunion de ces édifices, de nature si différentes et qui sembleraient se rattacher à des cultes étrangers l'un à l'autre, n'est pas le côté le moins curieux du problème.

CHAPITRE XVII.

Noël. — La Société de Cuglieri. — L'hiver et le printemps. — Notre-Dame-des-Neiges. — Le carnaval et ses plaisirs : danse et musique.

La fête de Noël est ici, comme partout, d'une grande solennité. On lui trouve d'autant plus d'attrait qu'elle donne aux chanteurs le prétexte de plus longues sérénades, qu'elle fournit l'occasion de décorer l'église d'une manière exceptionnelle ; enfin qu'elle est un spectacle dont les Sardes sont avides.

A Cuglieri, c'est au couvent des Capucins que se rend la foule. Vers minuit, toute la ville s'y rencontre, on y étouffe. Nous suivîmes le torrent et nous pûmes admirer la crèche que l'on avait organisée dans le chœur. Au milieu d'un épais feuillage, dans un nid de coton, reposait le *bambino* absolument nu « *forse un poco al naturale,* » peut-être un peu au naturel, mais c'est un bel enfant, me dit le père gardien en me montrant la statuette.

Les dames avaient des places réservées au bord de la crèche, voulant aussi voir de près le *bambino*, les *rustici* se ruèrent du côté élégant, au grand scandale des capucins qui durent ajouter aux paroles impuissantes l'action plus énergique des coups de bâton. Ce fut alors un vacarme affreux, mais, comme toujours, *ad majorem Dei gloriam*, et le service divin n'en fut pas troublé.

Cette messe de minuit est d'un puissant intérêt, surtout pour les femmes enceintes ; elles doivent y assister sous peine de donner naissance à des enfants monstrueux soit au physique, soit au moral. Heureuse entre toutes la créature qui vient au monde le jour de Noël, et plus heureux encore l'enfant que Dieu rappelle à lui ce même jour : son corps, divinisé pour ainsi dire, restera intact jusqu'à l'heure du jugement dernier.

A Noël, commencent les plaisirs du carnaval. Les *signori* ont leurs réunions où pénètrent valses et polkas. Les *rustici* ont le bal à *Poldo*, où, moyennant un sou, chaque danseur, homme ou femme, peut entrer librement, et où le *ballo tondo* promène ses longs replis au son des zomponie.

Partout la plus grande sobriété, une étiquette traditionnelle, au besoin même la jalousie, préviennent tous les abus, et protégent bien mieux le sexe charmant que les duègnes les plus incorruptibles. Chaque jeune fille, d'ailleurs, a son *sposo*, et ce bien-aimé n'est-il pas l'antidote le plus puissant contre les défaillances ou les surprises du cœur ?

C'est dans la nuit du 31 décembre que les jeunes gens apprennent s'ils épouseront la femme qu'ils ont choisie, et s'assurent de l'époque de leur mariage. Le moyen est très simple : deux feuilles de laurier ou d'olivier sont posées sur la cendre chaude du foyer, à une certaine distance l'une de l'autre. Par l'effet de la chaleur elles se contractent et s'agitent : dans leurs mouvements convulsifs, tantôt elles s'éloignent, tantôt elles se rapprochent; quelquefois elles finissent par se rejoindre. Le mariage alors est immanquable et se fera dans le plus bref délai ; plus, au contraire, les deux feuilles persistent à s'éloigner, plus il faudra attendre l'heureux événement.

C'est dans cette même nuit que se prépare le *trigu cottu* ou *trigu lassau*, espèce de bouillie faite avec du froment, d'abord infusé dans l'eau et ensuite cuit dans du vin.

Si avec le carnaval renaissent les plaisirs, avec lui également se ravive l'esprit de coterie, dont les conséquences sont parfois si terribles. Pas un village qui soit exempt de ces animosités. A l'époque où nous y étions, Cuglieri comptait plus de trente familles notables, pauvres pour la plupart, vivant tant bien que mal du produit de leurs vignes, de leurs oliviers ou de leurs tancas et de leurs troupeaux, mais se piquant de noblesse, ayant des chefs qui se glorifiaient de leur titre de *cavaliere* ou de celui de don, encore plus ancien ; et Cuglieri passait pour être l'une des localités les plus brillantes de l'île. On vantait sa civilisation, le nombre et l'amabilité de ses femmes, la douceur, la politesse de ses mœurs. Cependant que de haines, que de luttes intestines dans ce petit coin ! Les G... n'étaient bien qu'avec dona V..., qui n'était liée avec eux que parce qu'ils détestaient dona C..., depuis qu'elle avait refusé sa fille, la charmante Chiara, à leur fils don Gavino. Flores don Raimondo, ne voyait que les Rodrighes. Don C... était mal avec tout le monde.

Les Satta plaidaient entre eux à propos d'un héritage qui les avait brouillés avec les Pala. Dona C... et dona L..., deux belles-sœurs qui ne s'aimaient pas, mais qui étaient pleines d'esprit, se voyaient beaucoup, rapprochées qu'elles étaient par le peu d'affection qu'elles avaient pour leurs maris. Les frères Arru, au contraire, étaient fâchés avec leurs sœurs pour complaire à leurs femmes, etc., etc.

Cette société d'élite ne frayait pas avec la bourgeoisie, qui formait un cercle de second ordre. Il y en avait même un troisième, composé de plusieurs familles étrangères à la ville. Quant aux fonctionnaires d'un rang supérieur, ils étaient accueillis partout et n'avaient qu'à ne pas se mêler des querelles des uns et des autres pour être bien avec tout le monde.

Néanmoins, quelles que fussent les antipathies, la passion de la danse, si puissante chez les Sardes, en triomphait momentanément, alors même qu'elle ne parvenait pas à les faire taire. L'intendant réunissait de temps à autre ces éléments hostiles ; chacun venait volontiers chez lui.

Ces soirées étaient peu dispendieuses : quelques bouteilles de Vernacia, des oranges et de l'eau sucrée en faisaient tous les frais. Le thé ne plaisait à personne.

En général, habitués à un sans-gêne qu'ils puisent dans leur *superbia* et dans leur satisfaction d'eux-mêmes, les hommes manquaient de tenue. Les femmes, au contraire, bien femmes sous ce rapport, montraient beaucoup de tact et avaient à un point remarquable l'instinct de la bonne compagnie.

En fait d'orchestre, toutes les ressources de la ville se bornaient à un quatuor, ainsi composé : une flûte, une guitare, une épinette touchée par l'ouvrier de maître Campus, et un violon très faux, râclé par le notaire.

Le froid sévit avec rigueur dans la seconde semaine de janvier. A cette époque, nous eûmes de la glace. Malgré ces frimas, les Sardes ne changèrent rien à leur toilette et les enfants continuèrent à se montrer tout aussi peu vêtus. Le 10, il y eut 4° au-dessous de zéro ; je n'en rencontrai pas moins dans la rue un gamin de neuf à dix ans dans le costume le plus primitif. Disons toutefois que cette absence du plus mince appareil, n'est pas aussi commun à Cuglieri que dans quelques autres parties de la Sardaigne. A Orani, par exemple, on voit fréquemment filles et garçons d'une douzaine d'années, marcher le front haut, sans se douter de la chute de nos premiers parents. Ce qui semblera encore plus étrange, c'est qu'il ne résulte de cette nudité fréquente, si contraire à nos mœurs, aucun des inconvénients que nous en redouterions dans nos pays plus collet monté, tant la puissance de l'habitude est grande.

Le 16 janvier, un brillant soleil dissipa les nuages qui assombrissaient la plaine, et réchauffa l'atmosphère. Je me rendis à Bosa, où m'appelait une enquête électorale. J'arrivai le soir : déjà commençait la fête de san Antonio *de su fugu* (saint Antoine du feu). On la célèbre dans l'île entière, mais plus particulièrement à Bosa, où elle est au nombre des cinq fêtes solennisées par des chants nocturnes, qui retentissent de onze heures du soir à cinq heures et demie du matin.

Le jour de la fête, les chevaux sont bénits, et le saint est remercié de la délivrance des pestes du moyen âge. On fait, en son honneur, de grands feux de bois de laurier et d'olivier; usage qui, sans doute, rappelle les feux allumés jadis pour purifier l'air, et pour chasser, la prière aidant, les miasmes pestilentiels. Enfin, on mange du *pan di sapa*, fait de pure farine de froment, pétrie avec du vin cuit ; je suppose que c'est en mémoire du pain quotidien que les corbeaux du ciel apportaient au pieux anachorète.

La dernière peste ayant cessé le 21 janvier, jour de saint Sébastien, celui-ci partagea depuis lors avec saint Antoine la reconnaissance des Sardes, qui font également de grands feux en son honneur. En outre, à Cuglieri du moins, la statue du martyr est attachée à un laurier, puis solennellement promenée dans la ville, déposée à l'église de Santa-Croce, où elle reste pendant huit jours. Durant cette octave, l'arbre bénit auquel le saint est fixé, acquiert des vertus précieuses, et chacun se fait un devoir d'en cueillir quelques feuilles, remède souverain pour toutes les maladies qui ont avec la peste une analogie quelconque.

Le chef de la confrérie distribue à ses confrères, ainsi qu'aux notables, des rameaux de laurier, dont les feuilles portent quelques dorures, et qui sont ornés de boules de coton et de petits nœuds de ruban rouge.

Vers la fin de janvier, nous vîmes renaître le printemps. Les amandiers commencèrent à fleurir et les pervenches reparurent. Nous profitâmes de ces beaux jours pour faire de longues promenades. Accompagnés de la douce Virginie et de la charmante Rita, nous allions revoir les délicieux jardins de Romaneda, le vallon mélancolique de Rio-Muschas, le moulin primitif de Castangas, dont la roue horizontale est fixée au même pivot que la meule ; la grotte de *Sa-Nonna*, et les ruines du castel de Monteverro, qui fut construit au XIIe siècle par le frère de Barizon.

Situé sur la frontière de l'Arborée et de la Turritanie, à laquelle il appartenait, ce vieux château fort, que Roncioni appelle une villa, a subi toutes les vicissitudes de la guerre. Il fut pris et repris par les Pisans à Guelfo et à Loto, fils du malheureux Ugolin ; donné en gage six ans plus tard à Marian d'Arborée par le marquis de Malespina; gardé par le juge, en dépit des conventions; passé à la couronne et cédé avec Cuglieri, à titre de fief, par le roi d'Aragon à Guillaume Montagnana, qui le vendit en 1426 à Raymond Zatillas.

Du pied de ses ruines part un sentier rapide, qui gagne le Monte-Entu; sentier ombreux qui s'enfonce dans une forêt de chênes verts où nous appelait la fontaine de Sozo, dont l'eau transparente fuit sur un lit de mousse et de pervenches.

Quelquefois, traversant de vastes bruyères, nous atteignions les hauteurs et nous descendions par une pente abrupte d'où nous regardions la Planargia se dérouler entre les montagnes et gagner la mer qui brillait à l'horizon.

Souvent nous allions nous reposer sur la plate-forme où s'élève la Collégiale, afin de jouir du magnifique panorama dont Cuglieri est entouré.

Bien que paroisse de la ville, cette église est placée hors des murs, sur l'un des points culminants de la côte volcanique, où elle est complétement isolée ; situation extrêmement pittoresque, « mais peu commode, » fait observer de La Marmora.

On l'appelle Notre-Dame-des-Neiges, ce qui paraît au moins étrange dans le pays des oliviers et des myrtes, et ce que la légende explique de la manière suivante : A l'époque lointaine où quelques habitants de Sennariolo jetaient les premiers fondements de Cuglieri, ils apprirent qu'une statue de la Vierge avait été déposée par les vagues sur la plage de Pitinnuri. Des bœufs furent envoyés en toute hâte pour recueillir la sainte image et pour la transporter dans la ville naissante qu'elle devait protéger. Mais, arrivée à l'église de Santa-Croce, la seule qu'il y eût alors, et qui ; déjà, était trop petite, les bœufs refusèrent de s'arrêter. Ils échappèrent à leurs guides et se rendirent en courant sur les rochers qui dominent le village.

On les avait suivis ; tout le monde, alors, put voir la statue descendre du char et se poser d'elle-même au centre d'une cathédrale que dessinait sur la plate-forme une légère couche de neige.

La Vierge manifestait sa volonté d'une manière trop évidente pour qu'on pût s'y méprendre ; c'est pourquoi l'église, bâtie sur le plan miraculeux, fut construite à la place qu'elle occupe et reçut le nom qu'elle a conservé. Elle est toujours l'objet d'une grande vénération. Les pêcheurs de corail et les matelots qui fréquentent les plages de Bosa, d'Alghero et de Pitinnuri, l'apercevant de loin, ne manquent jamais de la saluer dévotement.

La fin de l'hiver fut d'une douceur exceptionnelle ; tout se ranimait dans la nature ; les arbres commençaient à verdir ; les chardonnerets, les pinsons chantaient dans les olivetti, et l'oseille, le persil, les cardons, le céleri, les asperges, la chicorée poussaient dans la campagne. Grâce aux porte-chaîne de l'ingénieur qui étudiait le tracé de la route de Cuglieri à Macomer, nous étions largement approvisionnés de ces excellents produits de la nature, que les indigènes ne daignent pas cultiver dans leurs jardins, encore moins ramasser dans les champs.

Les Sardes, pourtant, sont amateurs de crudités, et mangent les oignons, les fèves, les châtaignes, les artichauts, etc., sans les faire cuire. La laitue, même crue et sans sel, est pour eux un régal et devient le motif d'une foule de parties fines.

« L'étranger qui visite les jardins de Sassari, dit La Marmora, est frappé de l'énorme quantité de laitues qu'on y cultive ; laitues non cloquées, très serrées, pleines d'eau et d'une saveur douce, qu'on va manger en société nombreuse et qu'on broute telles quelles, sans autre assaisonnement que l'appétit, l'émulation et le défi d'en faire disparaître plus que les autres. Ces laitues ont trente centimètres de longueur ; on n'en laisse que les feuilles externes et l'extrémité verte. Tout le reste est croqué par chaque individu aussi vite que pourraient le faire deux ou trois douzaines de lapins affamés. Le même usage existe à Ozieri et dans tous les endroits où l'on peut arroser facilement. A Sylerias, entre autres, j'ai vu, installé dans les carrés de laitues, plus d'un chanoine qui tâchait de calmer ainsi les cris d'un estomac épuisé par le carême, ces laitues ayant le privilége de ne pas rompre le jeûne.

J'ai voulu moi-même partager ce plaisir des Sardes, et l'expérience m'a prouvé que j'avais eu tort d'en rire.

Tout à coup, en plein carnaval, tomba la nouvelle de l'arrestation de cet ancien député, membre du conseil général, qui était compromis dans l'affaire des Secchi. Le prévenu tenait à plusieurs familles de notre ville, au moins par alliance ; mais les plaisirs n'en furent pas troublés pour cela. C'était affaire de *vendetta* à ce que disait le vieux P., qui, tout en déplorant la chose, pensait peut-être à se venger du fils de son frère. D'ailleurs, nous l'avons dit, être arrêté pour cause de *vendetta,* s'agit-il d'incendie ou de meurtre, n'a rien de déshonorant.

Les bals continuèrent donc. Rita n'en manquait pas un seul. La charmante enfant si bonne, si dévouée, si laborieuse malgré sa jeunesse (elle avait à peine quatorze ans) passait les nuits pour ne rien sacrifier des travaux du ménage aux exigences de sa toilette ; et, parée de sa robe blanche, elle arrivait avec les autres. Pour les femmes de ce pays aimé du soleil et des fleurs, la danse a tant d'attraits ! Il faut les voir quand vient le tour du *ballo tondo* : aux premières notes du *duru duru duru* tous les cœurs se dilatent, les visages s'épanouissent, les pieds s'agitent. Rien cependant de moins gai aux yeux des profanes. Peut-être l'entraînement des Sardes pour cette danse singulière vient-elle de l'imprévu des figures laissées au caprice de chaque couple, malgré les prescriptions invariables qui régissent l'ensemble.

Danseurs et danseuses indifféremment se tiennent par la main, comme dans nos rondes villageoises. Ils forment ainsi une longue chaîne, qui est soumise à des pas et à des mouvements réguliers; chaque couple néanmoins garde son indépendance et peut, à un moment donné, avoir une action distincte, dont les autres respectent le sens dès qu'il vient à se traduire.

Ces immenses chaînes aux doubles anneaux, reliés entre eux par la main gauche du danseur de gauche, tournent en rond, avancent, reculent, se développent ou se replient sur elles-mêmes, au gré des inspirations diverses, bien qu'un chef les conduise et empêche les excentricités individuelles de nuire au mouvement général.

Le couple peut être composé de deux personnes du même sexe, hommes ou femmes, peu importe; mais toujours la main droite de l'un dans la main gauche de l'autre, les bras raides, la saignée en dehors, les doigts entrelacés, les deux bustes raidis comme les bras et inclinés l'un vers l'autre, ainsi que les deux têtes. Le grand art consiste dans l'immobilité du corps, jointe à une agilité surprenante des membres inférieurs; plus les deux partenaires sont unis, plus ils ne forment qu'un tout inflexible — deux planches soudées de champ et mues par quatre jambes, aux mouvements rapides, — plus il fait l'admiration de la galerie.

Le pas fondamental, dont la durée est de huit mesures, est une sorte de trépignement sur la pointe du pied, trépignement difficile pour qui ne l'a pas appris dès l'enfance, et très fatigant si l'on en juge par la sueur qu'on voit ruisseler de tous les fronts.

Soumise à des règles et à des pas combinés savamment pour tous les caprices, cette danse doit encore subir les fantaisies de l'orchestre; le *duru duru duru* joué ou plutôt grogné, de telle ou telle façon, peut au gré de celui qui l'exécute modifier les pas et les figures; double imprévu qui ajoute aux charmes du *ballo tondo*.

Quelquefois un couple se détache et vient faire au centre de la ronde des sauts et des pas choisis. D'autres fois un danseur ou une danseuse, quittant la chaîne, entre dans le cercle, et, par un salut gracieux, invite un autre danseur à le rejoindre. L'invitation est presque toujours acceptée; car un refus, outrage sanglant, crierait vengeance. Après avoir fait des bonds, des pas, des chaînes anglaises, des tours de main, le couple se divise; celui qui l'avait formé retourne à sa place; l'autre peut l'imiter, ou par un salut, appeler un nouveau partenaire. Quand la ronde est grande plusieurs couples y pénètrent, et la variété, l'animation des figures forment alors un charmant coup d'œil.

Les avances faites en pareille occasion ont une portée sérieuse; elles font battre bien des cœurs, et les émotions du cotillon parisien ne sont qu'un pâle reflet de celles qui se produisent ici.

Une extrême gravité préside à cette danse et n'en est pas le côté le moins curieux. Personne ne rit, personne ne parle ; tout s'exprime par le contact des mains frémissantes. De temps à autre quelque danseur excentrique pousse un cri sauvage et se livre à des gambades, mais sans troubler le moins du monde le sérieux de la bande, ni de l'infatigable musicien.

L'étiquette est sévère ; y manquer ne se ferait pas sans péril. Quiconque veut faire partie de la ronde peut s'emparer de la main droite d'une femme ou de la main gauche d'un homme déjà placés ; une correction immédiate en châtierait certainement le refus. On peut également prendre la main droite de l'un des danseurs, à moins qu'elle ne tienne celle d'une femme ; dans ce dernier cas, malheur à l'imprudent qui oserait détacher ces deux mains unies. Les époux et les fiancés peuvent seuls mettre paume contre paume et enlacer leurs doigts. Tenir de la droite la main d'une jeune fille qu'on ne voudrait pas épouser ou celle de la femme d'autrui, serait donner lieu à de querelles sanglantes.

Une fois commencée, la danse ne s'interrompt généralement que de demi-heure en demi-heure. Chaque fois l'intervalle est court ; après deux ou trois de ces reprises, elle recommence avec plus de verve, et, pour ne s'arrêter que lorsque le sonneur de zamponie laisse éteindre son souffle, ou que les danseurs épuisés demandent grâce. Alors toutes les mains se délient pour reprendre la liberté du choix, et une conversation animée, bien que toujours convenable, succède au plaisir sérieux du *ballo tondo*.

Souvent, lorsque le musicien est à bout de forces, un orchestre chantant s'organise afin que la danse ne soit pas interrompue ; il se compose habituellement d'une basse, d'un ténor et d'un soprano, qui se tiennent par le bras pour mieux confondre les sons.

Les délices du bal ne sont pas les seules de la saison ; il y a aussi les mascarades et les courses de chevaux. Se travestir est une fureur, principalement à Sassari, où les masques vont et viennent dès le matin : et partout les courses sont le plaisir par excellence. Tous les dimanches, il y en a dans chaque village; courses non primées, n'ayant en apparence d'autre but que d'éreinter les chevaux et de rompre le cou aux écuyers. Tous les jeunes gens du lieu y prennent part, s'efforçant de rivaliser d'adresse, de sang-froid, d'agilité et d'audace ; le mérite du cheval n'est pas ce qui préoccupe,

Le 20 février, un *Te Deum* fut chanté à Notre-Dame-des-Neiges, à l'occasion du mariage de la princesse Clotilde avec le prince Napoléon. Jamais plus affreux tintamarre n'a retenti à nos oreilles : les chanoines chantaient et nasillaient, l'orgue jouait, les cloches tintaient, toutes les sonnettes de l'église s'agitaient ; les clercs, en robe rouge, allant et venant pour les cérémonies, parlaient à voix haute, tandis que la garde nationale faisait des feux de file sur la place, et que, dans l'église, chacun se bousculait pour mieux voir. Singulière façon de témoigner à Dieu notre reconnaissance.

Après la cérémonie, qui, en somme, ne fut pas dépourvue d'une certaine pompe, on alla au théâtre prendre des rafraîchissements qu'offrait la municipalité. Il y eut des courses dans l'après-midi, le soir un vaudeville, fort bien joué par des amateurs, puis on dansa pour couronner la fête.

CHAPITRE XVII.

Le bal populaire, donné dans les magasins du *Monte granatico*, avait réuni plus de deux cents personnes, et le spectacle qu'il présenta ne fut pas le moins curieux de la journée. Je vois encore dans l'embrasure d'une fenêtre, un joueur de zamponie, venu de Campidano. Avec sa peau de mouton, ses trois flûtes de roseau, sa poitrine velue et ses jambes nues, comme la poitrine, on l'aurait pris volontiers pour un berger d'Arcadie, ou pour quelque vieux faune, endormi depuis des siècles et réveillé pour la circonstance.

Les *zamponie* qu'on appelle aussi *lionedda* ou *launedda*, ne sont en effet pas autre chose que les *tibiæ impares* : deux ou trois roseaux, et même quatre, de longueur et de grosseur différentes, percés de trous plus ou moins éloignés. Quand il y a trois flûtes, deux d'entre elles sont à peu près égales ; la troisième, celle de droite, est beaucoup plus longue ; elle n'a qu'un trou et forme la basse. Les anches, analogues à celles du hautbois, sont retenues par les lèvres du musicien, qui fait sonner les trois chalumeaux en même temps. La bouche est remplie d'air, et joue le même rôle que le sac des cornemuses. Pour qu'elle soit toujours pleine, ce qui est indispensable à l'égalité du son, le musicien ne respire que par les narines, et la mélodie coule ininterrompue, pendant des heures entières, sans que l'artiste ait besoin de reprendre haleine, sans qu'on l'entende souffler.

Le son paraît d'abord étrange. « Il a quelque chose de sauvage, dit la Marmora ; mais l'oreille s'y accoutume et finit par y trouver une harmonie particulière. »

Comme autrefois, les zamponie figurent dans toutes les cérémonies religieuses, et souvent dans les actes de la vie privée; elles se font entendre dans les processions, aux vigiles des fêtes, aux offices, aux baptêmes, aux funérailles, elles accompagnent les pèlerins, sont de toutes les noces, et à la campagne de toutes les réunions : bals, festins, vendanges, nettoyage des grains, tonte des brebis, effaufilage de la laine. « Enfin, dit le père Bresciani, de toutes les circonstances dans lesquelles Homère ou la Bible nous montrent l'usage des *tibiæ*, il n'en est pas une où, encore à présent, la *lionedda* ne soit employée en Sardaigne. Notez qu'elle s'unit fréquemment aux cymbales, aux clochettes, au tambourin et au sistre, ce qui vous reporte à trente siècles en arrière. »

Parmi les friandises que les Sardes présentent à leurs invités pendant le carnaval, figurent les *tipolas*, espèces de beignets secs, dont la forme et le goût varient suivant les lieux. Chacun à tour de rôle fait de ces beignets et engage parents et amis à venir les manger ; c'est l'occasion d'une fête de famille.

Malgré l'extrême réserve qui, en Sardaigne, caractérise les réunions, même celles du carnaval, la danse n'y est pas moins, comme ailleurs, l'occasion de tendres engagements; et c'est en général dans les premières semaines de carême, que des fugues de vingt-quatre heures viennent sceller quelques promesses de mariage. Disons-le, ce n'est pas toujours à l'insu des parents que se font ces amoureuses escapades; car une étape dans les vignes, comme on dit à Sassari, simplifie beaucoup de choses et a l'avantage de satisfaire tout le monde : la famille, qui évite ainsi les frais de noces, auxquels l'obligerait un mariage régulier; le prêtre, qui donne les dispenses, et le tendre couple, dont elle avance l'union.

CHAPITRE XVIII.

Excursion à Milis : la *tanca regia*; les orangers de Milis. — Le confort à Cuglieri. — Un mariage interrompu. — Une partie de chasse. — La papeterie royale. — La grotte. — La tour de Foghe et la sécurité des côtes.

Il faut avoir passé de longs mois dans un village de Sardaigne, ou dans un désert quelconque, pour connaître tout le bonheur qu'on peut ressentir de la visite d'un parent qui est en même temps un ami. Cette joie indicible nous fut donnée le 14 mars par l'arrivée du comte de La Fléchère.

Des projets d'excursions furent immédiatement formés, et le 16 nous partions pour Milis.

Parvenus au sommet de la montagne, où nous avait conduits le prétendu chemin de San-Lussurgiu, nous prîmes à gauche, dans la direction de Saint-Léonard. Un bûcheron nous servait de guide; sans lui, nous n'aurions jamais pu nous tirer de ces bois épais, semés de monticules rocheux et d'*orsalines*, vastes champs d'orge que les règlements forestiers permettent d'établir dans les clairières. Le sentier avait disparu; notre homme allait d'instinct, marchant en ligne droite, et, sans respect pour la propriété, il nous ouvrait un passage dans les murs en pierre sèche qui protégent les orsalines contre la dent des bestiaux, sauf à réparer la brèche quand nous étions passés.

Franchissant donc clôtures, lianes et rochers, nous atteignîmes une petite église romane bien conservée, assez élégante et entourée de quelques masures. Il y avait jadis près d'elle un grand *populato* qui disparut, comme tant d'autres, dans le courant du xiv® siècle. Ce fut dans ce village appelé Siette-Fuentes, à cause des sept fontaines qui s'y trouvaient, que Guelfo, l'un des fils d'Ugolin, vint mourir de douleur.

Vaste et riant, le plateau de Saint-Léonard, entouré de bois magnifiques, sillonné d'eaux limpides qui arrosent un sol fertile, est certainement l'un des points où une grande entreprise agricole serait le plus assurée d'un brillant succès. Il a déjà tenté bien des spéculateurs ; mais les menaces des pasteurs de San-Lussurgiu ont arrêté jusqu'à présent ceux qui pensaient à exploiter cette terre féconde.

Tout en devisant d'agriculture et des anciens usages, de la transformation que l'île a déjà subie, de la féodalité naguère toute-puissante, de la dîme qui s'ajoutait aux droits de fief, aux redevances, à la corvée, à l'usure, et qui ne fut supprimée qu'en 1851, du droit du seigneur qu'affirmaient encore, il n'y a pas longtemps, les marquis de Pauli Gerrei en déposant dans le lit nuptial un bâton à leurs armes ; tout en devisant du passé et de l'avenir, nous arrivâmes à la *tanca regia*, haras du gouvernement, qui n'a rien du tout de royal : des bâtiments fort simples et dont les proportions ne dépassent pas celles d'un établissement privé. Il s'y trouvait alors trente-huit étalons et quarante poulinières. Les races sarde, arabe et phénicienne y avaient de beaux représentants. Cette dernière est, dit-on, celle qui réussit le mieux en Sardaigne et dont le croisement avec la race indigène donne les plus beaux produits. N'y aurait-il pas dans ce fait l'indice d'une communauté d'origine, et dans cette communauté une nouvelle preuve de l'établissement des Phéniciens dans l'île ?

Situé dans un fond où les eaux séjournent, faute d'écoulement, la *tanca regia* est fort insalubre et devient inhabitable pour les étrangers depuis le commencement de juillet jusqu'à la fin de septembre. Ces eaux pernicieuses sont les mêmes que celles de Saint-Léonard : pures et fertilisantes tant qu'elles sont vives, corrompues dès qu'elles s'endorment. Bien aménagées elles seraient une richesse pour le royal établissement; dans leur inaction elles en font la ruine.

De beaux vignobles entourent la *tanca*; ils dépendent d'Alba-Santa, commune voisine, et appartiennent presque tous à des habitants de San-Lussurgiu. Malgré les trois heures de marche qui les en séparent, leurs propriétaires les cultivent soigneusement. Nous avions nous-mêmes à faire cette marche de trois heures et par des sentiers effroyables; nous arrivâmes cependant encore assez tôt pour voir les belles Lussurgaises remplir leurs amphores à la fontaine de Sa-Pedra-Lada.

Le lendemain, emportant le meilleur souvenir de la gracieuse hospitalité des Paolesu, nous étions en route de bonne heure. Rien de plus pittoresque, de plus frais que les sites du ravin de Badurias, dont les cascades écumantes, perdues au sein de fourrés épais, donnent la vie à des moulins et à des machines à fouler le drap.

Halte à Bonarcado pour en croquer l'église, monument du XIIIe siècle, d'un style roman pur, et qui, du moins à l'extérieur, n'a pas encore été défiguré par le badigeon moderne.

Bien que Bonarcado, situé sur le flanc du mont Ferru, soit assez élevé au-dessus de la plaine, l'influence de la *malaria* s'y fait déjà sentir Le teint des habitants y est jaunâtre, les figures y sont plates ; c'est une autre race que celle du cap supérieur : type et costume tout est changé.

Nous descendons toujours et nous sommes à Milis. Les rues sont larges mais sales ; les maisons, de pauvre apparence, construites avec des cubes de terre séchés au soleil, sont généralement en mauvais état. La population est chétive, en proie à des fièvres paludéennes et endémiques, dont elle porte les traces profondes. Deux industries l'occupent : le commerce des oranges et la fabrication des nattes faites avec le jonc marin que produit en abondance la plaine marécageuse.

Malgré ces deux sources de richesse, tous les habitants sont pauvres ; la paresse, le jeu, l'ivrognerie, tristes conséquences, peut-être, d'un climat chaud, humide et malsain, se joignent à la fièvre et la retiennent dans la misère.

Mais ce n'est pas pour ses maisons qu'on vient à Milis, ni pour ses habitants ; c'est pour son orangerie sans pareille. Comment la décrire après ceux qui l'ont fait avec tant d'exactitude? Ils ont tous éprouvé la même surprise, le même ravissement, et l'ont souvent exprimé dans les mêmes termes que leur dictait une admiration trop vive, trop absolue pour différer de langage.

« Je connaissais les orangers de la rive phénicienne, dit M. Delessert, j'avais déjeuné sous ces arbres, dans le plus bel endroit du monde, à quelques pas d'un sable d'or, où les vagues venaient mourir en murmurant ; mais je n'avais pas éprouvé l'ivresse que m'ont causée les jardins de Milis. Figurez-vous non pas un bosquet, dont on respire le parfum avant de passer outre ; mais un bois, une forêt véritable. Aussi loin que nos regards peuvent s'étendre, ils ne rencontrent que la futaie embaumée ; et dans les branches, au milieu de la verdure, des grappes de trente à quarante grosses boules, qui attirent vers le sol les rameaux courbés trop faibles pour les soutenir. C'est là qu'on voit bien l'abus des richesses : le pied butte contre un obstacle, c'est un fruit que vous repoussez comme une pierre ; vous voulez indiquer un point quelconque, vous ramassez une orange et vous la lancez dans la direction, sans le moindre scrupule ; vous en cueillez une pour l'ouvrir et vous la rejetez. Les fleurs vous envoient des bouffées qui vous oppressent ; la pensée évoque le jardin des Hespérides ou celui d'Armide, l'enchanteresse ; on est étourdi par cette odeur pénétrante.

» La cueillette est bien simple : une toile est étendue sous l'arbre, un homme monte dans les branches et en précipite les fruits, dont les tas de trois à quatre pieds de hauteur, dégagent des aromes inconcevables.

» Nous avons marché au grand pas de nos chevaux pendant à peu près deux heures, en tournant dans la forêt, et nous sommes arrivés au roi des orangers, celui qu'un homme peut difficilement entourer de ses bras ; il étend sa ramée comme un vieux hêtre et porte l'inscription suivante : *Carolus-Albertus, rey nostru, hat visitau custa vega lu 18 maggio 1829.*

» Dans les clairières vous trouvez de grands peupliers, de magnifiques noyers, qui protégent contre la violence des vents, leurs nobles hôtes ; ou des charmilles, des sureaux énormes dans lesquels s'élancent des vignes vierges, des clématites qui retombent en cascades, et que caresse la brise en s'imprégnant de leurs douces senteurs.

» Le sol est jonché de violettes, de pervenches, de *ne m'oubliez pas;* c'est une féerie qui vaut à elle seule le voyage de Sardaigne ; une merveille du monde; et je dois à cette oasis, aimée des dieux, des jouissances inouies, dont je la remercie avec une sincère reconnaissance. »

A ces parfums, à ces splendeurs se joignent les chants d'oiseaux sans nombre, et le murmure de mille ruisseaux qui arrosent le pied de ces arbres « toujours altérés » Un printemps perpétuel règne dans ce bois merveilleux, où la sève ne s'arrête jamais, où les fleurs et les fruits, à tous les degrés de développement, se mêlent sans cesse à un feuillage toujours vert. Sève exhubérante et non moins féconde qu'inépuisable.

« Une couche solide de fleurs jonchait le sol, dit M. Valery ; je glissais dans cette neige odorante. Si j'écartais les branches, les fleurs en jaillissaient et me fouettaient le visage. L'abondance des fruits n'était pas moins prodigieuse ; les rameaux pliaient sous le poids des oranges et des citrons. On est comme ébloui par tous ces globes dorés suspendus en festons et en guirlandes sous lesquels passent les cavaliers sans les atteindre.

» L'ombre en est lumineuse, teintée de reflets d'or, écrit M. Amigues. Bien qu'on eût fait la cueillette depuis un mois, ajoute-t-il, chaque arbre portait au moins deux cents fruits mûrs, oranges de choix qu'on devait laisser une année encore s'imprégner de sève. » Et la *vega* de Milis a plus de cinq cent mille orangers.

On ne tire malheureusement qu'un faible parti de cette richesse. Le verger du chapitre d'Oristano, l'un des plus beaux de la forêt, n'était affermé que huit cents écus lors de la visite de M. Valery. Il contenait huit mille pieds d'arbres, dont quelques-uns avaient, disait-on, près de sept cents ans ; et, des trois cents vergers qui composent le bois, c'était l'un des mieux entretenus. Mais les débouchés manquent, les communications n'existent pas. Le commerce ignore ce lieu enchanté que défend la *malaria*, comme autrefois le dragon des Hespérides, et qui attend le travail, nouvel Hercule, qui doit purger la terre de tous ses foyers d'infection.

« Des chariots attelés de trois paires de petits bœufs transportent les oranges dans les principaux centres de l'île, surtout à Cagliari, à Sassari, à Oristano. Pendant toute la saison, les vendeurs sont installés sur les marchés de ces localités populeuses.

On les voit accroupis ou étendus dans des espèces de cages cylindriques, appelées *catinos*, posées en long sur le sol, formées de nattes roulées, faites de roseau fendu, tressé avec un certain art. Ces cages servent à la fois de magasins et d'habitations à ces habitants de Milis, qui dorment sur leurs nattes, couchés sur la dure, mais au milieu de leur brillante marchandise, dont ils ne donneraient pas le parfum pour le meilleur lit du monde. » (La Marmora.)

Quant aux fleurs, qui pourraient alimenter des distilleries sans nombre, fleurs précieuses qui, dans nos jardins se vendent au poids, que l'on nous débite par pincée, et dont l'odeur est ici d'une suavité incomparable, personne ne les ramasse; elles pourrissent au pied de l'arbre, mêlées aux plantes aromatiques et à l'herbe drue qui croissent à l'ombre de la futaie généreuse.

La partie la plus importante de la *vega* appartient au marquis de Boyl, dont le château domine la place du village. M. Delessert raconte l'hospitalité qu'il a reçue dans ce château, un dimanche où l'on fêtait la Saint-Georges, et où le marquis portait l'ancien costume sarde de la haute noblesse : tunique de velours noir garnie de bouton d'argent guillochés, bottes molles à éperons d'argent, chapeau à larges bords, longue chaine d'argent retombant jusqu'à la ceinture.

Moins heureux que M. Delessert nous ne vîmes pas M. de Boyl. Il était absent et nous dinâmes sur le gazon, à l'ombre de ces magnifiques orangers, dont les cimes touffues empêchaient le soleil d'arriver jusqu'à nous. Pour entretenir cette frondaison merveilleuse il suffit des canaux qui sillonnent la *vega*. Le seul travail qu'exigent ces arbres, avides d'eau courante, consiste dans leur arrosage.

Après le repas notre bande se divisa : de La Fléchère prit le chemin d'Oristano, et je revins à Cuglieri par les Salti de Corchinas. En passant à San-Vero-Milis, Paelosu, qui était avec moi, s'arrêta chez un ami. Ce dernier était veuf, et la lampe funéraire, souvenir de la défunte, brûlait dans la première chambre, où elle devait rester allumée tant qu'une nouvelle épouse ne prendrait pas la place de celle qui n'était plus.

A mon retour un travail sérieux m'attendait : la confection ou plutôt le perfectionnement d'un berceau dont le besoin allait se faire sentir. J'avais préféré à l'élégante *culla* du continent le modeste *brassallo* du pays en écorce de liége, auquel j'ajoutai la monture nécessaire. Je réussis tellement bien qu'en le voyant se balancer avec grâce, entre ses longs rideaux blancs, suspendus à son cou de cygne, Teresa, notre servante, prétendit que tout le monde voudrait l'admirer, et qu'après le trône de la *Vergine assunta* il n'existait rien de plus beau.

A cette époque la ville fut mise en émoi par un événement grave : la suspension d'un mariage au milieu même de la cérémonie. L'opposition avait été faite par l'intéressée en personne, qui était venue au pied de l'autel réclamer ses droits au nom de sa maternité. Malheureusement la *sposa* et la réclamante, chose rare dans le pays, invoquaient le même titre. Le cas était embarrassant et le curé dut en référer au grand vicaire.

En pays civilisé, on aurait cruellement ri aux dépens des deux victimes ; mais en Sardaigne on ne rit pas de ces choses-là : le peuple y est trop moral et trop juste. Là-bas, lorsqu'une jeune fille devient mère, ce qui est fréquent, on lui pardonne une faiblesse qui ne fait qu'avancer l'époque du mariage et qui ne rend pas l'union moins fidèle.

Si elle est trahie, ce qui, je le répète, est fort rare, c'est sur le séducteur, et avec justice, que retombe le poids de la vindicte publique : *barbare una ragazza!* (tromper une fille !) pour ces natures honnêtes, ce n'est pas un jeu, c'est un crime. Quant à l'abandonnée, elle peut, sans trop de honte, nourrir au grand jour l'enfant de celui qui l'a délaissée.

La fin de mars fut extrêmement pluvieuse ; notre Teresa n'en continua pas moins ses courses à la fontaine sans vouloir prendre de parapluie ; ce n'était pas l'usage. Jamais *ragazza* n'avait été vue affublée d'une pareille machine ; on se moquerait d'elle ; — bref, elle aimait mieux être trempée jusqu'aux os. Combien les Sardes ont encore à faire pour comprendre le confortable ! Et cependant que de progrès se sont déjà réalisés : il y a trente ans, l'usage des chariots était inconnu à Cuglieri et l'on n'y voyait que trois maisons qui eussent des vitres aux fenêtres.

Le 25 arriva l'Annonciation, qui est ici une fête remarquable ; toutes les graines semées, ce jour-là, donnent des fleurs, et les semis sont la grande affaire du jour. Bêtes et gens ne doivent pas faire autre chose : le poussin, lui-même, dit-on, s'abstient de bouger dans sa coquille. Un horrible malheur frapperait infailliblement quiconque manquerait à cette loi traditionnelle.

De La Fléchère nous revint dans les premiers jours d'avril ; une partie de chasse l'attendait ; elle se préparait depuis une quinzaine. Grande joie parmi les élus ; chasser la grosse bête est l'un des plaisirs favoris des Sardes.

On partit dès la veille, toute la troupe en bon ordre : d'abord le *capo caccia*, ensuite les vingt-cinq chasseurs, puis les piqueurs et la meute ; tout le monde à cheval, une petite armée. Les provisions étaient courtes ; du pain et du vin seulement ; on comptait sur la chasse.

Nous arrivons ; le *capo caccia*, vieux sarde barbu, reconnaît le terrain, assigne les postes et trace à chacun sa ligne de conduite. Au point du jour, le branle-bas commence ; chiens et piqueurs battent la forêt à grand bruit, pendant que les autres, l'œil au guet, l'oreille tendue, le doigt sur la gachette du fusil, attendent la bête avec une fiévreuse impatience. La discipline est sévère ; on ne peut tirer que dans un certain rayon. Faire manquer un coup par une fausse manœuvre, ou frapper le gibier dans le rayon du voisin soulèverait des plaintes amères et ferait naître des querelles, qui pourraient être sanglantes.

Les cris, les abois se rapprochent ; harmonie sauvage, qui, au milieu de cette nature agreste et de ces arbres séculaires est d'un effet saisissant.

L'émotion est au comble : voici la bête ! Elle arrive, brisant tout sur son passage, affolée et furieuse, cherchant comment elle échappera au cercle

CHAPITRE XVIII. 241

de fer qui l'entoure. Un coup de feu, — puis un autre. — Bien visé ! la proie est à nous.

Le bruit recommence ; nouvelle attente, nouveau succès.

Nous avons quatre sangliers et un daim ; la chasse est close ; le repas se prépare. La halte est délicieuse, une verte pelouse sous des arbres géants, au pied de rochers énormes, à côté de la source limpide et fraîche d'Elighis Buttiozos, ou des hêtres qui pleurent. En face de nous, les Salti de Pitinnuri ; puis la mer se perdant à l'horizon.

Les piqueurs dépècent le gibier et distribuent les parts. Des morceaux de choix sont poudrés de sel, embrochés à des tiges de fer cuisent à *furia furia* devant des feux gigantesques ; pas de rôtis plus succulents.

Ces haltes dans la forêt, au milieu des chevaux et de la meute, des piqueurs affairés, des chasseurs qui jasent ; le bien-être du repos, la grandeur de la scène, la vie en plein air ; cette boucherie, ces grands feux, ce repas sauvage, tout cela est enivrant et fait comprendre la passion des Sardes pour la grande chasse.

La rentrée au village s'annonce par des coups de fusil et n'est pas l'épisode le moins intéressant de la journée. Tout le monde se presse autour de la bande ; on reconduit le roi de la chasse, les bouteilles circulent et, le verre à la main, les chasseurs font leurs récits : coups heureux, coups manqués, feintes de la bête, prouesses des chiens ; c'est à qui racontera avec le plus de verve toutes les péripéties de la lutte, plaisir suprême que connaissent les Nemrods de tous les pays.

Le surlendemain, nous visitions la Cartiera, la chapelle de San-Marco et la tour de Foghe, commencée en 1824, sous le règne de Charles-Félix, la Cartière, qui devait être une papeterie royale, n'a pas même été achevée ; il y manque la toiture. C'est un grand édifice à deux étages, placé dans un vallon, dont la jolie rivière, formée des trois ruisseaux de Lobos, de Sennariolo et de Très-Nuraghs, devait faire marcher l'usine. Deux cent mille francs avaient été dépensés, quand on s'aperçut que la *malaria* rendait ces lieux inhabitables pendant une partie de l'année, et que l'éloignement de toute population s'opposait au succès de l'entreprise. Les travaux s'arrêtèrent. On ne trouve maintenant à la Cartiera qu'une colonie de ramiers.

Dans le voisinage, se remarquent des grottes creusées de main d'homme, et qui sont très communes en Sardaigne ; nous les avons déjà signalées en parlant des moulins de Très-Nuraghs.

Quelques écrivains considèrent ces grottes comme d'anciennes demeures de troglodytes ; cette opinion a été fortement combattue.

« Les paysans, dit le père Bresciani, appellent ces cavernes *Damos de sas Virgines* ou *case delle sibille* (demeure des vierges ou maisons des sybilles). On voit à Fiesole des excavations pareilles, qui sont l'œuvre des Etrusques ; les Florentins les nomment *buche delle Fate*, ce qui veut dire grottes des Fées. Ces grottes ne sont pas autre chose que des sépulcres, tels qu'on les faisait en Phénicie, dans le pays de

Chanaan et chez tous les anciens peuples de cette région. Il y en a qui renferment trois ou quatre cellules, même davantage ; mais la plupart se composent de deux chambres placées l'une devant l'autre. On n'y découvre aucun vestige d'ornement, aucune trace de peinture ou d'un enduit quelconque, ce qui serait une preuve de leur extrême antiquité. »

De La Marmora croit également que ces cavernes sont des tombeaux.

Après avoir vu la papeterie, nous allâmes visiter une chapelle qui est dédiée à saint Marc, et qui a servi de retraite à une bande de voleurs. Située sur une légère éminence d'un plateau rocheux complétement nu, sillonné de profondes crevasses, et qui domine une plaine de plusieurs kilomètres de rayon, cette église solitaire convenait parfaitement à cet usage. Il en résulta que les brigands, qui l'avaient choisie pour asile, exercèrent impunément leur industrie pendant de longues années, protégés qu'ils étaient par le saint Évangéliste.

Un sentier caché dans les myrtes, les genévriers maritimes et les hautes bruyères, aux fleurs odorantes, nous conduisit de la chapelle Saint-Marc à la tour de Foghe.

Cette tour, admirablement posée, couronne un promontoire abrupte, au pied duquel débouche le Rio-Hanno qui sort d'une gorge profonde. Elle faisait partie des fortifications qui devaient défendre l'île contre les entreprises des Barbaresques, et ne paraît guère avoir rendu ces attaques moins audacieuses. Le vieux pâtre, qui nous servait de guide, se rappelait encore les terreurs que lui causaient dans son enfance les récits des vieillards, alors qu'il entendait raconter comment les pirates africains enlevaient les troupeaux et les femmes jusque sur la plage de Bosa.

La région du Sulcis, l'une des plus célèbres, des plus fertiles de Sardaigne, en était dépeuplée. Devenue insalubre par l'abandon de ses terres, elle n'était pas seulement déserte, mais encore inhabitable. Aujourd'hui, rendue à l'agriculture, elle s'assainit et ses villages se rebâtissent. La prise d'Alger, on ne saurait trop le redire, fut pour ces riverains un bienfait inestimable. « Conditions personnelles, commerciales, agricoles, tout a changé depuis lors, » écrit de La Marmora. Nous en avions la preuve : tandis que le vieux pâtre nous racontait l'effroi qui, jusque-là, faisait déserter ces rives, nous suivions du regard une flottille de barques napolitaines qui se livraient à la pêche du corail, vivant résultat de la sécurité présente.

Nous descendîmes la falaise ; des récifs aigus ou arrondis, bizarrement découpés, rongés par le temps et par les vagues, surgissaient près de la côte. Dans une anse, formée par l'embouchure de la rivière qui baigne la Cartiera, se balançait, amarrée à la grève, une barque à demi-cachée par des genêts épineux et des plantes aquatiques ; ses voiles étaient pliées ; trois matelots portant le costume des pêcheurs napolitains raccommodaient leurs filets, en chantant des barcarolles. Ce groupe pittoresque au pied des rochers que domine la tour, en face des récifs, dont les échos mêlaient le bruit des vagues au chant des bateliers, la gorge profonde, semée d'arbustes penchés au-dessus du fleuve, tapissée de lianes pendantes, et servant de fond au tableau, me rappelait ces marines italiennes, calmes et lumineuses, qui tout en ne reproduisant qu'un point du rivage, un simple détail des scènes du bord de la mer, vous font longtemps rêver.

CHAPITRE XIX.

La semaine sainte et les cérémonies religieuses. — La fête de la Constitution.

A la mi-avril commença la semaine sainte, dont les offices, rigoureusement suivis, furent, comme à l'ordinaire, d'une très grande mise en scène. Déjà le sermon qui avait eu lieu le dimanche précédent, pour les âmes du Purgatoire, avait été fort dramatique. Prêché à la nuit close, avec grand apparat de cierges allumés, de crucifix et de têtes de mort, ce sermon funèbre émotionne toujours fortement l'assistance et à plusieurs reprises tout l'auditoire fond en larmes. Pendant que les femmes sanglotent au souvenir de leurs défunts aimés, que les quêteurs parcourent l'église en agitant leurs sébiles et en réclamant les offrandes, le tableau des souffrances des pauvres âmes continue, et l'exhortation à les soulager devient de plus en plus éloquente.

Racontée au loin la scène peut faire sourire, mais quand on y assiste on éprouve une émotion dont on ne saurait se défendre. Cette foi ardente, ces sanglots vous remuent profondément, et l'on finit par subir l'entraînement général.

CHAPITRE XIX.

Le dimanche des Rameaux deux cérémonies appellent à l'église une foule considérable : le matin se fait la distribution des palmes, le soir celle des petites croix bénites.

Les membres du clergé et ceux des confréries reçoivent leurs palmes de la main du célébrant. Le commun des martyrs se voit jeter les siennes du haut de la chaire et les saisit comme il peut. Hommes et enfants, les bras tendus, se pressent au centre de l'église. Tombe une poignée de feuillage, et la mêlée commence ; on crie, on se bat ; les uns pleurent, les autres jurent ; la plupart se mettent à rire ; on se croirait sur la place un jour de foire. Debout devant l'autel, les prêtres seuls restent calmes, regardant le peuple, et témoins impassibles du tumulte.

Quant aux croix bénites, qui sont en étoffe de couleurs diverses, la prieure de Notre-Dame-de-Compassion les a sur un plateau, où chacun en prend une au passage. Ces petites croix sont fort enviées, ce qui n'a rien d'étonnant, car il est peu de personnes qui doutent de leur vertu. Or elles passent pour délivrer les femmes d'un grand nombre de maladies. Maux de reins et d'entrailles, rhumatismes, etc., guérissent toujours lorsqu'on porte, cachée dans un coin de ses habits ou dans la semelle de ses souliers la petite croix bienfaisante, qui, n'ayant d'efficacité que d'un dimanche des Rameaux à l'autre, doit se renouveler tous les ans. Si malgré cette précaution la maladie persiste, c'est que la malade n'a pas une foi assez vive.

Les palmes ont encore plus de puissance, ce qui explique la fougue avec laquelle on se les dispute.

Précieux talismans, elles écartent les sorts, les maléfices et portent bonheur ; aussi ont-elles leurs places dans toutes les chambres habitées, souvent même à l'extérieur des bâtiments ; jusque dans la crosse des fusils, où l'on en trouve une parcelle qui assure aux balles la direction voulue, non-seulement à la chasse, mais pour la *vendetta*.

On met ces rameaux dans les champs ensemencés où ils font naître l'abondance, et dans les *ovile* parce qu'ils protégent les brebis et les rendent plus fécondes. Ne serait-ce pas un souvenir de l'Aschérah phénicienne, la bonne déesse, qui donnait la fortune, la fécondité et dont le simulacre était planté dans les jardins sous forme d'un pieu ?

Outre les palmes qu'on distribue à l'église il en est de très riches, de très élégantes que fabriquent certaines congrégations et dont le prix est fort élevé ; j'en ai vu de deux cents francs.

Comme partout, les cérémonies religieuses remplirent les trois derniers jours de la semaine, sans préjudice du grand nettoyage qui eut lieu dans chaque demeure avec un balai de buis piquant, *su fruchius*, qu'on avait cueilli tout exprès le dimanche de la Passion.

Le jeudi il y eut foule aux saints sépulcres, dont l'arrangement prouvait le bon goût des décorateurs. Cette visite particulière n'empêcha pas les fidèles de se réunir le soir et de recommencer la pieuse tournée qui se fit alors aux flambeaux en chantant des hymnes pleins de douceur et de tristesse. On n'imagine pas le recueillement de cette multitude dont la foi et la ferveur égalent celles des premiers chrétiens.

Le lendemain, dans l'après-midi, des processions parties des églises et des chapelles se réunirent à celle de la confrérie du Rosaire, qui portait la statue de la Vierge entièrement voilée de noir. Toutes ces processions, n'en formant plus qu'une et suivies de toute la ville, se rendirent à la Collégiale, où avait été dressée une grande croix apportée de l'église des Servites. Dès que la Vierge fut déposée en face de cette croix, sur laquelle était clouée l'effigie du Christ, le prédicateur monta en chaire pour prêcher la passion. Quand il en vint à l'agonie du Sauveur, deux prêtres vêtus de rouge, et qui jusque-là étaient demeurés immobiles au pied de la croix, allèrent prier alternativement la Madone et son divin Fils. Après cela, montés sur des échelles, ils enlevèrent la couronne d'épines qu'ils présentèrent d'abord à la Vierge puis au peuple. Ils arrachèrent ensuite les clous, observant pour chacun d'eux le même cérémonial et descendirent le corps, dont la tête et les membres ballants rendaient cette représentation du Calvaire plus saisissante.

Le Christ fut alors déposé dans un cercueil, orné de sculptures dorées, de rubans, de fleurs, de cierges, et recouvert d'une gaze noire. A ce moment les sanglots éclatèrent ; ils devinrent contagieux ; tout le monde pleura. J'ai vu là des hommes de quarante ans verser des larmes aussi abondantes que s'ils avaient eu sous les yeux le corps de leur père ou celui de leur propre fils.

Le sermon terminé, des pénitents prirent la statue de la Vierge et le cercueil du Christ ; ils les chargèrent sur leurs épaules, et, accompagnés du clergé, suivis de tous les fidèles, ils les reportèrent chez les Servites.

Arrivé à l'entrée de l'église, le cercueil fut salué profondément par la Vierge d'abord, ensuite par les croix, les lanternes et les bannières. Il fut enfin déposé dans le chœur, tandis que la Vierge était remise dans sa chapelle. Aussitôt la foule d'entourer l'un et l'autre ; chacun voulait recueillir sur des fleurs, sur des linges, sur des croix, des chapelets, des médailles, les grâces qui s'échappent alors avec plus d'abondance de ces images sacrées.

De même que pour les palmes et pour les croix bénites, les grâces recueillies de la sorte n'ont qu'une efficacité annuelle, d'où il résulte qu'à chaque vendredi saint c'est avec la même fureur qu'on cherche à les obtenir. Je dis fureur et le mot n'a rien d'exagéré ; comme à la distribution des palmes, le combat est ardent et plus d'un chapelet et d'une médaille ne parviennent au cercueil que par la force du poignet.

Quant aux rubans et aux fleurs qui ont décoré la bière, leurs vertus sont d'autant plus puissantes qu'ils étaient plus près du Christ et qu'ils y sont restés plus longtemps. Nous avons dit qu'en Sardaigne il est admis que les faveurs divines se communiquent par émanation ; on est persuadé qu'elles rayonnent de la même façon que la chaleur et la lumière ; et conséquemment on veut se rapprocher de leur foyer.

Le samedi saint les épingles qui, la veille, ont été employées à la toilette de la Vierge, sont distribuées dans l'église des Servites par la prieure de la confrérie du Rosaire. Ces épingles jouissent naturellement de nombreuses vertus curatives, et sont avidemment recherchées.

Le même jour il y a, comme partout, la bénédiction du feu et celle de l'eau bénite ; en outre on bénit les maisons pour en chasser l'esprit malin, y prévenir la *jettature* et attirer sur leurs habitants les bienfaits du Ciel. Cette pratique d'ailleurs est conforme aux paroles qui ont été dites le matin dans toutes les églises catholiques : « Commandez, Seigneur, que tout esprit impur sorte d'ici, et détournez de ce lieu toute la malice et tous les artifices du démon. »

En dehors des offices, qui sont partout les mêmes, les cérémonies de la grande semaine varient dans leurs détails suivant les localités. Le jeudi saint, par exemple, à Cuglieri, le chef de la confrérie de Sainte-Croix lave les pieds à douze des confrères, en leur faisant sur le cou-de-pied, qu'il baise ensuite, une croix avec du vin blanc. L'agape fraternelle, qui vient après, se compose de *dolci*, également arrosés de vin blanc, et se termine par un baiser de paix général. A Sassari, chacun des mendiants auxquels l'évêque lave les pieds porte les attributs de l'apôtre qu'il représente. A Cagliari, ce sont les plus âgés des pauvres de la ville qui figurent les compagnons du Christ. Il y a quelques années ceux qu'on avait choisis ne représentaient pas moins de onze siècles à eux douze. On fait mettre à ces vieillards une longue robe de toile brune, des souliers de cuir jaune et un chapeau à large bord. Vêtus de la sorte, ils doivent assister aux solennités de la semaine sainte. Après Pâques un festin leur est donné par l'évêque.

Le repas terminé, chacun des convives a le droit d'emporter son costume, ainsi que toutes les pièces de son couvert, y compris la serviette, et reçoit un panier qui renferme sa part de la desserte.

La mise en scène des différents mystères célébrés à cette époque offre également de nombreuses variantes ; mais, dans toutes les paroisses, c'est la même sincérité, la même ferveur. Il faut entendre le *Stabat*, accompagné en sourdine par cette foule véritablement navrée. Je connais peu d'impressions aussi vives que celles que produisent ces strophes si douloureuses, murmurées par toutes ces voix gémissantes, dont les *tremoli* vont *crescendo* et s'affaissent tout à coup, étouffés par les larmes.

La joie n'est pas moins véhémente. Le jour de Pâques on alla processionnellement chercher la bière du Rédempteur, qui se trouvait alors à Santa-Croce ; puis on se rendit aux Servites, afin d'y prendre la Vierge, et l'on gagna la Collégiale où devait se prêcher la Résurrection.

Comme le sermon finissait, le Christ, jusque-là couché dans les fleurs, sortit du cercueil. La Vierge vint le reconnaître, et, laissant tomber le voile noir qui l'enveloppait, elle apparut dans toute la splendeur d'une toilette où le satin et le brocard étaient couverts de fleurs, de dorures et de dentelles. L'*Alleluia* éclata alors, répété par toutes les bouches, avec un enthousiasme indicible.

Après la messe, les deux statues furent reportées en triomphe à Santa-Croce, où elles reçurent les hommages des fidèles au milieu des chants d'allégresse, des banderolles appendues aux murailles, des branchages de laurier, des jonchées de fleurs, des fusées, des pétards, des tirelirelis, boum, boum les plus joyeux du flageolet et du tambourin. Puis chacun alla se réjouir en famille.

Le menu pascal n'offre rien de particulier, si ce n'est l'usage d'ajouter aux friandises habituelles des petits pains de deux espèces : l'*angabo* ou *angi ù*, qui est en forme de cône et dans lequel se trouve un œuf ; et les *télicas*, dont la croûte, pétrie comme à l'ordinaire, enveloppe une autre pâte faite avec du vin cuit.

Ce jour-là, je fis baptiser ma fille, qui était née le jeudi saint, 20 avril. Presque un événement dans le village que le baptême de la *pizzina a su intendentu*. Nous étions quarante. L'enfant, sur les bras de sa bonne, ouvrait la marche ; Teresa la suivait, portant sur un plateau le sel, le coton, la serviette et le flambeau enrubanné. Je venais ensuite avec la marraine, la charmante Rita. Ici la présence du père est indispensable ; ne pas accompagner l'enfant à l'église équivaudrait de sa part à un désaveu de paternité. Derrière nous, marchaient les dames, puis les messieurs. Ce n'est qu'en revenant du baptême que les hommes se mêlent aux femmes.

Ainsi composé, le cortége s'achemina vers l'église, entre deux haies de curieux et suivi d'une nuée de gamins. Après la cérémonie, qui ne présenta rien d'extraordinaire, si ce n'est la grande quantité d'eau qui fut versée sur la tête de l'enfant, les invités s'approchèrent de moi tour à tour ; chacun d'eux me fit son compliment, me serra la main, et souhaita à ma fille une heureuse destinée.

En sortant de l'église, le parrain et la marraine jetèrent quelques poignées de gros sous. La même largesse se renouvela en arrivant au logis ; puis tout le cortége, augmenté du curé et de deux clercs en soutane rouge, accompagna l'enfant jusqu'au lit de la mère, à laquelle fut présenté le flambeau du baptême, que, selon l'usage, il lui était réservé d'éteindre.

Les invités passèrent ensuite dans la pièce voisine, où, toujours d'après la coutume, les attendait une collation, dont quelques bouteilles de vernacia et de malvoisie, du café, des liqueurs et force *confetti* firent les frais.

Le 8 mai, fut célébrée la fête de la Constitution ; les heureuses nouvelles qu'on avait reçues du théâtre de la guerre — nous étions alors en 1859, — ne la rendirent pas plus brillante. En Sardaigne, le peuple aime peu la politique, il redoute les changements, persuadé qu'il est, et malheureusement par expérience, que des surcroîts d'impôts suivent toujours les modifications faites au nom de la liberté. Loin de le réjouir, les agrandissements du Piémont lui étaient un sujet d'inquiétude ; il craignait que le gouvernement ne voulût s'attirer l'affection des annexés en consacrant aux nouvelles provinces l'argent qui devait être employé dans l'île.

Toutefois, la municipalité fit bien les choses. Il y eut réception au théâtre de toutes les notabilités de la ville : réception qui ne manqua pas d'un certain caractère. Nous étions assis autour de la salle ; trois femmes voilées et pieds nus, vêtues de robes sombres, présentaient à la ronde et alternativement, des *dolci* et des vins fins qu'elles portaient sur des plateaux, jadis argentés. Le sérieux et la dignité de cette réunion me rappelaient les festins antiques, où les convives goûtaient les vins servis par les esclaves.

CHAPITRE XX.

En villégiature. — La cuisine. — Les forêts et la glandée. — Les pierres levées. — Un petit village. — Réception de l'Intendant. — Les *baracelli*. — Çà et là.

Le mois de mai est la belle saison des Pitinnuri ; c'est le moment où les Cugliéritains y font leurs parties de campagne et y vont en villégiature. Paolesu, qui tous les ans y restait une huitaine, s'y trouvait alors avec sa famille et avec un certain nombre d'amis et de connaissances venus de Cagliari. Egalement invité, j'allai passer un jour avec cette bande joyeuse.

Deux chambres sans plafond et sans vitres, séparées l'une de l'autre par une cuisine sans cheminée et sans fenêtre, servait d'habitation à cette nombreuse société. Quelques troncs d'arbres couchés par terre, les selles des chevaux, trois ou quatre chaises, quelques matelas très minces et très durs pour les femmes, de simples nattes pour les hommes, en constituaient l'unique ameublement. Mais il y avait là une guitare et un joueur de *lionedda*, le chant, la danse, la chasse, la liberté, nul autre souci que de jouir de l'heure présente, nul désir d'un confort qu'on n'eût pas apprécié. Rien ne manquait à personne pour être heureux, et la plus franche gaieté régnait dans la maison.

Prenant un guide, j'allai visiter la source de Santa-Elena et quelques débris d'antiquités romaines, qui se trouvent dans le voisinage. Autrefois, paraît-il, les statues, les inscriptions, les médailles n'étaient pas rares dans les *Salti* de Corchinas et de Pitinnuri; mais on a brisé les statues pour faire avec leurs morceaux des clôtures de *tanca;* et les inscriptions et les médailles ont été envoyées à Cagliari. Si de temps à autre la charrue découvre encore quelques-unes de ces reliques, elles vont s'égarer en des mains inconnues.

Chemin faisant j'eus l'explication des belles cornes de bœuf que l'on voit sur la porte des *ovili* ou parcs à moutons. Placées à côté de la palme bénite, elles ont, m'a-t-on dit, encore plus de vertu que cette dernière pour conjurer les sorts et pour préserver de la *jettature*. Y a-t-il dans cette croyance un souvenir d'Apis, dont les Egyptiens, que Tibère exila à Cornus et à Tharros, auraient apporté le culte dans ces parages? Ou doit-on faire remonter aux premiers colons cette foi à l'efficacité des cornes, qui, en Phénicie et dans tout l'Orient, étaient l'attribut de la puissance, et qui, avec le serpent, accompagnent souvent les idoles que l'on retrouve en Sardaigne?

Quand je revins de ma promenade le dîner se préparait. Au centre de la cuisine était un grand feu, devant lequel rôtissait la moitié d'un gros mouton. La viande, arrosée de bon vin, tournée rapidement et sans cesse, devant une grande flamme qu'on a soin d'entretenir, se forme une croûte qui lui conserve toute sa graisse, tout son jus. « Et comme elle est savoureuse! s'écrie le père Bresciani ; rien que d'y penser l'eau m'en vient à la bouche. »

Relisez dans le premier chant de l'*Iliade* la préparation du festin qui suivit le sacrifice de Chrysès, vous verrez que sous les murs de Troie les Grecs faisaient leurs rôtis de la sorte.

Une autre méthode encore supérieure est employée par les pâtres ; méthode qui fut celle d'Abraham, et qui, de nos jours, se retrouve en Afrique et chez les Océaniens. Après avoir creusé une fosse dans la terre, après en avoir battu le fond et les parois, on l'emplit de bois sec que l'on allume et que l'on renouvelle jusqu'au moment où cette espèce de four est d'une chaleur convenable. La braise et les cendres sont alors retirées ; et l'animal qu'il s'agit de faire cuire, ayant été vidé et enveloppé de feuillages, est placé dans la fosse ardente. On le recouvre d'un lit de terre de douze à quinze centimètres d'épaisseur, qu'on foule légèrement, et sur lequel un feu vif est entretenu jusqu'à parfaite cuisson de la bête. Celle-ci est quelquefois une génisse ou un bouvillon.

Rôti à *furia furia*, ou cuit de cette manière, le cochon de lait, qui peut être regardé comme le mets national des Sardes, est excellent. Dans les grandes circonstances, rapporte de La Marmora, le porcelet est mis dans un mouton, celui-ci dans un veau, et le tout dans la terre, comme nous venons de le décrire. Il faut une journée pour que la viande soit cuite à point ; mais le résultat est quelque chose d'exquis.

Il paraît néanmoins que ce système n'est pas appliqué à la venaison. Le cerf, le daim, le mouflon, le sanglier, ajoute de La Marmora, se mettent toujours à la broche. Cependant, le père Bresciani cite le sanglier parmi les animaux que les pasteurs font cuire au four « *vitello montone on cignale,* » dit-il.

Malgré la chaleur croissante, je pus encore faire quelques promenades dans les environs de Cuglieri, endroits charmants, véritables labyrinthes des plus variés, des plus gracieux, tant leurs sentiers, qui serpentent au milieu des vignes, des jardins et des oliviers, ont de détours, de fleurs et de rossignols; tant leurs grandes haies, faites de laurier, de myrte et de lierre, sont fourrées de chèvrefeuilles, d'églantiers, de clématites et de pervenches.

Je revenais chaque fois avec une brassée de fleurs pour en décorer mon salon; mais le public n'en paraissait plus étonné. Ce qui le surprenait alors c'était que ma petite Rita passât la nuit dans un berceau. L'usage en Sardaigne veut, qu'au moins pendant la première année, l'enfant couche avec sa mère. Il en résulte fréquemment que de pauvres petits sont étouffés. Mais l'usage ne peut pas avoir tort; et, pour expliquer ces nombreux malheurs, on a imaginé la *strega*, démon féminin, espèce de vampire qui, sous la forme d'un oiseau de nuit, pénètre dans la maison, étouffe l'enfant et se nourrit de son dernier soupir. Il y a toutefois un moyen d'éloigner le monstre, et ce moyen est très simple : il suffit de mettre, le soir, derrière la porte, un balai renversé et de le coiffer du bonnet du papa. Malheur aux parents négligents qui oublient cette précaution ; car l'effroyable oiseau est toujours là, bien qu'invisible, et cherchant à s'introduire auprès de la petite créature.

Le 29 mai, je partis pour le Marghine, où j'allais faire une tournée administrative. La campagne était splendide ; partout de magnifiques épis se balançaient au souffle d'une brise rafraîchissante ; et pourtant ces riches moissons n'avaient pas reçu la moindre fumure. Que serait-ce donc si les terres étaient bien cultivées et si les engrais, soigneusement recueillis, leur étaient distribués avec intelligence ?

Nous fîmes une courte halte à Scano ; peu de temps après, nous entrâmes dans la forêt domaniale qui revêt le mont Antonio, forêt de liéges et de grands chênes verts, dont la glandée est louée à des propriétaires de porcs. Chiens, porchers et pourceaux, groupés autour de leurs cabanes, ne me parurent guère moins sauvages les uns que les autres.

Il y a dans l'île deux espèces de porcs, ou, pour parler plus juste, deux sortes de condition pour ces animaux. Les uns vont et viennent dans la campagne, où ils mangent des racines, des grains, des reptiles. A la fin de l'automne, on les conduit dans la forêt, dont les glands leur fournissent une pâture abondante ; ils se rapprochent alors du sanglier dont ils prennent l'extérieur et la venaison. Les autres sont élevés comme partout ; ils deviennent plus gras ; mais leur chair est beaucoup moins estimée.

Le lendemain j'étais à Borore, chez le révérend Solinas, curé de l'endroit, chevalier de l'ordre des Saint-Maurice et Saint-Lazare, aumônier du roi, grand chasseur, dévoué corps et âme à l'autorité, et dont j'acceptai l'hospitalité sans scrupule, certain du plaisir qu'il éprouvait à recevoir l'Intendant. Il le fit avec la générosité que lui permettait son bénéfice, l'un des plus riches de l'île, malgré la réduction qu'il a subie en 1848.

Bororc est un village de deux mille âmes, où, lors de ma visite, fermentaient des passions haineuses, engendrées par l'esprit de parti. Cependant, en dépit des méchantes roueries d'un prêtre, ennemi personnel du curé Solinas, j'obtins du conseil municipal la solution de plusieurs affaires ; mais pour en arriver là, il me fallut une séance qui ne dura pas moins de sept heures.

Le territoire de cette commune est riche ; mais arrosé par de mauvaises eaux et presque entièrement dépourvu d'arbres, ce qui le rend fort insalubre.

Quatorze nuraghs et des tombeaux de géants, avec *pedras longhas* ou pierres levées, le rendent intéressant pour les archéologues. J'ai visité trois de ces antiques sépultures; les menhirs qui leur servent de stèles ont de quatre à cinq mètres de hauteur sur un mètre cinquante de large à la base; ils sont coniques, épais de cinquante centimètres, arrondis par le haut et présentent, dans leur partie supérieure, des espèces de niches d'une profondeur de quinze centimètres. Derrière chacun de ces monolithes sont de grosses pierres qui forment un parallélogramme d'une longueur de huit mètres, où elles encadrent un vide d'un mètre cinquante de large sur trois mètres de long. On a trouvé dans ces carrés de pierres des ossements qui ne laissent aucun doute sur leur destination. Nous avons fait remarquer plus haut que ces tombes se rencontrent dans le voisinage des nuraghs, auxquels probablement elles sont antérieures.

Ici leur nombre s'explique par la situation des lieux. Sépultures des puissants de l'époque, elles renfermaient certainement les dépouilles des guerriers ; et le plateau de Borore, situé au pied des montagnes, au point où débouchent plusieurs vallées, non loin du port d'Oristano, à la frontière des deux caps, a dû servir dans tous les temps de champ de bataille aux envahisseurs, comme aux chefs de tribus ou de provinces dont les querelles ou les convoitises ont ensanglanté la Sardaigne.

C'est chez le curé de Borore que j'ai vu, pour la première fois, un de ces anciens chariots à roues pleines et fixes, tournant avec l'essieu et garnies, au lieu de bandes, d'énormes clous assez éloignés les uns des autres pour former engrenage avec les aspérités du sol. On employait ces chariots dans toute la Sardaigne, il n'y a pas encore longtemps ; aujourd'hui il est défendu de s'en servir sur les routes royales, et dans les villes de Cagliari et de Sassari.

De Borore je passai à Dualchi puis à Nuragugume.

Là, j'étais attendu par *il cavaliere* don Efisio Spada, qui me reçut à l'entrée du village, et qui m'offrit l'hospitalité dans une maison imposante, véritable palais pour le pays. Depuis l'assaut qu'il avait eu à subir et que j'ai raconté dans l'un des précédents chapitres, don Efisio avait transformé son logis en forteresse : portes doublées de fer, rateaux à guillotine derrière chacune d'elles, judas à toutes les ouvertures, escalier central enveloppé d'une muraille, percée de trous et de meurtrières ; tout avait été prévu pour une seconde attaque.

Nuragugume, situé à l'extrémité du plateau du Marghine, commande la partie inférieure de la vallée du Tirse. Cette position a dû jouer autrefois un grand rôle ; et comme à Borore, les pierres levées et les tombes qu'elles accompagnent sont nombreuses dans les environs. Faisons remarquer le nom du lieu qui, pour racine, a le mot nurag.

La maison, ou plutôt la forteresse de mon hôte, avait deux étages composés de vastes chambres voûtées. Ces grandes pièces étaient belles, mais le propriétaire n'en jouissait pas. Don Efisio habitait exclusivement une salle du rez-de-chaussée qui, à vrai dire, représentait à elle seule toute une maison, de la cave au grenier. Il faudrait la plume d'un Balzac pour faire l'inventaire de tout ce qui s'y trouvait. C'était un pêle-mêle, un entassement bizarre de cruches à huile, d'amphores, de tonneaux, de provisions de toute espèce, d'ustensiles de ménage, de selles, de brides, de harnais, de charrues, de pelles, de pioches, de corbeilles, de lits, de sièges, de meubles, d'armes et de livres, car le maître du lieu est un homme instruit, qui aime la lecture. Enfin, allant et venant dans ce Capharnaüm, qui donne dans la cuisine, le vieux Spada lui-même, avec sa figure ratatinée, coiffé d'un immense bonnet noir, et surveillant tout d'un petit œil vif et perçant auquel rien n'échappe.

Ce fut dans cette pièce que nous passâmes la soirée, autour d'une table chargée d'un repas splendide, qui eût rassasié de nombreux convives, et auquel nous étions seulement trois. Puis je gagnai la belle chambre qu'on m'avait préparée au premier étage ; laissant mon hôte se coucher dans l'un des lits de son étrange domicile.

Avant de quitter Nuragugume, je voulus voir la pierre de Taleri, monolithe pyramidal qui a neuf mètres et demi de hauteur sur un mètre quarante de large à la base. Cette pierre ne porte aucune trace de sculpture.

Un peu plus loin, couché sur le sol, est un autre bloc de granit, également taillé de main d'homme. Près de là, dans une colline granitique, où elle a été creusée au ciseau, se trouve une grotte que les paysans nomment le *four au pain*.

Nous vîmes encore une *pedra longa* : puis le nuragh de Corvos, qui est parfaitement conservé, et dans une situation des plus pittoresques. Ces monuments sont nombreux dans le voisinage.

M'étant dirigé ensuite vers le nord, je traversai la route centrale qui va de Bosa à la côte opposée ; et peu de temps après je gravissais péniblement les pentes abruptes que domine la petite commune de Lei, où l'on comptait à cette époque quatre cent dix-huit habitants.

Posé comme un nid d'aigle entre de hautes aiguilles rocheuses, qui hérissent le flanc d'une montagne couronnée d'une forêt de chênes, ce *popolato* est d'une extrême salubrité ; aussi les visages y sont-ils pleins de vie et d'intelligence ; le sang y est pur comme l'air qu'on y respire.

Situé à la limite de la province, aux environs des sources du Tirse, Lei commande toute la vallée du fleuve, et de ses murs on voit cette longue plaine se dérouler jusqu'au golfe d'Oristano, que l'œil a peine à saisir au fond de l'immense horizon.

Il n'est peut-être pas de village où l'ancien cachet sarde se soit mieux conservé. Sa population, ce qui tient à son isolement, a gardé les mœurs, les croyances d'autrefois, l'innocence des premiers âges, et le nu y est encore moins redouté qu'ailleurs. Un idiot de vingt ans y vaguait en costume primitif, comme aux beaux jours du paradis terrestre. Personne n'en était offusqué : « N'était-ce pas un innocent devant Dieu? A quoi bon le vêtir? Les anges ont-ils des habits? » Et ce raisonnement, peu conforme à nos mœurs, satisfaisait tout le monde.

Depuis de longues années, aucun intendant n'avait fait l'ascension du village ; mon arrivée en fut d'autant mieux accueillie. On me fit une réception triomphale. De tous côtés, femmes, enfants et vieillards m'envoyaient des sourires, et me saluant du *bene stenta il nostru intendentu*, venaient me baiser la main ; ce qu'il me fallait permettre, et ce que je laissais faire en y apportant le plus de dignité possible.

Escorté des *baracelli*, dont la compagnie formée de tous les hommes d'âge viril, était venue à ma rencontre, je me rendis au conseil municipal. Il serait je crois difficile dans toute autre commune de réunir quinze têtes aussi belles et aussi intelligentes. Toutes, sans exception, auraient pu servir de modèles à un peintre d'histoire. Avec leur tenue pleine de noblesse, leurs traits mâles, leurs belles barbes et

R

leurs grands cheveux bouclés, ces villageois avaient l'air de sages d'Orient, formant un aréopage.

Après la séance, je retrouvai les *baracelli* qui m'accompagnèrent jusqu'au territoire de Silanus, où m'attendaient les cavaliers de cette commune.

Le baracellat, que nous avons déjà nommé à plusieurs reprises, est une institution cinq fois séculaire qui participe de la société d'assurances et de la milice citoyenne. On peut en faire remonter l'origine à l'époque où la république de Sassari créa une garde rurale chargée de veiller la nuit sur les propriétés ; mais ce fut Eléonore d'Arborée, la grande législatrice, qui, dans la *Carta de Logu*, en régla les attributions, et lui donna le développement et la forme qu'il a gardés jusqu'à présent.

Chaque commune a sa compagnie de *baracelli*, qui, moyennant un prix convenu, s'engage envers les propriétaires à protéger leurs biens et à les indemniser, dans une proportion fixée d'avance, de tous les dégâts dont ils auront à souffrir de la part des malfaiteurs.

La compagnie est, en outre, chargée du maintien de l'ordre public, et prête main-forte à l'autorité chaque fois que celle-ci en fait la réquisition. Elle se compose de volontaires qui doivent être agréés par le conseil municipal. Les *baracelli* sont fort considérés ; et, dans la commune, leur capitaine est un personnage important.

Je revins à Macomer où j'avais couché la veille ; et, après avoir examiné les pierres milliaires de Titus et de Vespasien, qui se trouvent devant l'église, visité les traces de l'ancienne Macopsisa et les ruines du château qui succéda à cette antique cité romaine, je montai à Mulargia, petite bourgade de cent vingt habitants.

Dans ce village, le presbytère est misérable, tout à fait en rapport avec le mince traitement du curé, traitement qui n'excède pas six cents livres. Pour suppléer à cette insuffisance de salaire, le *parocco* se livrait à la chasse, ce qui lui permettait d'avoir bonne table sans aller beaucoup à la boucherie. On affirmait que près de trois cent cinquante lièvres tombaient annuellement sous ses coups. La chasse, toutefois, n'était pas la seule chose qui l'occupât, et sa cuisine n'en absorbait pas tous les produits. Passionné pour l'étude, — il avait commencé le latin à vingt-huit ans, — il vendait une partie de son gibier pour acheter des livres et se laissait accuser de quelques pratiques de sorcellerie.

Un nuragh, voisin de Mulargia, et un autre dans la plaine sont dignes de remarque; mais j'eus le regret de ne pas les visiter, les affaires me rappelant à Cuglieri, où j'arrivai le 3 juin.

Peu après vint la Pentecôte, ou *Pascua dei fiori*. Cette Pâques des fleurs ne présente rien de particulier, si ce n'est que l'officiant jette des feuilles de rose au clergé, ainsi qu'au peuple.

Les grandes chasses avaient fini le jour de Pâques. La dernière avait été celle du samedi saint, qu'on appelle chasse du prédicateur, parce que, dans tous les villages, le produit en est destiné, au moins en partie, au prédicateur du Carême. Depuis lors, dans les boucheries de Cuglieri, boucheries en plein vent, les seules que possède la ville, on n'avait trouvé que du mouton ; après la Pentecôte, il y fut joint de la viande de bœuf.

Un temps splendide avait ramené nos promenades à Timémère et nous permettait d'y porter notre petit ange, comme l'appelaient les jeunes filles que nous trouvions à la fontaine, et qui, venant écarter le voile bleu de la *pizzina*, la disaient « plus fraîche qu'une églantine au matin de son premier jour, — plus suave que le parfum des fleurs de l'amandier ; » et qui souhaitaient au bel ange et à sa mère « des jours sans nombre, pleins de rêves d'or et de bonheur. » Pourtant le cher ange était menacé d'un vice capital : chacun, d'après les Sardes, naît avec le germe puissant de l'amour du bien d'autrui ; le seul moyen de conjurer ce penchant au vol, penchant irrésistible, est de faire couper les ongles à l'enfant, pour la première fois, par sa marraine, le soixantième jour après sa naissance. Or, la véritable marraine du bel ange n'étant pas dans l'île, la conjuration ne pouvait pas avoir lieu, et ma fille courait grand risque d'être voleuse.

CHAPITRE XXI.

La côte occidentale. — Seconde visite à Bosa. — Los Grecos. — Forêts et légendes. — L'improvisation en route. — Une grotte habitée : le chant du sommeil. — Le déboisement. — Alghero. — La grotte de Neptune.

Je repartis le 16 pour continuer ma tournée, me dirigeant cette fois vers la côte. En passant à Très-Nuraghes, dont la scènerie m'était cependant bien connue, je ralentis ma course sans le vouloir; je ne pouvais me lasser d'admirer les paysages si variés et si pittoresques. Il me semblait ne les avoir pas assez appréciés; j'y découvrais mille beautés nouvelles, plus de charme dans les détails, plus de grandeur dans l'ensemble.

Bosa lui-même gagna beaucoup dans mon estime, après une charmante promenade que je fis aux ruines de l'antique cité de Calmedia ou Calumedia, et à l'église de San-Pietro qui est au milieu de ces ruines.

Non-seulement cette église est admirablement située, mais elle est par elle-même des plus intéressantes : un exposé complet de l'architecture religieuse au moyen âge. Vous assistez là aux passages successifs du roman au gothique, embrassant d'un regard toutes les phases du plein cintre et celles de l'ogive, depuis ses débuts jusqu'à son achèvement.

Quant à l'ancienne ville, une culée entrevue sous les eaux du fleuve, et qui faisait partie d'un pont allant du temple de Thémis au collége des prêtres, est le seul vestige qui en soit resté debout. Des statuettes trouvées dans le sol qu'elles occupaient, et une inscription qui, bien que postérieure de plusieurs siècles à l'établissement de la cité, n'en rappelle pas moins les fondateurs, donneraient à Calmedia une origine phénicienne.

D'après une légende populaire, les souterrains de Calmedia seraient habités et défendus par des mouches venimeuses, prêtes à fondre sur les téméraires qui oseraient s'introduire chez elles, et à leur faire payer chèrement leur audace. Cette légende ne serait-elle pas un vague souvenir des luttes qui durent signaler la destruction et le remplacement de la ville antique, dont les derniers défenseurs se seraient réfugiés dans les souterrains ?

Les rives du Temo sont vraiment enchanteresses. Remontez en barque à trois kilomètres au-dessus de Bosa, vous glisserez entre des jardins remplis d'orangers, de grenadiers, de poiriers, de figuiers, de cerisiers qui laissent pendre leurs branches jusqu'au fleuve, dont elles caressent l'eau tranquille. A quelque distance, derrière ces jardins, que séparent à peine quelques touffes de jonc, quelques buissons de genêt, s'élèvent de hauts rochers ornés d'arbustes disséminés sur leurs sommets aigus, rochers festonnés de lianes pendantes, et dont la base se noie dans un fouillis d'oliviers, de vignes et de chênes verts.

Si au retour la vue est différente, l'œil n'est pas moins charmé ; c'est la ville avec ses maisons blanches échelonnées sur la colline couronnée d'*olivetti*, avec ses ruines crénelées du château des Malaspina, avec son pont en dos pointu, sous lequel se balancent des voiles triangulaires ; puis les récifs du port et l'horizon sans fin.

Malgré les montagnes qui l'avoisinent, et où l'eau est commune, Bosa n'a pas de fontaines. L'eau potable lui est apportée chaque jour par des bateliers qui vont la puiser au Temo, à huit kilomètres en amont où elle n'est plus mélangée d'eau de mer.

A l'époque des Romains, la cité avait des aqueducs ; celle d'aujourd'hui n'a que des citernes ou des puits saumâtres. L'un de ces derniers passe pour avoir abreuvé les chevaux des Mages lorsque les trois chefs se rendaient à Bethléem. D'après le comte de La Marmora, cette croyance était partagée par des ecclésiastiques d'un rang élevé. « Il n'y a pas un demi-siècle, dit-il, que le chapitre de Bosa se rendait en procession au puits des Trois-Rois le jour de l'Epiphanie, et en faisait trois fois le tour en mémoire des pieux voyageurs. » L'un des derniers évêques mit fin à cet usage.

Le Révérend Spano, bénéficier de la cathédrale de Bosa, où il est maître des cérémonies, voulut me recevoir et s'en acquitta à merveille. Il me donna un très beau repas, plus brillant du reste que son logis, dont les fenêtres étaient sans vitres. Le Révérend me charma par sa conversation.

Déjà d'un certain âge il regrettait le passé. « Le monde se gâte, me disait-il, les mœurs se perdent, la franche gaieté s'en va. *Bon Dio !* s'écriait-il dans toute la sincérité de son âme, qu'autrefois on était plus honnête! On s'amusait innocemment avec la jeunesse ; on chantait le soir, en grattant la guitare ; on donnait des sérénades aux plus jolies et aux plus sages ; on leur procurait quelque doux rêve par des chansons d'amour ; puis on buvait gaiement un coup de vernacia. *Bon Dio!* quel temps prospère ! Tout le monde était heureux ; et nous autres, jeunes gens, *abbati* et *signori*, nous vivions comme des frères. Que les temps sont changés ! »

En quittant Bosa, je pris un chemin rapide qui rampe au flanc de la montagne, dont le Temo arrose le pied, et j'eus bientôt sous les yeux un splendide panorama. D'un côté, à l'horizon, le territoire de Villanova, que la masse carrée du mont Minerva écorne dans une faible partie ; de l'autre, toute la Planargia et le *Planu è Martas*, la plaine des myrtes ; au levant, se dirigeant vers le sud, les montagnes de San-Antonio, de Cuglieri et de Sénéghé ; tandis qu'au nord de cette ligne se dressaient les sommets du Monte-Sante, du Gennargentu et de l'Ogliastra. Au midi, nous avions la Méditerranée ; sous nos pieds, la ville de Bosa, et, près de nous, des vallons étroits, de profondes déchirures se précipitant vers la côte.

Bientôt nous abordons un plateau élevé sur lequel se trouve le village de Los Grecos ou de Montresta.

Il y a deux cents ans, des Grecs, fuyant leur patrie à la suite de mouvements politiques, se fixèrent en Sardaigne. Chassés par les Espagnols, ils se réfugièrent en Corse, où ils furent si maltraités que leurs descendants sollicitèrent du gouvernement de Cagliari l'autorisation de revenir. Le territoire de Montresta leur fut assigné pour demeure. Ils s'y établirent en 1750 et reçurent différents priviléges qui attirèrent dans leur colonie les gens les plus pauvres des communes voisines. Ils se livraient à l'agriculture et semblaient devoir réussir. Mais toute appropriation du sol excite la colère des pâtres : à leurs yeux, c'est une spoliation. Tout cultivateur les dépouille ; enclore un champ c'est leur enlever un droit. « Les nouveaux venus furent donc regardés d'un très mauvais œil, même par les gens riches de Bosa. D'autre part, la misère, l'isolement, l'injustice dont ils étaient victimes. Bref, les colons ne respectèrent pas toujours le bétail des voisins.

« De toutes ces causes il résulta un complot dans lequel entrèrent des hommes d'un rang élevé. On devait surprendre les villageois et les égorger tous pendant la nuit. L'entreprise échoua par la fermeté d'un pasteur, qui, malgré sa haine pour les condamnés, ne voulut pas tremper dans cette trahison.

» Cela n'empêcha pas les réfugiés de disparaître peu à peu, *di balla* ou *de Deus*, car le pays est insalubre. » (De la Marmora.)

En 1836, il ne restait de ces émigrés qu'une vieille femme et un appelé Dimas Passero ; aujourd'hui tous sont morts. Des Sardes les ont remplacés ; mais les habitants de Los Grecos sont toujours peu aimés de leur voisinage ; les vols sont fréquents dans cette commune, ainsi que les actes de vengeance.

Disons, à ce sujet, qu'en Sardaigne on reconnaît trois genres de mort : celui *di balla*, par un coup de feu non militaire; celui *de Deus*, par une maladie ou un accident quelconque, et *de Su Rey* ou du roi, par la force publique, soldat ou bourreau.

Un nuragh, très remarquable par sa forme carrée, occupe l'extrémité du plateau. Il est entouré de débris de murailles antiques, de blocs énormes, et de souterrains qui résonnent sous vos pas.

Le 17, malgré une pluie fine et très froide, je partis pour Alghero ; j'avais pour guides le syndic Virde Moritu, don Constantino, son secrétaire, et un conseiller municipal.

Nous entrons dans la forêt. Rien d'imposant comme ces bois profonds que la main de l'homme a respectés ; chênes géants, aux longues barbes de lichen, témoins des siècles écoulés, dont la vue inspire la vénération, et auxquels on voudrait demander les antiques légendes. Le terrain accidenté, les arbres tombés de vieillesse, à demi noyés dans la mousse ; le cri aigu d'un oiseau lointain, le calme de la forêt, quelques échappées entre les vieilles souches, et les branches pendantes, ajoutent à la poésie des lieux que nous traversons.

Plusieurs *ovili*, ornés de leurs cornes protectrices, se trouvent sur notre chemin ; nous ne nous y arrêtons pas. Chacune de ces huttes de pasteurs a cependant son histoire toujours dramatique, souvent terrible.

Parmi les plus effroyables de ces légendes, est celle de l'*ovile* de Sa Pedra lada de Quercu, Esu Campus, le propriétaire de cet *ovile*, habitait Bosa. Une nuit d'hiver, c'était en l'année 1600, il est réveillé en sursaut par un coup de vent étrange. Il écoute... Une voix mystérieuse l'avertit que des malandrins de Bomana se dirigent vers sa hutte et se préparent à lui voler ses plus beaux porcs. Esu se lève et court à la montagne ; il arrive, pose son *cabarro* sur un buisson à quelque pas de l'*ovile*, se cache derrière une roche et attend. Vers deux heures du matin, se présentent les hommes annoncés par la voix mystérieuse. Ils apparaissent un à un par l'étroit défilé. Croyant trouver un ennemi sous le manteau, l'un après l'autre ils le percent de leurs balles. Mais Campus, bien embusqué, ne les manque pas, et dix-sept hommes, frappés en pleine poitrine, mordent la poussière.

Pour remercier la voix qui l'avait averti, Campus tailla une large croix sanglante au front du dernier tué ; puis il enterra les dix-sept cadavres sous la grande pierre de l'*ovile*.

Ce dernier mort était le chef de la bande ; il devait épouser le surlendemain la jeune fille dont il était le *sposo* depuis plusieurs années, et le butin de cette triste nuit était destiné au repas de noces.

Inspiré par ces souvenirs et par la beauté des lieux, Vide Moritu, poëte improvisateur, commença un chant, dont voici quelques pensées, malheureusement dépouillées de leur forme primitive.

« Que ces montagnes sont belles ! Le cœur s'agrandit en face de la mer et de plaines inférieures, dont l'œil ne peut mesurer l'étendue.

» Ainsi que la mer, la vie de l'homme a ses orages, et comme elle ses jours de calme. Le calme, pour l'homme, c'est lorsqu'il aime.

» Qu'on est heureux, dans ces forêts, de vivre libre, indépendant, et de presser dans ses bras une amie qu'on adore. Il est si doux d'aimer et d'être aimé !

» L'homme, qu'a-t-il besoin du luxe des villes, de la richesse des seigneurs ? Ses vaches, ses brebis, ses chèvres, puis un bon fusil lui suffisent.

» L'amour pour son cœur, la chasse pour son corps, — que lui faut-il de plus ? Et malheur à qui l'offense ! Une balle ou un long couteau enfoncé sous les côtes, lui font bonne et prompte justice.

» La vengeance est un devoir. Les croix que le pâtre rencontre en cherchant son troupeau, épars dans la forêt, lui rappellent que la vendetta est juste.

» Mais la mort est triste ; elle laisse le deuil dans l'âme des amis du défunt. Sa pauvre femme pleure ; et souvent ses fils ignorent sur qui ils doivent venger la mort d'un père.

» Nous, voyageurs, prions pour celui qui a cessé de vivre. »

L'improvisation avait duré plus d'une heure, lorsque nous nous arrêtâmes sous un vieux chêne barbu, large à couvrir dix caravanes. Au pied de ce géant est une source limpide. C'est un lieu de halte, et nous y échangeâmes avec plusieurs cavaliers, armés jusqu'aux dents, le cérémonieux *vade in bon'ora*, qui, dans la bouche des Sardes, a quelque chose de solennel.

Du point culminant que nous traversions alors, la vue plonge sur une vallée couverte de gras pâturages, qui, du pied des rochers, suivent une pente rapide et courent, en s'élargissant, vers les plateaux de Monte-Leone. Tout à coup, au moment où nous allions quitter la forêt, le chant du coq se fit entendre. Je n'essaierai pas de décrire l'effet que me produisit ce chant civilisé éclatant dans ces bois, dont mon esprit, fasciné par leur aspect primitif, peuplait la solitude de bêtes fauves et d'hommes non moins sauvages. Une grotte, située près des ruines d'une chapelle, attira mon attention ; l'heure était venue de dîner ; notre petite bande se dirigea vers la grotte. Une famille entière habitait ce trou de rocher; hommes, femmes et enfants, accroupis sur le sol, suivaient les ordres d'un vieillard à barbe blanche, tout en dévorant du regard la moitié d'un mouton qui rôtissait devant un large brasier établi au centre de la caverne.

Quel sujet d'étude pour un peintre que cet intérieur enfumé, encombré d'objets rustiques à l'usage des pasteurs : vases en écorce de liége où se met le lait des brebis, rayons grossiers, chargés de fromages, chaudières pour la fabrication de ces derniers ; — puis les gens, les chiens, le rôti, le grand feu, etc.

Nous fûmes reçus de la façon la plus cordiale ; chacun s'empressa de nous offrir, qui des siéges, qui du lait dans des jattes d'écorce, qui des cuillers, faites avec des cornes de mouton, qui du fromage grillé ; en un mot, tout ce que l'on possédait. Une large écorce aplatie servait de table ; et, à côté, une fraîche et rose enfant de quelques mois, souriant dans son berceau, également en liége, remuait ses jolis petits membres nus, sans s'apercevoir de la fumée qui nous enveloppait.

Comment toute cette famille pouvait-elle se coucher dans un si petit espace, déjà si occupé! je ne pouvais pas le comprendre ; mais on me répondit que les femmes allaient dormir à part, Il y avait, en effet, près de la grotte, une cabane étroite et basse, que j'avais prise pour celle des chiens; c'était là qu'elles étaient reléguées tous les soirs par respect pour les mœurs.

Je n'avais sur moi qu'un peu de poudre et de tabac ; malheureusement pas de balles à offrir à ces braves gens, en échange de leur hospitalité si prévenante. Je le regrettai, car il me fut impossible, malgré tous mes efforts, de leur faire accepter la moindre pièce de monnaie.

Tandis que je serrais la main au vieillard et que je remontais à cheval, la jeune mère endormait son enfant au doux chant du sommeil :

A Ninnia, Ninnia, Ninnia,	Ah! Ninnia, Ninnia, Ninnia,
Su coru meu cara,	Mon cœur chéri,
Nara mi su chi tenes,	Dis-moi ce que tu veux,
Ca pasare no cheres.	Ce que tu ne désires pas.
A Ninnia, Ninnia, Ninnia,	Ah! Ninnia, Ninnia, Ninnia,
Dromidi, vida mia,	Dors, ma vie,
Vida de coro meu,	Vie de mon cœur,
Chi mi la lesse Deu!	Que me la laisse Dieu!
Chi me la lesse Maria!	Que me la laisse Marie!
A Ninnia, Ninnia, Ninnia,	Ah! Ninnia, Ninnia! Ninnia,
Dromidi, Rita mia,	Dors, ma Rita,
Rita mia, de su coro.	Rita de mon cœur,
Che a santa t'adoro;	Comme sainte je t'adore;
A Ninnia, Ninnia, Ninnia,	Ah! Ninnia, Ninnia, Ninnia,
Rita, mia sirena,	Rita, ma sirène,
Boghe de russignolu,	Bouche de rossignol,
Consolu e vida mia,	Consolation de ma vie,
Dromidi, Rita mia,	Dors, ma Rita,
Boghe de Filumena;	Bouche de Philomène;
Vida mia e consolu,	Ma vie et ma consolation,
Dromidi, Rita mia.	Dors, ma Rita.

Malgré les trilles nasillards du chant national, cette poésie intraduisible, pleine de tendresse, écoutée dans ce vallon silencieux et sauvage, me causa une indicible émotion ; je la sens encore vibrer à mon oreille.

La croupe du Monte-Acuto, que nous gravîmes ensuite, n'offre rien de particulier, sauf de vastes forêts de liéges, que l'on se hâte de détruire au profit des tanneries anglaises. Rien de pénible comme de voir gaspiller ces richesses dont la nature a été si prodigue en Sardaigne. Que le gouvernement y prenne garde, sinon les bois ne tarderont pas à disparaître. On ne s'imagine pas jusqu'où va la dévastation. Tout y concourt ; les incendies allumés par les pâtres : le manque de surveillance de la part des autorités, la corruption des agents subalternes, la cupidité des concessionnaires, la mauvaise gestion des communes. « Des étrangers, dit La Marmora, ont obtenu l'exploitation des liéges : leur but apparent est d'en enlever l'écorce ; leur but réel est d'en extraire le tan, et d'abattre les vieux arbres pour en tirer de la potasse. A l'aide de pots-de-vin, ils ont fait déclarer comme décrépits des arbres dans la plénitude de l'âge ; ils les ont eus pour moins de cinquante centimes, et en ont brûlé le quadruple de ce qui avait été concédé. »

Les liéges faisant défaut, on a écorcé les chênes verts, jusqu'ici respectés ; et souvent on les brûle, toujours pour en avoir la potasse.

L'un des résultats de ces marchés scandaleux, est la rareté du combustible, devenu tellement cher à Cagliari et à Sassari, que, dans ces deux villes, on a pensé à faire venir le charbon du continent. Et ce n'est rien en comparaison de la perturbation apportée dans le régime des eaux : desséchement des rivières et débordement subit des fleuves. Le Rio del Campo, autrefois abondant, est maintenant presque toujours à sec. Je pourrais citer des sources disparues de mémoire d'homme et des inondations qui étaient inconnues aux pères des habitants actuels. Faits d'autant plus malheureux qu'ils se passent dans une île trop éloignée du continent pour que les eaux qui pourraient en provenir y surgissent. La neige dura à peine six mois sur les plus hauts sommets, quelques jours sur les autres. L'eau du ciel se réduit à celle qui tombe de septembre en mai ; non-seulement elle s'échappe aussitôt par les torrents ; mais la pluie a diminué d'une manière sensible. C'est ainsi qu'à Malte elle a presque cessé depuis le déboisement.

Lisez le rapport de l'expédition scientifique envoyée en Morée en 1834, vous y trouverez cette conclusion : « Plus de terre végétale sur les pentes, plus d'eau dans les vallées ; et jointe à une horrible sécheresse, la violence désastreuse des torrents. Changez les noms d'Argolide, d'Attique, de Laconie en ceux d'Ogliastra, de Gallura, de Barbagia, et ce rapport s'appliquera de tous points à la Sardaigne. S'il y reste encore des forêts, cela tient à l'insalubrité des lieux et à la difficulté des transports. Mais qu'on y avise, ou cette île, qui renferme encore tant de ressources agricoles, deviendra une terre maudite.

Nous entrons dans les *vidazzoni* et les *pabaretti* (champs cultivés et pâturages) de Villa-Nova, Monte-

Leone. Des voyageurs se reposent auprès d'une fontaine, qui est la première source du Temo, le fleuve de Bosa. Leurs grands étriers en fer ciselé et en forme de mule, annoncent qu'ils sont d'Alghero et trahissent leur origine catalane.

Après nous avoir conduits pendant deux heures, tantôt sur des pentes rapides, tantôt sur des plateaux élevés, le sentier que nous suivons se déroule au sommet de rochers à pic, dont le pied est battu par les vagues, et nous arrivons à la Scala Piccada, longue et pénible descente qui touche à la plaine d'Alghero ; cinq kilomètres nous séparent de la ville.

De ces hauteurs, la vue est magnifique. D'abord un admirable bassin où s'éparpillent des maisons de campagne au milieu de riches cultures, de vignes, d'oliviers, de palmiers et de jardins. Plus loin le prolongement du Logu-d'Oro jusqu'à son extrême limite, et les collines qui s'étendent d'Alghero à Sassari. Enfin, les rives du golfe et le vaste horizon du large.

Nous mettons pied à terre, car nos chevaux sont fatigués, et sur les pierres où nous marchons, larges dalles polies par le temps, et qui bordent le précipice, une chute serait sans remède.

Alghero, que les paysans nomment S'Alighera (le lieu des Algues), a été la dernière forteresse de l'île. Ce n'est que vers 1850 qu'on l'a entièrement désarmé.

Entouré de murailles, baigné de trois côtés par la mer, il a conservé un cachet que ne présentent plus nos villes du continent. Ses premières constructions, établies en 1102, par les Doria, ont dû s'élever sur un écueil, car ses fortifications se dressent sur des récifs, reliés entre eux par des jetées.

Alghero est enfermé dans un polygone, de trois kilomètres de tour, et qui n'a que deux issues : une à l'orient, du côté de la plaine ; l'autre au nord-ouest, ouvrant sur la mer. D'un sombre aspect, la vieille porte avec ses voûtes surbaissées, avec ses trois herses successives, donne peut-être mieux que tout autre une juste idée de l'entrée des places fortes au moyen âge. Le temps, ce rongeur infatigable, paraît avoir moins de prise en Sardaigne que partout ailleurs. Toutefois, le progrès a pénétré dans Alghero ; il y fait déjà miroiter les ailes d'un moulin à vent, et fumer la haute cheminée d'une usine.

Les rues, étroites et sales, bordées de maisons à trois ou quatre étages, rappellent certains quartiers de Gênes et de Cagliari. La population est affable, et m'a paru beaucoup plus civilisée que dans les autres parties de la Sardaigne ; ce qui n'empêche pas les enfants de circuler à peu près nus. De larges bastions, caressés par les vagues, et plantés d'arbres, entourent la ville de promenades agréables. A l'entrée des demi-lunes, de vieux canons de bronze, dormant à côté de pyramides de boulets, rappellent à la cité ses luttes d'autrefois et son ancienne gloire. Comme nous étions là, une foule de barques napolitaines et livournaises revenaient de la pêche du corail, et animaient le port, qu'embellissaient plusieurs bricks du commerce.

En fait de monuments dignes d'intérêt, Alghero ne possède guère que sa cathédrale, dont le clocher est du xive ou du xve siècle, et deux anciens édifices, conservant encore de beaux vestiges du gothique flamboyant qu'on s'évertue à faire disparaître. Les marbres et le trésor de la cathédrale méritent également d'être cités.

Mais ce qu'il y a d'infiniment curieux, et ce que j'aurais voulu voir, c'est la grotte d'Alghero, une merveille qu'on ne peut aborder que par un temps calme. Malheureusement la mer était grosse et je n'avais pas le loisir d'attendre qu'elle se fût apaisée.

La description suivante, que j'emprunte à l'intéressant volume : *Six Semaines en Sardaigne*, fera comprendre quels regrets j'éprouvai d'être obligé de partir sans avoir vu ces splendeurs.

« Nous sortîmes du port à trois heures et demie, dit M. Delessert, traînant à notre remorque un you-you.

» A un kilomètre environ du cap, le chef du bateau nous désigna dans le roc une excavation très basse, précédée d'une petite anse, creusée également par les vagues : « c'est la grotte d'Alghero, senor, » me dit-il.

» Au bout d'un quart d'heure, deux ou trois vagues nous portèrent tout près de cette cavité ; puis une dernière lame nous enleva et nous fit entrer sans effort dans la petite baie. Nos hommes sautèrent sur le rocher pour amarrer la chaloupe et nous firent débarquer. Au même instant, une nuée d'oiseaux de toute espèce, de toute couleur, sortirent de leur retraite en poussant des cris d'effroi.

L'entrée franchie, nous nous trouvâmes dans un vestibule d'une longueur de vingt mètres, qu'une fraction de rocher sépare de la grotte. On fit passer le you-you par-dessus cet obstacle, puis on le lança sur une eau dormante, et nous commençâmes notre visite souterraine.

» Le tunnel que nous venions de traverser, et qui forme la première pièce de l'immense cave, est entièrement nu ; c'est le rocher pur et simple, percé, crevassé, offrant çà et là des couloirs où l'on a peine à s'introduire. Des flaques d'eau salée, colorées en gris ou en verdâtre par les tons de la voûte qu'elles réflétent et retenues par les bords déchiquetés de la pierre que l'eau a rongée, y rendent la marche très pénible.

» Au milieu de ce vestibule, une espèce de table, qui a dû servir de socle à une colonne disparue, imite assez bien un autel antique. La goutte d'eau éternelle qui tombe à son sommet l'a creusée et transformée en un récipient, où les oiseaux viennent boire comme dans une vasque placée par les dieux à l'entrée de leur cage mystérieuse.

» Au bout de cette galerie l'obscurité est complète ; vous n'êtes prévenu de la profondeur qui s'ouvre devant vous que par les échos sans fin qui répètent les moindres bruits, et par le tintement des gouttes d'eau qui glissent le long des stalactites.

» Montés dans le you-you, nous repoussâmes du pied la roche du vestibule, et notre canot plongea dans les ténèbres. Le vieux Pasquale, un de nos rameurs, ayant allumé à mon cigare une mèche soufrée, l'éclairage commença. Nous avions apporté quelque cinq cents bougies afin de nous procurer une illumination convenable.

» Après le grand soleil du dehors, il me fallut beaucoup de temps pour habituer ma vue à l'obscurité, mais l'aveuglement se dissipa et je commençai à me rendre compte du spectacle environnant.

CHAPITRE XXI.

» Je ne pouvais en croire mes yeux. Les bougies que nous allumions successivement répandaient si peu de lumière que cet immense palais semblait grandir en s'éclairant par degrés. Nous approchâmes de la rive; nos hommes sautèrent dans l'eau et disparurent chacun dans une direction différente. Alors de tout côté on vit sortir de la nuit, et comme du néant, des formes gigantesques, des fantômes de toute nature; découpés à jour, transparents comme le verre, brillants comme le diamant, rouges comme le feu ou pâles comme la mort.

» Après une traversée qui avait été de plus de cent mètres, nous venions d'entrer dans une salle de cinquante mètres de longueur sur trente de large et vingt-cinq de haut. Cette salle, encore blafarde, était soutenue par quatre colonnes blanches, colonnes énormes, comme celles des temples tétrastyles.

» De la voûte se détachaient de longues arêtes grises, des aiguilles, des flèches, des cônes, des clochetons renversés. Dans le fond, à droite, s'ouvrait une gorge sombre où allait se perdre le lac.

» Des teintes jaunes, bleues, verdâtres, rosées sillonnaient les immenses parois de ce temple naturel; et quand les lumières placées par nos matelots dans tous les coins et à toutes les hauteurs répandirent une clarté constante, les ombres portées des colonnes, leur réflexion dans l'eau paisible complétèrent le plus magnifique spectacle qui m'ait été donné de voir.

» Un pilier colossal, évasé au sommet, comme un arbre gigantesque, soutenait la voûte de cette pièce tendue de blanc. Nous gravîmes la pente, et, passant derrière le pilastre, nous nous trouvâmes dans une chambre ronde, dont le plafond étincelait de mille ornements, qui, plus finis les uns que les autres, rappelaient les arabesques de l'Alhambra de Grenade. Un bloc de pierre rond et bossu était au milieu de cette chambre et figurait une femme agenouillée ; des baguettes, ruisselant de tous côtés sur ses épaules, simulaient une longue chevelure, tandis que ses pieds disparaissaient dans l'ombre. Venait ensuite une galerie voûtée, régulièrement ouverte dans des milliers de sculptures et dont on distinguait les détails à travers un pilier à jour, formé par des colonnettes laissant entre elles des interstices qu'on aurait dit ménagés à dessein. Enfin, une dernière chambre circulaire nous annonça que de ce côté nos explorations touchaient à leur terme.

» Pendant que nous parcourions la grotte, nos matelots en avaient achevé l'éclairage ; et lorsque, revenant sur nos pas, nous nous retrouvâmes à l'entrée de la chambre qui descend à la grande salle, nous eûmes sous les yeux le coup d'œil le plus fantastique qu'on puisse imaginer. Je me crus à un bal chez Proserpine ; pas une anfractuosité du rocher qui n'eût sa lumière, faisant étinceler les gouttes d'eau des stalactites. En bas, le lac endormi entre des rives dont les blancs galets montraient que parfois il se réveille. Au bord de cette nappe d'eau d'un bleu foncé, et détachant sa silhouette sur la grève, notre canot où le vieux rameur, accroupi sur la proue, simulait Caron dans sa barque. Puis ces colonnes énormes d'une blancheur éblouissante ; un fond obscur, allant se perdre dans la nuit la plus épaisse,

CHAPITRE XXI. 287

et à droite un rayon du jour, tombant comme un rayon de soleil au milieu d'un nuage noir.

» Les maîtres de la maison manquaient seuls à la fête. Je vois encore ces bougies sans nombre, bizarrement posées, ce palais de glace à mille facettes, d'un éclat dont rien n'approche ; et je me souviens du vertige qui me fit rester là, cloué par l'admiration, insensible à la voix de notre capitaine qui voulait nous emmener à tout prix.

» Nous descendîmes ; les matelots nous prirent dans leurs bras pour nous déposer dans la chaloupe, et, trois heures après, nous rentrions dans le port d'Alghero. »

Les Algherais et les Sassarais ne passent guère d'été sans faire quelques parties à la grotte de Neptune, comme on appelle cette magnifique caverne. Ils choisissent pour s'y rendre les paisibles journées de la canicule ; car, si par une mer houleuse, il est difficile d'entrer dans la grotte, il l'est encore plus d'en sortir. Deux inscriptions gravées sur marbre blanc y rappellent les deux visites qu'y fit Charles-Albert en 1829 et en 1841. Le comte de La Marmora, qui accompagnait le roi dans ces deux circonstances, a fait de la merveilleuse caverne un récit qui confirme de tous points celui de M. Delessert. Il en a vu, du reste, les beautés d'une façon encore plus brillante. Ce fut alors, non par centaines, mais par milliers, que les bougies, placées avec art, illuminèrent ces grandes salles et les rendirent féeriques.

En 1824, l'amiral Smyth et le duc de Buckingham ont éclairé ces magnificences avec des feux du Bengale. L'amiral était venu tout exprès, afin de les comparer à celles des grottes de Mahon, de Fingal et d'Antiparos; on prétend qu'il donna la palme à la grotte de Sardaigne.

CHAPITRE XXII.

Retour par Villanova, Padria et Moga-Madas. — Rappel en Savoie. — Les noces.

Partis d'Alghero, après y avoir passé un jour franc, nous traversâmes dans une autre direction la plaine à laquelle la ville se rattache par un isthme assez large. Nous ne saurions trop vanter cette plaine si riche, si bien cultivée et dont les vins sont d'une qualité supérieure.

Valverdi, pauvre village où nous passons et où l'évêque d'Alghero possède une maison de campagne, a une belle église ; mais ce n'est pas là son seul mérite. On ne pouvait donner une plus juste appellation à ce territoire, qui, pendant une marche de trois heures, nous a offert une suite ininterrompue de vallons verdoyants, de riches prairies, de monticules revêtus de chênes et d'arbres verts; c'est à faire envie à nos plus fraîches vallées de Savoie.

Quant aux chemins, ce sont d'étroits sentiers qui nous amenèrent, par une pente insensible, au pied de la côte rapide et longue de Villanova-Monte-Leone. Au sommet de cette côte, nous fîmes une halte de quelques instants, moins pour reposer nos montures — les chevaux sardes n'en éprouvent jamais le besoin pendant la route — que pour repaître nos yeux de l'un des plus beaux panoramas de la Sardaigne. De ce point culminant le regard embrasse dans un vaste demi-cercle les deux provinces d'Alghero et de Sassari, va jusqu'à Porto-Torrès, s'étend sur le golfe d'Asinara, sur les montagnes de la Gallura, franchit le détroit et atteint la ligne bleuâtre des montagnes de la Corse.

Villanova compte six mille habitants; il a des rues pavées, des eaux saines et abondantes près desquelles toute une population féminine, animée par les préparatifs de la lessive, et fort jolie, riait et s'agitait lors de notre passage.

Au sortir de la ville nos guides prirent le vent, afin de s'orienter et d'arriver le plus directement possible à Padria, en rasant le pied de la Minerva. Quelle singulière montagne que cette Minerva! Coupée carrément à angles droits, ayant pour couronne des rochers nus, et pour ceinture une forêt de chênes. Bastion gigantesque dont la plate-forme, accessible d'un seul côté, a douze cents mètres carrés et se trouve à près de cinq cent cinquante mètres de hauteur.

Nous voilà tous, montant et descendant selon le caprice d'un sentier presque invisible. Bientôt ce sentier disparaît, et nous nous égarons. Pour prendre patience, Virde Moritu et Moia se mettent à chanter, improvisant des variations dialoguées.

Sortis de la forêt, nous trouvâmes une pente rapide qui nous fit traverser de riches moissons et nous conduisit à Padria.

De Padria la vue s'arrête sur les montagnes de

Bosa et de Montresta, embrasse les vallées tortueuses que nous venons de parcourir et qui s'étendent de Villanova à Pazzo-Maggiore, dont le clocher se montre sur la hauteur. A nos pieds se déroule la sombre forêt de Pedra-Santa.

Après une longue halte, motivée par la chaleur, nous traversons quelques *salti* bien cultivés, puis une plaine aride, ensuite un riant vallon arrosé par un affluent du Temo, dans lequel mon pauvre secrétaire est précipité par un accès de jalousie de son cheval, et va prendre un bain beaucoup trop complet.

Un sentier rapide descend au fond d'une étroite vallée qu'arrose le troisième affluent du Temo, et, remontant la côte, nous mène au grand village de Sindia, dont les maisons basses, pauvres, sales et presque sans meubles ont le plus triste aspect.

Sindia est un pays de lutte et de *vendetta*. Il suffit d'en voir les habitants pour s'en convaincre, — je parle des hommes; leurs traits vigoureux ne manquent pas de beauté; mais leurs regards méfiants et scrutateurs trahissent les passions haineuses qui les agitent.

Ce fut maître Cambula, notaire et syndic du village, de plus chef de parti, qui me donna l'hospitalité. Le pauvre homme me reçut le mieux possible, malgré la profonde tristesse qui l'accablait depuis quelques jours : il avait trouvé sous son antique fauteuil une statuette de femme, percée au cœur et maculée de sang. C'était un sort qu'on lui avait jeté, et dont sa fille âgée de dix-huit ans, devait éprouver les terribles effets. J'essayai de combattre ses craintes; mais sans nul résultat. « Ce qu'on a fait à la statue, répétait-il avec désespoir, sera fait à mon enfant ; mes ennemis triompheront et ma fille périra. » C'eût été grand dommage ; car Grazieda, comme on l'appelait, était bien la fleur la plus fraîche de la province.

Le lendemain nous étions à Sagama, *popolato* de quatre cents âmes, d'une propreté remarquable pour un village sarde ; bien bâti, aux mœurs douces et polies, tout l'opposé de Sindia. Le curé, type d'honnête homme et de bon prêtre, aime l'instruction et le progrès ; il fait l'école aux enfants, maintient la paix dans sa paroisse, prêche d'exemple ; et chacun subit son heureuse influence. Que de bien le clergé pourrait faire dans l'île si tous ses membres comprenaient leur mission comme le curé de Sagama ; mais hélas!...

Au point du jour nous partîmes pour Magomadas, *popolato* à cheval sur un monticule au pied duquel se déroulent les riches vignobles de Trés-Nuraghes. Le cimetière de ce village est quelque chose d'affreux. La fosse commune, espèce de puits autrefois en usage dans beaucoup d'endroits, y existe encore pour les enfants morts sans baptême, et malgré la pierre qui la recouvre, laisse échapper d'horribles odeurs.

Je connaissais les improvisateurs, mais j'ignorais qu'en Sardaigne il y eut également des femmes poëtes. Les moissonneuses de Magomadas me l'apprirent lorsque je repassai dans cette commune, et je dus répondre par un *evviva!* aux chants qu'elles improvisèrent en mon honneur.

Nous les quittâmes pour revenir à Cuglieri. Tandis que nous longions un magnifique bois d'oliviers qui appartient au marquis de Planargia, Sanna me raconta que la chapelle qui est au centre de cet *olivetto* a été construite sur une tombe portant le nom d'Ibenia et les deux lettres B M, initiales de *beata martire* ou de *bona memoria,* dont les premiers chrétiens marquaient les tombeaux de ceux qui mouraient pour la foi. Effectivement l'ouverture du sépulcre laissa voir un squelette de femme ayant le crâne percé d'un clou. C'est naturellement à sainte Ibenia que la chapelle est dédiée. .

Au temps des persécutions la Sardaigne a compté de nombreux martyrs. Scano, par exemple, doit son nom aux *scanuti* ou décapités, chrétiens qu'on y décolla et qu'on y vénère toujours.

Le 28 juin une grande nouvelle me faisait battre le cœur : j'étais rappelé en Savoie.

Nous allions retrouver la patrie, la famille, les amis. — C'était une joie immense ; et pourtant, l'avouerai-je, un vague sentiment de tristesse se mêlait à mon bonheur. J'avais de l'affection pour mes administrés ; j'aurai voulu mener à bien d'utiles mesures dont la réalisation commençait à peine. Puis un certain charme s'attache toujours à ce qu'on ne doit plus revoir; jamais je n'avais mieux apprécié les beautés du bassin de Cuglieri, ce vaste horizon qu'allaient remplacer les gorges étroites de la Tarentaise. Comme je me proposais d'utiliser ces derniers jours !

Le 3 juillet c'était fête à San-Gionni ; je m'y rendis avec la foule. A l'église, comme d'habitude, les femmes accroupies sur leurs talons récitaient leur rosaire ; les enfants à demi-nus jouaient et couraient comme s'ils avaient été dehors ; tandis que les hommes, dévotement agenouillés, priaient et se frappaient la poitrine pour demander pardon du vol de la veille, peut-être aussi pour implorer le Ciel en faveur de la prochaine expédition.

Le lendemain nous rencontrâmes une noce. Deux pains fortement safranés, nommés pains des époux, étaient portés devant le jeune couple qu'ils avaient également précédé lorsqu'on s'était rendu à l'église. Non-seulement, chaque amie de la mariée venait à son tour lui jeter sur la tête de l'orge et du froment, présage de richesse et de fécondité ; mais toutes les femmes que l'épousée attirait sur son passage lui lançaient des poignées de grains, en lui adressant des paroles de bon augure. Il va sans dire que des joueurs de flûte ouvraient gaiement la marche.

On se rendait ainsi chez les parents de l'épouse, où un déjeuner de gala attendait les convives. Les mariés mangèrent ensemble dans la même assiette, prirent leur potage avec la même cuiller qu'ils se passaient alternativement, et burent dans le même verre, ce qui devra se renouveler à toutes les fêtes de la vie conjugale : naissance d'enfants, heureux anniversaires, etc.

Après le repas, la mariée fut enlevée à sa famille, placée sur un cheval orné de rubans et de panache, et conduite en grande pompe à sa nouvelle demeure. Au seuil de la maison, elle trouva sa belle-mère qui venait la recevoir en lui jetant des poignées de sel et de froment, auxquels parfois il s'ajoute des dragées.

Ayant mis pied à terre, à l'aide d'un escabeau recouvert d'une draperie élégante, la jeune femme s'inclina devant ses nouveaux parents, leur baisa la main en signe d'obéissance, puis fut introduite dans la chambre nuptiale, qui porte l'ancien nom de *domu e lettu*, c'est-à-dire maison du lit. Les deux pains safranés furent alors suspendus au mur de cette chambre où ils doivent rester jusqu'à ce qu'ils tombent d'eux-mêmes. L'un représente le mari, l'autre la femme, et la chute du premier qui se détache annonce la survivance de celui des époux que figure le pain demeuré à sa place.

Il y eut ensuite bal et festin pendant huit jours. Cet usage ruineux explique pourquoi les parents sont loin de redouter les fugues, ou, comme on dit, les étapes dans les vignes, qui dispensent de tout cérémonial et suppriment les frais de noce.

A ces coutumes s'en ajoutent beaucoup d'autres, qui varient suivant les lieux ; ainsi, en divers endroits, au moment où l'épousée quitte la maison paternelle, deux jeunes gens lui présentent une cage remplie de colombes qu'elle prend une à une, et, qu'aux applaudissements de toute l'assemblée, elle lâche après leur avoir fait de nombreuses caresses.

A Sénéghé, les époux, dès qu'ils arrivent chez eux, vont s'asseoir sur le coffre de famille, et on leur fait manger un œuf dur en leur disant : *Come fu pieno quest'ovo, sia la vostra casa d'ogni bene piena.* — Aussi rempli que fût cet œuf, que votre maison soit pleine de tous les biens.

Ailleurs, au moment où la mariée entre dans sa chambre, la belle-mère, qui la conduit, répand devant elle l'eau d'une coupe qu'elle tient à la main. Cette coutume, dit le P. Bresciani, est peut-être un ancien rite du pays de Chanaan, destiné à rappeler combien la félicité humaine est fugitive, et, à l'appui de son opinion, il invoque les paroles de la femme de Techua à David : « Nous mourons tous et nous nous écoulons sur la terre comme des eaux qui ne reviennent pas (1).

Peut-être est-ce une consécration du lien conjugal ; dans certaine partie de l'islam, le marabout qui fait un mariage tient un vase rempli d'eau et prononce cette formule : « Comme cette eau est jointe à ce vase, ainsi les époux ne doivent être qu'un en deux personnes, » puis il renverse la coupe et la brise, en ajoutant : « Lorsque ce vase redeviendra intact, lorsque cette eau y rentrera, alors le mariage pourra se dénouer et l'homme se séparer de sa femme. »

Elément sacré ou simple image, que l'eau fût prise à témoin ou qu'elle figurât comme symbole, son intervention dans les cérémonies nuptiales avait lieu jadis en Italie, où elle fut apportée par les premiers colons. Les anciens vases tyrrhènes nous montrent ceux qui présidaient aux mariages, renversant une patère d'où l'eau s'écoule, tandis qu'ils agitent les flambeaux de l'hyménée ; et la *Venus sponsa* du musée étrusque *del Gori,* qui de la main gauche tient une colombe, répand l'eau d'une tasse qu'elle porte de la main droite. Plus tard, nous voyons les Romains célébrer leurs mariages solennels *aqua* et *igni.* C'est encore de la sorte qu'ils se font en Sardaigne, où il n'est pas de noce qui n'ait son luminaire et ses feux de joie.

Nous pourrions citer beaucoup d'autres usages que

---

(1) *Rois,* liv. II, chap. XIV, 14.

les Sardes ont religieusement conservés, au grand bonheur des érudits, sans se douter que ce sont les débris d'anciens cultes.

Mais quels que soient les rites qui l'accompagnent, si brillant ou si humble qu'il puisse être, le mariage est pour tous un engagement sacré dont la mort de l'époux ne délie même pas la femme. Celle qui se remarie encourt un blâme sévère ; la jeunesse et la beauté peuvent seuls lui servir d'excuse ; autrement la désapprobation publique lui est témoignée pendant plusieurs jours par des charivaris produits au moyen de ceintures de cuir, roulées en cornet, et dont le bruit est effroyable.

Ils ne croient même pas que, dans l'ordre habituel des choses, on puisse changer de sentiment ; si la froideur succède à l'amour, si l'antipathie le remplace, c'est qu'on est victime d'un sort. L'inconstance ne peut être que surnaturelle ; celui qui n'aime plus en est convaincu lui-même : des ligatures faites sur des poupées qui représentent les deux époux, et accompagnées de paroles magiques, en sont la cause. Il a fallu qu'on les exécutât au moment où les mariés échangeaient l'anneau bénit, ou lorsque les paroles sacramentelles furent prononcées par le prêtre. Le sacrilége toutefois n'est pas sans remède ; pour en paralyser les effets, il suffit au *sposo* d'avoir constamment pendant la cérémonie, le genou sur une partie des vêtements de l'épouse, ou de porter une pièce d'or dans la semelle de ses souliers. Si par malheur, ayant oublié ces précautions, il était sous le coup du *nodo*, il ne lui resterait plus qu'à retrouver les statuettes et à demander à un prêtre d'en défaire les ligatures.

CHAPITRE XXIII.

Monte-Ventu. — Sénéghé et les sorcières. — Bonarcado et San-Lussurgiu. — Encore la superstition. — Départ de Cuglieri. — Sassari. — Porto-Torrès. — Ajaccio. — Retour en Savoie.

Je me remis en route le 5 juillet pour achever ma tournée administrative; il me restait encore à visiter Sénéghé, Bonarcado et San-Lussurgiu.

Par un soleil tropical nous remontâmes le vallon du Cane-Gherbo, qui, avec ses châtaigniers, son ruisseau, ses rochers à pic, m'avait le premier, en Sardaigne, rappelé notre Savoie : les châtaigneraies de la Puyat, près du lac d'Annecy.

Gravissant ensuite la montagne qui sépare les *salti* de Corchinas des plaines d'Oristano, nous vîmes au loin les étangs de Cabras, les salines et les rochers du cap Mannu ; tandis qu'à nos pieds se déployaient en replis profonds les épaisses forêts de Sénéghé et de Cuglieri.

Nous traversâmes les hauts plateaux de Monte-Ortigu où des pasteurs, ayant droit de pacage, gardaient leurs troupeaux, et nous atteignîmes le sommet du mont Ventu, qui servit de point de repère au comte de La Marmora pour ses travaux géodésiques. De là, en effet, l'œil embrasse toute la Sardaigne, depuis Cagliari (cent vingt kilomètres à vol d'oiseau) jusqu'à l'île d'Asinara, qui est au nord-ouest à cent huit kilomètres.

Comme sur une carte en relief, je voyais se dérouler au-dessous de moi les plaines du Marghine et celles d'Oristano ; les montagnes de Tempio, d'Iglesias, de Nuoro, de Lanusei, et dans le lointain, les belles vallées du Goceano.

A l'époque des bouleversements volcaniques dont la Sardaigne fut le théâtre, le mont Ventu constituait la haute paroi d'un cratère dans lequel est aujourd'hui San-Lussurgiu, et d'où blocs et cendres, vomis avec fureur, sont tombés sur les plateaux du Marghine, tandis que les courants de lave s'échappant par les bas-côtés, ont formé en partie ces grandes nappes rocheuses qui s'allongent dans la plaine par larges assises, et qui composent une série de plateaux échelonnés.

Il était nuit lorsque nous arrivâmes à Sénéghé, triste et sale endroit aux maisons basses, mal construites et sans fenêtres. Extrêmement arriérée, la population ne vaut guère mieux que le village. Avec leur jupe étriquée, posée sur les hanches, leur chemise étroite, laissant voir une partie de la gorge et des épaules, avec leur teint cuivré, brûlé par le soleil, les femmes y sont peu attrayantes.

Toutefois, dans l'ombre, ces apparitions voilées de blanc, circulant pieds nus et sans bruit le long des murs, ont quelque chose de fantastique, surtout à Sénéghé. Pas d'endroit où les croyances superstitieuses et la foi aux sortiléges soient aussi répandues. Trois sorcières, dont une de vingt-deux ans, y passaient notoirement pour entretenir avec les démons un commerce intime. Je regrettai que ma position officielle ne me permît pas de les voir.

On vient d'assez loin consulter ces *maghe*, les *streghe*, comme on les appelle, et chez qui l'arrivée des esprits infernaux auxquels elles commandent, bien qu'elles en soient possédées, s'annoncent par de douloureuses contorsions. En rapport avec des prêtres indignes, elles exploitent la crédulité publique, vendent des amulettes, des écrits, des secrets pour jeter les sorts ou pour les conjurer, pour guérir certaines maladies et favoriser la vendetta.

Suivant la croyance populaire, elles ont hérité d'une partie de la science et des pouvoirs surhumains d'espèces de fées, qui, jadis, habitaient les grottes que l'on désigne encore aujourd'hui sous le nom de *domus de gianas*, et que nous avons citées dans l'un de nos précédents chapitres.

Le mot *giana*, en langue sarde, veut dire jeune fille et s'applique aux vierges folles. Les fées, ou plutôt les sorcières que l'on nommait ainsi, vivaient au fond de leurs grottes, dans un isolement complet, sous la protection des *muschas maghedas*, grandes mouches venimeuses, dont le souvenir est resté en différents lieux un sujet d'épouvante. D'une horrible laideur, les gianas avaient, au lieu de dents, de longs morceaux de joncs qui leur sortaient de la bouche. Elles montaient des chevaux verts pour aller au sabbat, et couraient avec la rapidité de la foudre en effleurant à peine le sol. La fabrication d'une toile particulière, qu'elles exposaient en vente le long des chemins était leur unique travail. Bien qu'elles pussent se rendre invisibles, il leur arrivait de se laisser voir de loin ; elles s'approchaient même des *popolati* ; et à Sénéghé, elles venaient chaque jour, de très bonne heure, chercher du feu dans une maison connue.

Cette légende ne serait-elle pas la tradition affaiblie et dénaturée des prêtresses du culte primitif qui a fait établir les *pedras lungas, laddas ou fittas?*

Malgré l'extrême chaleur, je quittai Sénéghé à midi, mais protégé contre le soleil par un double *cabarro* de drap indigène et par un énorme chapeau recouvert d'un fourreau blanc, que séparaient du feutre plusieurs couches de papier chiffonné.

Une heure après, nous étions à Bonarcado, où le vicaire me montra un magnifique calice ciselé du XIVe siècle, calice aux armes d'Aragon écartelées de celles d'Arborée, et qu'on avait trouvé récemment en ébréchant le mur de l'église.

Le lendemain, je regagnais le palazzo. En entrant dans la ville, je rencontrai un homme de ma connaissance qui partait pour Cagliari, où il allait invoquer saint Efisio. Celui-ci a toujours été pour les Sardes un puissant protecteur ; son dévouement à la Sardaigne s'est prouvé surtout en 1656, à propos de la peste, et en 1792, lors de l'attaque de Cagliari par l'escadre française. Il fit prendre à cette dernière des cactus pour une armée rangée en bataille, lui renvoya ses propres boulets qu'il fit ricocher, et finalement la dispersa par des vents contraires. Chaque année, une fête solennelle, qui dure deux jours, témoigne de la gratitude et de la confiance qu'inspire cette haute protection. Trente mille personnes, accompagnaient la statue du bienheureux, qui, du faubourg de Stampace, est conduite à une petite église, située au milieu des ruines de l'ancienne Nora, où saint Efisio fut décapité par l'ordre de Dioclétien, et où, dès l'origine, il fut en grande vénération. Il y avait à Nora, dit Antoine de Tharros « *multos edificios de magna gloria,* » parmi lesquels un temple de Jupiter qui attirait une foule immense. Ce temple révéré fut changé par Constantin en une église dédiée à saint Efisio.

Mon ami partait donc pour Cagliari, où sont les reliques du bienheureux, et faisait ce voyage pour un motif étrange : ses jours étaient comptés, il en avait la certitude ; la veille, san Pasquale, également très vénéré, l'avait averti de l'heure de sa mort (tous les dévots à san Pasquale ont ce privilége), et, pour se préparer au grand départ, qui pour lui était prochain, un pèlerinage à San-Efisio lui semblait nécessaire.

Huit jours après, nous quittions Cuglieri à notre tour, et pour n'y plus revenir. C'était le 15 juillet ; les témoignages de sympathie que nous recevions de toutes parts ne laissaient pas que de m'émouvoir. Une escorte nombreuse nous attendait ; il fallut enfin partir. Nous étions tous à cheval ; jusqu'à la petite Rita que l'excellent Paolesu portait suspendue à son cou dans un châle en sautoir.

Nous arrivâmes à Suni, où je rendis au brave syndic son baiser de l'année précédente, et où je me séparai de mes bons Cugliéritains ; plus d'une larme perlait sous leurs grands cils noirs.

Le soir nous étions à Macomer, d'où nous partions le lendemain dès l'aube.

Nous traversons des pays pour nous déjà peuplés de souvenirs. Nous nous arrêtons à Torralba dans cette sale auberge où nous avions si maigrement dîné il y a quatorze mois ; et sur la fin du jour nous joignons Sassari.

C'était un dimanche ; je pus admirer encore une fois les jolis costumes de Padada et d'Osilo ; et le soir, chez l'intendant général Reis, serrer la main à la comtesse de Sainte-Ursule et à sa blonde et charmante fille, l'une et l'autre si bonnes pour nous lors de la traversée de Gênes à Porto-Torrès.

Un chemin de fer conduit maintenant les voyageurs de Sassari à Porto-Torrès. A cette époque il n'y avait que la route. La douce Virginia, qui nous accompagnait, voulut venir avec nous jusqu'à la côte ; et de grand cœur en nous quittant, après nous être appréciés sur la terre d'exil, comme disent les fonctionnaires relégués en Sardaigne, nous nous sommes promis de ne jamais nous oublier.

Le navire partit à toute vapeur, cinglant vers la Corse. La mer était calme, unie comme un lac, à peine agitée un instant par notre sillage. Les rives de la Sardaigne se déroulèrent en fuyant derrière nous ; puis vint la Corse avec ses montagnes boisées de pins. Quand nous mouillâmes devant Ajaccio le jour avait entièrement disparu.

La lune brillait au ciel, je m'étendis sur le pont, enveloppé de mes couvertures, ne me lassant pas d'admirer cette nuit paisible et de jouir de son majestueux silence. A quatre heures, un splendide soleil, plus matinal que moi, jetait des flots de lumière sur la rade, si belle avec ses bords couverts de cultures, de beaux arbres, de villas qui s'élèvent graduellement, et semblent rejoindre les montagnes rocheuses de l'intérieur.

Ajaccio est une charmante résidence ; les places, les quartiers neufs, les hôtels, les cafés, les édifices publics y sont beaux ou élégants. La promenade des orangers, la pépinière, le cours qui les réunit, la place du Diamant, deux établissements pénitentiaires situés dans l'hémicycle de la rade, enfin la maison où naquit Napoléon Ier, attirent surtout l'attention.

A six heures le bateau reprenait son vol. La Corse s'effaça peu à peu et disparut. Je m'éveillai au point du jour ; nous étions à la hauteur d'Hyères. Toulon et sa rade se montrèrent ensuite ; puis la côte blanchâtre qui le sépare de Marseille ; puis le château d'If et l'île des Pendus ; enfin le port de la Joliette. C'était le 20 juillet 1859.

Quelques heures après, un train rapide nous emportait vers la Savoie.

Ce qu'on éprouve en revoyant sa patrie, tout le monde le sait ou le devine ; personne ne pourrait le dire.

FIN

TABLE

Préface. — *A l'Auteur*.. v

CHAPITRE Iᵉʳ. — Le Voyage. — Porto-Torrès. — Sassari. — Macomer : une maison sarde. — Les Costumes. — Arrivée à Cuglieri.. 1

CHAPITRE II. — Installation à Cuglieri. — Les Sardes. — La Saint-Jean : les *nenneri;* le compérage.................. 15

CHAPITRE III. — La campagne de Cuglieri : excursion au village de Scano. — La mort et les funérailles en Sardaigne : la poésie populaire; le culte des défunts. — Climat, vents et tempêtes. — Relations locales................ 26

CHAPITRE IV. — L'agriculture. — Les travaux féminins : la fontaine de Timémère. — Les courses de chevaux...... 37

CHAPITRE V. — Fêtes et pèlerinages. — Bosa. — Geneviève de Brabant en Sardaigne. — Les courses de Bosa. — Les grottes : *la sepoltora de Nona*. — Solennités et traditions.. 52

CHAPITRE VI. — Les improvisateurs : un concours de poésie. — Les femmes et les mœurs. — Les capucins de Cuglieri. — Tempérament et caractère des Sardes. — Superstitions et pratiques : la *jettature* et ses remèdes.................. 64

CHAPITRE VII. — Statistique de la province de Cuglieri. — Population et produits. — Les *Monti granatici di soccorso.* Etat de l'instruction. — Esprit de routine................ 75

CHAPITRE VIII. — Les vendanges et le vin de Sardaigne. — La pluie et les maisons sardes. — Antiquités de Cornus. — La citadelle de Pompée. — Vue rétrospective........... 82

CHAPITRE IX. — Une église. — San-Lussurgiu. — Le théâtre ambulant... 98

CHAPITRE X. — Une enquête criminelle. — La vendetta et l'hospitalité. — Le brigandage et le vol. — Le *dispetto*. — La justice civile.. 105

CHAPITRE XI. — Le jour des Morts. — Départ pour Macomer. — L'établissement Beltrami. — Nuoro. — Les brigands des montagnes de Nuoro. — La chaine centrale : les *pierres ballantes*. — Types et costumes des environs de Nuoro. — — Hommes politiques. — Beau sexe et brigandage...... 113

CHAPITRE XII. — De Macomer à Cagliari. — Cagliari : abords ; aspect général. — Le Musée. — La cathédrale. — Le castello... 132

CHAPITRE XIII. — Cagliari *(Suite)*. — Le marché. — Stampace : la course des masques. — Les environs : le cirque ; la grotte de la Vipère ; le bagne ; les salines. — Excursion à Pirri : une habitation complète. — Costumes des habitants du cap inférieur. — Retour par Oristano............. 145

CHAPITRE XIV. — La Sardaigne depuis le vi° siècle jusqu'à nos jours.. 167

CHAPITRE XV. — Histoire de la Sardaigne : suite et fin. — Du xv° siècle à nos jours............................... 193

CHAPITRE XVI. — Les nuraghs........................ 202

CHAPITRE XVII. — Noël. — La Société de Cuglieri. — L'hiver et le printemps. — Notre-Dame-des-Neiges. — Le carnaval et ses plaisirs : danse et musique..................... 213

CHAPITRE XVIII. — Excursion à Milis : la *tanca regia ;* les orangers de Milis. — Le confort à Cuglieri. — Un mariage interrompu. — Une partie de chasse. — La papeterie royale. — La grotte. — La tour de Foghe et la sécurité des côtes.. 230

CHAPITRE XIX. — La semaine sainte et les cérémonies religieuses. — La fête de la Constitution.................. 246

CHAPITRE XX. — En villégiature. — La cuisine. — Les forêts et la glandée. — Les pierres levées. — Un petit village. — Réception de l'Intendant. — Les *baracelli*. — Çà et là.. 256

CHAPITRE XXI. — La côte occidentale. — Seconde visite à Bosa. — Los Grecos. — Forêts et légendes. — L'improvisation en route. — Une grotte habitée : le chant du sommeil. — Le déboisement. — Alghero. — La grotte de Neptune. 269

CHAPITRE XXII. — Retour par Villanova, Padria et Mogamadas. — Rappel en Savoie. — Les noces............. 289

CHAPITRE XXIII. — Monte-Ventu. — Sénéghé et les sorcières. — Bonarcado et San-Lussurgiu. — Encore la superstition. — Départ de Cuglieri. — Sassari. — Porto-Torrès. — Ajaccio. — Retour en Savoie................. 299

www.ingramcontent.com/pod-product-compliance
Lightning Source LLC
Chambersburg PA
CBHW071503160426
43196CB00010B/1402